छात्रोपयोगी गीता

Chhatropayogi Gita
HINDI

डॉ. सुशीला देवी गुप्ता
डी. लिट्.

Ratnakar
PUSTAK BHARATI * BOOKS INDIA

Author : Dr. Sushila Devi Gupta, D. Lit. (CCV Meerut India)
email : sushila.gupta@rogers.co

Book Title : Chhatropayogi Gita छात्रोपयोगी गीता

Chhatropayogi Gita is tailored to introduce the average readers to the divine message of the Gita with interesting stories and songs, in the form of innovative Student-Teacher dialogues. Thus, the book answers the questions and removes the doubts from the minds of the ordinary innocent readers. The commentaries and philosophical translations are suitable only for the learned readers, but the stories and the songs in this book are easy to understand and inspirational for the young, old, men, women, learned as well as ordinary people.

Cover Design :

Ratnakar Narale

Published by :

PUSTAK BHARATI (Books India)
   Division of PC PLUS Ltd.
   www.books-india.com

Copyright ©2015
ISBN 978-1-897416-73-0

© All rights reserved. No part of this book may be copied, reproduced or utilised in any manner or by any means, computerised, e-mail, scanning, photocopying or by recording in any information storage and retrieval system, without the permission in writing from the author.

INDEX
anukramaṇikā

छात्रोपयोगी गीता, हिंदी
सप्त-दिवस कथा अनुक्रम

1.	**प्रथम दिवस**	पार्श्व भूमिका	2
		मथुरा दर्शन	6
		आचार्य जी द्वारा छात्रों की शंकाओं का समाधान	6
		भगवान के अवतार का उद्देश्य	9
		भगवान के मुख्य अवतार	11
		भगवान कृष्ण की बाल लीला	13
		पूतना वध	14
		लोकरंजक रूप में लोकहित की भावना	17
		गोवर्धन पूजा का रहस्य	19
		भगवान के सहयोगी कैसे बनें?	23
2.	**द्वितीय दिवस**	हस्तिनापुर की कहानी	35
		महाभारत की कथा	36
		भीष्म पितामह के जन्म की कथा व भीष्म प्रतिज्ञा	39
		भीष्म द्वारा राजकन्याओं का अपहरण व अंबा की प्रतिज्ञा	41
		धृतराष्ट्र, पांडु व विदुर का जन्म	44
		महाभारत के युद्ध के कारण	45
		धृतराष्ट्र का पुत्रमोह	45
		पांडवों के अच्छे संस्कार, द्रोपदी का चीर हरण	48
		भक्तवत्सल भगवान कृष्ण द्वारा सहायता	50
		बारह वर्ष बनवास, एक वर्ष अज्ञातवास	54
		भगवान के लिए क्या करे?	56
3.	**तीसरा दिवस**	धर्मक्षेत्रे कुरुक्षेत्रे गीता का सन्देश	62
		गीता में धर्म का स्वरूप	65

		गीता सार्वभौमिक ग्रंथ, विदेशी विद्वानों द्वारा भी पूज्य	68
		गीता का संदेश प्रत्येक मानव के लिए	70
		संसार कुरुक्षेत्र कर्मभूमि	72
		स्वधर्म कर्त्तव्य पालन, शिक्षा बचपन से	74
		प्रकृति से शिक्षा	77
		गीता माता व भगवान कृष्ण जगद्गुरु	78
		सद्गुरु की महिमा, शरणागति, समर्पण	80
		धर्म पालन की प्रथम सीढ़ी, एक एक बुराई छोड़ो	84
		सत्प्रेरणा व सत्संकल्प	86
4.	चतुर्थ दिवस	आत्मा की अमरता व शरीर की नश्वरता	92
		गीता का मुख्य विषय	95
		मृत्यु क्या है? वरदान, वस्त्र परिवर्तन	97
		पुनर्जन्म, सब कर्जदार हैं	100
		परोपकार, सब प्राणियों में ब्रह्म को देखो	104
		शरीर भगवान का मन्दिर, आत्मा ईश्वर का अंश	107
		आत्मा की आवाज सुनो	109
		नचिकेता व मैत्रेयी का आत्मज्ञान	112
		कर्त्तव्य बोध	116
		पतन का कारण, मृत्यु का भय व मोह	117
5.	पाँचवा दिवस	कर्मयोग	128
		आत्मज्ञान----पुस्तकों से नहीं	130
		निष्काम कर्म	131
		निष्काम कर्म की शिक्षा	133
		प्रकृति व सन्तों से इस कला को सीखो	137
		शरणागति अंहकार का त्याग	138
		माया महागिनी हम जानी	140
		पाप की सजा	142
		संसार एक स्कूल, मनुष्य अपने भाग्य का निर्माता स्वयं है	145
		सत्प्रेरणा	152
6.	छठा दिवस	आत्मसंयम	156
		स्थितप्रज्ञ के लक्षण	158
		ईश्वर की दी हुई शक्तियों का सदुपयोग	160

		विचार संयम	161
		इन्द्रिय संयम का महत्व	164
		जिह्वा के दो महत्व पूर्ण काम	166
		जिह्वा संयम भोजन पर नियंत्रण	167
		भोजन के नियम	169
		गौरक्षा का संकल्प	171
		जिह्वा संयम वाणी संयम	172
		कामना व वासना पर संयम	176
		साधन संयम	181
		समय संपदा	185
		उद्बोधन	188
7.	सातवां दिवस	भक्तियोग	193
		आनन्द व सुख में अन्तर	194
		ब्रह्मानन्द आत्मा परमात्मा का मिलन	197
		चार तरह के भक्त	200
		ज्ञानी श्रेष्ठ है या भक्त	205
		तीन प्रकार के कर्म	207
		दैवासुर सम्पदा	210
		मोह व माया का त्याग	211
		श्रद्धा व समर्पण भक्त के लक्षण, ढोंगी का पतन	214
		सगुण व निर्गुण भक्ति	217
		करिष्येवचनं तव	219
		अर्जुन, मीरा व मुरली का समर्पण	222
		उपसंहार	228
		प्रथम अध्याय का महत्व	229
		अर्जुन का समर्पण	233
		शंख का महत्व	235
		विष्णु पद की प्राप्ति आध्यात्म और विज्ञान का मिलन	237
		भारतीय संस्कृति को विश्वव्यापी बनाओ	239
		उद्बोधन	242
		स्थितोऽस्मि गतसन्देह:	244–249

उद्देश्य

छात्रोपयोगी गीता का उद्देश्य सर्वसाधारण जन को गीता के संदेश से परिचित कराना है। कथा सुनते हुए जिज्ञासुओं के मन में जो अनेक प्रश्न उठते हैं उनका गुरु शिष्य के संवाद के रूप में कथा एवं गीतों के माध्यम से समाधान किया गया है। सर्वविदित है कि दार्शनिक एवं विवेचनात्मक प्रवचन केवल उन्हीं की समझ में आते हैं जिनकी मनोभूमि सुविकसित है किन्तु कथाएँ बाल वृद्ध, नर, नारी, शिक्षित, अशिक्षित सभी की समझ में आसानी से आजाती हैं। हितोपदेश, पंचतंत्र, ईसप की कहानियाँ इसका प्रमाण है। कथाओं के माध्यम से अनपढ़ को भी शिक्षित किया जा सकता है। प्रेरणाप्रद गीतों के माध्यम से सभी को प्रोत्साहित किया गया है।

मंगलाचरणम्

गुरुर्ब्रह्मा गुरुर्विष्णुर्गुरुर्देवो महेश्वरः ।
गुरुर्देवः परब्रह्म तस्मै श्रीगुरवे नमः ॥

ॐ श्री गुरवे नम:

ॐभूर्भुव: स्व: तत्सवितुर्वरेण्यम् ,भर्गो देवस्य धीमहि। धियो यो न: प्रचोदयात् ।

मंगल कामना

वैदिक साहित्य में उपनिषदों को ज्ञान का सर्वश्रेष्ठ लोकोपयोगी स्त्रोत माना गया है। श्री मद्भगवद्गीता को उपनिषदीय ज्ञान के सार संग्रह के रूप में स्वीकार किया गया है। इसीलिये विश्व के मूर्धन्य विद्वानों ने गीता ज्ञान को क्षेत्र ,देश, सम्प्रदाय आदि से परे मनुष्य मात्र के लिए अत्यन्त उपयोगी ,कल्याणकारी माना है। विश्व की लगभग सभी प्रमुख भाषाओं में गीता का अनुवाद किया जा चुका है। श्रेष्ठ विचारकों का मानना है कि यदि मानव जाति अपने अज्ञानजनित मेरे तेरे का संकीर्ण भाव त्याग कर श्रद्धा पूर्वक गीता के पावन ज्ञान को अंगीकार कर ले तो जीवन को तमाम विसंगतियों से बचाते हुए सुख शान्तिमय उज्ज्वल भविष्य की ओर लेजाया जा सकता है।

उक्त कथन सत्य होते हुए भी एक सत्य यह भी है कि हम अपने ही देश की नयी पीढ़ी को ,ज्ञान की अपनी ही श्रेष्ठ विरासत से जोड़ नहीं पारहे हैं। आवश्यकता इस बात की है कि नयी पीढ़ी तक दिव्य ज्ञान की धारा को उनकी ही मानसिकता के अनुसार हृदयग्राही बनाकर प्रस्तुत किया जाये तो उनकी अदम्य ऊर्जा को भटकाव से बचाकर सदुद्देश्यों में नियोजित किया जा सकता है।

आदरणीया डा.सुशीला जीजी ने अपनी पुस्तक छात्रोपयोगी गीता को उक्त तथ्य के अनुरूप ही रोचक और उपयोगी बनाया है। परमात्मा उनके इस सद्प्रयास को सार्थक दिशा में कुशल प्रयोग करने के लिए और भी विचारकों को प्रेरित करे एवं नयी पीढ़ी के कोटि कोटि ऊर्जावानों के जीवन को सुनियोजित कर सके ,ऐसी विनम्र प्रार्थना जगदीश्वर से है।

हार्दिक मंगल कामना सहित

वी. उपाध्याय

शान्ति कुंज ,हरिद्वार

आशीर्वचन

डा. सुशीला गुप्ता एक विदुषी महिला हैं। उन्होंने भारत में वर्षों तक स्नातकोत्तर विश्वविद्यालय में प्रवक्ता के पद पर कार्य किया है। उनकी अनेक उपयोगी पुस्तकें प्रकाशित हो चुकीं हैं। उनके द्वारा लिखी गई छात्रोपयोगी गीता एक बहुत सुन्दर प्रयास है। इस में विदुषी लेखिका ने जगद्गुरु भगवान श्रीकृष्ण के मुख से निकली गीता की वाणी को सात दिन के समारोह का रूप दे कर भव्य मनोरम कल्पना के रूपमें प्रस्तुत किया है।

इस में गीता के चुने हुए श्लोकों का अर्थ अति सरल भाषा में किया गया है जिस से बालगोपाल व किशोर ठीक तरह समझ सकते हैं। स्वाभाविक है कि कभी कभी बच्चों के मन में बहुत से प्रश्न व शंकाएं उठती हैं उनका समाधान आचार्यजी के मुख से रोचक कहानियों के माध्यम से कराया गया है जिस से वे पुस्तक का आनन्द ले सकते हैं और गीता को भली भांति समझ सकते हैं। मुझे पूर्ण आशा है कि यह पुस्तक सबको पसन्द आयेगी क्योंकि गीता के विषय पर बच्चों के लिये बहुत ही कम पुस्तकें लिखी गईं हैं। मेरा आशीर्वाद है कि उनका यह प्रयास जन मानस को लाभान्वित करे। मेरी शुभकामना है कि वे इस कार्य को निरन्तर विकसित करती रहें जिससे उनके अनुभवों का लाभ उनकी लेखनी के माध्यम से समाज को मिलता रहे।

शुभ कामनाओं के साथ----
जगदीश चन्द्र शारदा,
अध्यक्ष टोरन्टो हिन्दू इन्स्टीटयूट।

दो शब्द

डा. सुशीलाजी की छात्रोपयोगी गीता पढ़ते भगवद्गीता की भगवान श्रीकृष्ण की घोषणा याद आती है-

य इमं परमं गुह्यं मदभक्तेष्वभिधास्यति।
भक्तिं मयि परां कृत्वामामेवैष्यत्यसंशय:।

गीता (18 । 68)

छात्रोपयोगी गीता के उपलक्ष्य में श्रीभगवान का कहना डा0 श्रीमती सुशीलाजी के लिए उचित ही है, कि यह परम गुह्य उपदेश जो नर मेरे परम भक्तों से कहेगा वह नर मेरी भक्ति पाकर निस्सन्देह मुझे ही प्राप्त करेगा। भगवान के परम भक्तों में निर्मल मन के बच्चों से अधिक परम भक्त कौन हो सकता है? उन शुद्ध चित्त बालकों को एक अदभुत पार्श्वभूमिका में संत महात्माजी के मुख से सुशीलाजी के द्वारा सुनवाई हुई कथाएं एवं दृष्टान्त सचमुच अति सराहनीय और सुफल सफल कार्य हैं।

विशेषतया भारत से बाहर रहने वाले बच्चों के माता पिता तथा मन्दिरों के पंडितों के लिए कितनी सुन्दर कल्पना है कि वे भारत के पवित्र धामों के आचार्यों से संपर्क कर के योजना बना कर अपने होनहार बच्चों को सामूहिक यात्रा के द्वारा पावन स्थानों पर ले जाएं और उन्हें अपनी पावन संस्कृति का दिग्दर्शन और सन्तों द्वारा मार्गदर्शन करायें। निश्चित ही -इस प्रक्रिया से एक ऐसा समय आ सकता है कि हमारे कई बच्चे जो सन्मार्ग से भटक जाते हैं वे सही रास्ते पर चलकर भविष्य में होने वाली अनहोनी से बचें और हमें भी बचा सकें।

मेरा मतलब यह नहीं कि भारत रहने वाले बच्चों के लिये इसका कोई उपयोग नहीं। वस्तुत: इस समय चाल चलन की प्रवृत्ति,और पाश्चात्य संस्कार के बढ़ते हुए प्रभाव को देखते हुए मुझे ऐसा लगता है कि इस पुण्य काम की उतनी ही आवश्यकता भारतीय बच्चों को भी है जितनी विदेशी भारतीयों के लिए। सुशीलाजी ने इस कार्य के द्वारा भगवान की भक्ति व मुक्ति दोनों को पा लिया है। इस में दो मत नहीं है

इस महत्वपूर्ण कार्य के लिये श्रीमती सुशीला गुप्ता को जितना धन्यवाद दिया जाये कम है। अब जब कि सुशीलाजी ने इस शुभ कार्य की नींव डाल दी है और मार्ग दिखा दिया है तो भारतीय और विदेशी लेखकगण इस दिशा में जितना अधिक और उपयुक्त लेखन करेंगे उतना ही हम सब को लाभ होगा।

रत्नाकर नराले,
हिन्दी प्राध्यापक, रायर्सन विश्व विद्यालय, टोरांटो

आभार -- समर्पण

श्रीमद्‌भगवद्‌गीता भारतीय संस्कृति की अमूल्य धरोहर है। इस के माहात्म्य का वर्णन वाणी द्वारा नहीं किया जा सकता क्योंकि यह भारतीय दर्शन का एक रहस्यमय ग्रंथ है। इस में सम्पूर्ण वेदों का सार है। यह परम पुरुषोत्तम साक्षात् भगवान श्रीकृष्ण की दिव्य वाणी है। यह अमृतकुण्ड है जिसकी एक बूंद पान करके ही मानव अमरता प्राप्त कर सकता है किन्तु इसका आशय इतना गंभीर है कि आजीवन निरन्तर अभ्यास करते रहने पर भी उसका अन्त नहीं आता भगवत्कृपा से ही उसे समझा जा सकता है।

भगवान की कृपा के अधिकारी श्री बालगंगाधर तिलक श्री अरविन्द, श्रीविनोबाजी व महात्मा गांधी जैसे महान सन्तों ने इसे सरल भाषा में समझा कर हम जैसे अबोध जिज्ञासुओं के लिए सुबोध कर दिया है। हम इनके आभारी हैं। इन महानुभावों की कृतियों का अध्ययन करते समय एक प्रश्न सामने आया कि विषय की गंभीरता को देखते हुए कुछ लोगों के विचार से गीता केवल वृद्वजनों व सन्यासियों के लिए है वे अपने बालगोपाल को इसी भय के कारण गीता नहीं पढ़ने देते कि कहीं वह सन्यासी न हो जाए, लेकिन गीता के उपदेश ने तो मोहग्रस्त अर्जुन को उस समय कर्त्तव्य का बोध कराया जब वह युद्व छोड़ कर सन्यासी बन कर भिक्षा मांगने को तैयार था। इस गीताशास्त्र का यह उलटा प्रभाव कैसे हो सकता है इस विचार ने मुझे प्रेरित किया कि मैं कुछ सरल श्लोक लेकर कथाओं के माध्यम से छात्रोपयोगी गीता लिखूं जिससे बालगोपाल को गीता पढ़ने की प्रेरणा दी जा सके।

इस समय विश्व विनाश के कगार पर खड़ा है। विज्ञान के चमत्कार व भौतिकता की चकाचौंध में मानव मन भटक रहा है। भाई भाई का प्यार, माता-पिता गुरु का सम्मान सब कुछ धन के हाथों बिक रहा है। इस समय न जाने कितनी सीताओं का अपहरण हो रहा है, कितनी द्रोपदियों का चीर हरण हो रहा है, माता पिता ने मोह में पड़कर आंखों पर पट्टी बांध ली है, माता ममी बन गई है, पिता डैड हो गए हैं गुरु द्रोणाचार्य की तरह चुप हैं, भीष्म पितामह अपने को विवश समझ कर खामोश हैं, फिर असमंजस में पड़े हुए अर्जुन का मार्गदर्शन कौन करे? इस समय प्रत्येक व्यक्ति अर्जुन की तरह किंकर्त्तव्यविमूढ़ है, ये ही विचार मन को उद्वेलित कर रहे थे कि गीता के विषय में भारतीय एवं विदेशी विद्वज्जन के विचार पढ़ने का सौभाग्य मिला और मैं इस निष्कर्ष पर पंहुची कि समस्त सृष्टि में उस असीम सत्ता का दर्शन कर ' वसुधैव कुटुम्बकम् ' का शुभ संदेश गीता के

माध्यम से ही दिया जा सकता है।

भारत के ही नहीं विश्व के समस्त मनीषियों व सन्तों ने इस सत्य को एक स्वर स्वीकार किया है। सब में उस प्रभु के दर्शन करो, विद्वान्, गौ चांडाल, कुत्ते हाथी सब को एक समान समझो (5। 18) गीता। गाय और कुत्ते को रोटी, चिड़ियों को दाना, चींटियों को आटा इस का यही तो मतलब है कि सब मिल बांट कर खाओ। सौतेले भाई होने पर भी पांडव हाथ की पांच उंगलियों की तरह मिलकर रहते थे। इसीलिए वे विजयी हुए। पांडवों की भांति यह शिक्षा बचपन से ही दी जानी चाहिए। मातृदेवो भव, पितृदेवो भव, आचार्यदेवो भव, अतिथि देवो भव, राष्ट्रदेवो भव, यह हमारी भारतीय संस्कृति की पहचान है। बालगोपाल को इस तथ्य से परिचित कराने के लिए इस पुस्तक की रचना की गई है जिससे फिर कोई महाभारत न हो, किसी द्रोपदी का चीरहरण न हो।

मुझ जैसे अल्पज्ञ के लिए यह कार्य सरल नहीं था किन्तु भगवत्कृपा से मुझे टोरन्टो (कनाडा) में एक गीता गोष्टी में सम्मिलित होने का सौभाग्य मिला। वहां भारतीय मनीषी व विद्वज्जन धार्मिक आयोजन करते रहते हैं। मन्दिर में हिन्दी, संस्कृत व गीता की कक्षाएं भी चलती हैं। उस गीता गोष्टी में बालगोपाल भी उपस्थित थे। वे बोर हो रहे थे। उन्हें कुछ समझाने का काम मुझे सौंपा गया। जब मैंने उन्हें गीता के दो श्लोक सुनाकर उनके अर्थ के साथ उन्हें दो तीन कहानियां सुनाईं तो वे बहुत खुश हुए। इसके पश्चात् मैंने मन्दिर में होनेवाली कक्षाओं में भी गीता के श्लोक का अर्थ समझा कर कहानियां सुनाईं तो वहां के मनीषियों ने मुझे उत्साहित किया कि मैं इसी तरह गीता के श्लोकों को समझाकर कुछ उपयुक्त लिखूं जिससे बालगोपाल लाभ उठा सकें। मैंने इस शुभ कार्य का श्रीगणेश कर दिया।

इसे लिखते समय कुछ प्रतिभाशाली जिज्ञासु छात्रों ने भगवान कृष्ण के सम्बन्ध में अपनी जिज्ञासाएं प्रस्तुत कीं। जैसे कृष्ण तो ग्वाले थे उन्हें भगवान का अवतार क्यों मानते हैं? वे बचपन में माखन क्यों चुराते थे, गोपियों की मटकी क्यों फोड़ते थे, उनके साथ नाचते गाते थे, उन्होंने अर्जुन को उकसा कर इतना बड़ा युद्ध क्यों करवाया जिसमें खून की नदियां बह गईं? वे कैसे भगवान थे?

मैंने इन्हीं प्रश्नों को आधार बनाकर इस पुस्तक की रचना की। इसके लिए मैंने इसे आठ दिन की कथा के रूप में विभाजित किया है प्रथम दिवस में भगवान कृष्ण का चरित्र, उनके बचपन की उन घटनाओं का वर्णन किया है जिनमें उन्होंने बचपन से ही राक्षसों को मार कर धर्म संस्थापना

का आदर्श सब के सामने रखा। द्वितीय दिवस में महाभारत के युद्ध के कारणों पर प्रकाश डालने के लिए पांडवों की सज्जनता व दुर्योधन की दुष्टताओं का वर्णन किया है जिससे छात्रों की जिज्ञासाओं का समाधान हो सके।

तृतीय दिवस में स्वधर्मपालन, चतुर्थ में आत्मज्ञान, पांचवे में कर्मयोग, छठे में आत्मसंयम, सातवें में भक्ति योग, आठवें में उपसंहार के रूप में ज्ञान, कर्म व भक्ति का त्रिवेणी संगम कर शरणागति को महत्व दिया है। अर्थात् गीता का मुख्य संदेश" सब धर्मों को छोड़ कर मेरी शरण में आ" का निरूपण किया है। हर अध्याय के अन्त में छात्रों तथा युवावर्ग को" करिष्ये वचनं तव" की प्रेरणा देकर कर्त्तव्य पालन के लिए संकल्पित करने का प्रयास किया है जिससे उनके मन में अत्याचार का सामना करने की इच्छा शक्ति जाग उठे।

इसे लिखते समय भारत के एक सन्त कनाडा आये। उन्होंने मुझे प्रोत्साहित किया। कनाडा में गीता पर शोध कार्य कर के आचार्य की उपाधि प्राप्त करने वाले आचार्य श्री रत्नाकर नराले जी ने इस कार्य के लिये मेरा मार्गदर्शन किया। इस समय **भी** इस पुस्तक के प्रकाशन में उनकी सहायता के बिना इस कार्य को करना सम्भव नहीं था। उन के प्रति आभार प्रकट करने के लिए मेरे पास शब्द नहीं हैं। मैं उन के दीर्घ यशस्वी व स्वस्थ जीवन के लिए भगवान से प्रार्थना करती हूं। उस के बाद मैं शान्तिकुंज गई तो वहां परम आदरणीय सर्वश्री डा. प्रणवजी व आदरणीय श्री वीरेश्वर उपाध्यायजी को दिखाया तो उन्होंने आशीर्वाद देते हुए उसमें कुछ संशोधन भी किया। इस समय भी उनके आशीर्वाद व मार्गदर्शन के बिना इस पुस्तक का प्रकाशन मेरे लिए असम्भव था। इस के पश्चात गायत्री तपोभूमि के आदरणीय पंडित लीलापत शर्मा जी व श्री द्वारिकाप्रसाद चैतन्य जी का आशीर्वाद व प्रोत्साहन मुझे समय समय पर मिलता रहा। उन सब गुरुजनों का आभार प्रकट करने की क्षमता मुझमें नहीं है। मैं नतमस्तक होकर उन्हें प्रणाम करती हूं जिन्होंने अपना अमूल्य समय आशीर्वाद व सत्प्रेरणा देकर इस कार्य को पूरा कराया है।

इसके अतिरिक्त सभी सन्तों, मनीषियों, महापुरुषों एवं जाने अनजाने सभी गीतकारों को प्रणाम करते हुए अपनी कृतज्ञता प्रकट करती हूं जिनके गीतों तथा कथाओं को मैंने अपने इस पुष्पहार में पिरोया है। इस की प्रस्तुति में मुझे अपने सुपुत्र प्रिय मुकुल कुमार से जो प्रोत्साहन मिला उस के लिये मैं उस के उज्जवल सुखद भविष्य के लिये भगवान से प्रार्थना करती हूं। उस ने मेरी शारीरिक व मानसिक परेशानी को देखते हुए समय समय पर मुझे प्रेरणा दी व इसे लिखने में मेरी पूरी तरह सहायता की है। बहूरानी अनुजा, दामाद प्रिय विजयमोहन, सुपुत्री अर्चना का भरपूर सहयोग मिला

है। मेरे प्रिय बालगोपाल सौरभ, आस्था रानी, अर्पित कुमार, अक्षय कुमार ने कहानियां सुन सुन कर मुझे सुझाव दिये और कम्प्यूटर पर मेरी सहायता की है। इस के अतिरिक्त कम्प्युटर में लेखन कार्य में भी मेरा सहयोग दिया है, मैं परम पिता परमात्मा से इन सब के दीर्घ, स्वस्थ व यशस्वी जीवन की कामना व प्रार्थना करती हूं।

सियाराममय सब जग जान कर आप सब को प्रणाम करते हुए आपके हाथ में यह पुस्तक सौंपते हुए मुझे अपार हर्ष हो रहा है। मैं अपने उद्देश्य में कहां तक सफल हुई हूं इसका निर्णय तो आप ही करेंगे। मेरा आप सब से अनुरोध है कि इस में जो अच्छा लगे उसे जगतगुरु भगवान की वाणी, उनका प्रसाद समझ कर स्वीकार करें और कमियों को मेरा प्रमाद समझ कर मुझे उनसे अवगत कराने की कृपा करें जिससे दूसरे संस्करण में उन्हें दूर किया जा सके। गीता के दर्शन व रहस्य को समझना मेरे जैसी अल्पज्ञ के लिये बहुत कठिन है फिर भी अपनी अल्प बुद्धि के अनुसार मैंने छात्रोपयोगी सरल विषय समझाने का प्रयास किया है। सभी विद्वत्जनों से अनुरोध है कि अपने अमूल्य सुझाव देकर इस पुस्तक को अधिक से अधिक उपयोगी बनाने में सहयोगी हों जिससे पाठकगण अधिक से अधिक लाभान्वित हो सकें। आपका स्नेहिल सानिध्य, मार्गदर्शन व प्रेरणा ही मेरा सम्बल है।

एक निवेदन और, यह पुस्तक बालगोपाल, किशोर व नवयुवकों को गीता माता की झांकी कराने के लिये लिखी गई है इसलिये इसे अधिक से अधिक लोगों तक पहुंचाने का प्रयास करें। अंत में इसे अपनी उन्हीं मार्गदर्शक गुरुसत्ता के श्रीचरणों में समर्पित करती हूं जो सूक्ष्मरूप में माता, पिता, स्वामी सब कुछ बनकर प्रेरणा देते रहते हैं। मेरी यही इच्छा है कि मैं अन्तिम क्षण तक उस परम सत्ता के हाथ की कठपुतली बन कर कार्य करती रहूं और अन्त में उनकी अखण्ड ज्योति में विलीन हो जाऊं। उनके श्रीचरणों में मेरा शत शत नमन है।

त्वदीय वस्तु गोविन्दं तुभ्यमेव समर्पये।
तमसो मा ज्योतिर्गमय। असतो मा सद्गमय। मृत्योर्माऽमृतं गमय।
नव संवत्सर, नवरात्रि, 28-मार्च 2015
निवेदिका
सुशीला देवी गुप्ता
टोरन्टो (कनाडा)

THE COVER STORY

नष्टो मोहः स्मृतिर्लब्ध्वा त्वत्प्रसादान्मयाच्युत ।
स्थितोऽस्मि गतसन्देहः करिष्ये वचनं तव ॥

**Scene of Lord Krishna's dialogue with Arjuna
according to the verses of the Gita**
for story explanation, see next page

Scene of Lord Krishna's dialogue with Arjuna, according to the verses of the Gita

श्रीमद्भगवद्गीता का प्रसंग

1. During the dialogue (संवादमिदम् अद्भुतम् **Gita 18.76**), horses of the chariot were standing, they were NOT running. G&ta@ was not spoken in a running chariot (स्थापयित्वा रथोत्तमम् **Gita 1.24**).
2. Krishna and Arjuna were sitting in the chariot (रथोपस्थ उपाविषत् **Gita 1.47**). Though the pose looks very nice, they were NEITHER standing or sitting on the ground nor standing on the chariot. During the dialogue, Arjuna was sitting in the middle part of the chariot. Krishna was sitting at the front, talking to Arjuna. At the behest of Krishna (तस्मात् उत्तिष्ठ **Gita 11.33**), finally at the end of the last chapter, Arjuna said, "I will stand up" (करिष्ये वचनं तव **Gita 18.73**)
3. Arjuna sat sadly in the middle part of the chariot. He was NOT sitting at the back or in the front chambers of the chariot (रथोपस्थे उपाविषत् **Gita 1.47**, upastha = middle part). It means Arjuna had a big chariot (महति स्यन्दने स्थितौ **Gita 1.14** and रथोत्तमम् **Gita 1.24**), and it had three chambers. It had spotless white horses (श्वेतैर्हयैर्युक्ते **Gita 1.14**).
4. Arjuna removed and kept his bow and quivers of arrows in the chariot itself. They were NOT thrown on the ground (विसृज्य सशरं चापं **Gita 1.47**).
5. During the dialogue, Arjuna's face was dejected (शोकसंविग्नमानसः **Gita 1.47**). He was NOT excited like a mad warrior, standing at the front of the chariot eager to fight (न योत्से **Gita 2.9**). Krishna had pleasant face (प्रहसन्निव **Gita 2.10**), sitting on the chariot.
6. During the dialogue, both armies were standing quitely in the background, oblivious and non-functional. No one was engaged in fighting, arrows were not flying, slaughtered men were not lying in the pool of blood...etc. Gita is NOT a book on war. It IS book of righteous (धर्मक्षेत्रे Gita 1.1) spiritual guidance (धर्म्यं संवादमावयोः **Gita 18.70**), for all times.
7. It was a day time.
8. Arjuna's chariot had a flag bearing Hanumana's image (कपिध्वजः **Gita 1.20**)
9. Lord Krishna's divine (दिव्यौ **Gita 1.14**) conch shell (पाञ्चजन्यम् हृषीकेषः **Gita 1.15**) and Arjuna's divine conch shell (देवदत्तं धनञ्जयः **Gita 1.15**) are part of the scene. Lord Krishna was nor bearing the *Sudarshana-chakra*. During the Gita, Krishna was only an unarmed charioteer.
10. The Pandavas were on the 'right' side (धर्म्यं **Gita 18.70**).

छात्रोपयोगी गीता

ॐ श्रीगुरवे नमः

वन्दना

पिबत गीता रसामृतम् ॐ नमो भगवते वासुदेवाय।
मूकं करोति वाचालं पंगुं लंघयते गिरिम्।
यत्कृपा तमहं वन्दे परमानन्दमाधवम्।। 1
वसुदेवसुतं देवं कंसचाणूरमर्दनम्।
देवकीपरमानन्दं कृष्णं वन्दे जगद्गुरुम्।। 2
कृपा कोर से मूक बोलते, पंगु लांघते गिरि ललाम।
पूर्णकाम विश्राम जगत के, माधव परमानन्द प्रणाम।। 3
हे वसुदेव सुत! हे माधव! कंसनिकन्दन! दोषदलन!।
परमानन्द! देवकीनन्दन। कृष्ण! जगद्गुरु! तुम्हें प्रणाम।। 4
सुर संत विप्र गौ व्याकुल हैं, फिर से उनका उद्धार करो।
हे जगत्पते! हे जगद्गुरु! मम वन्दन को स्वीकार करो।। 5
संसारसागरं घोरे, तर्तुमिच्छति यो जनः।
गीतानावं समारूह्य पारंयाति सुखेन सः।। 6
सर्वोपनिषदो गावो, दोग्धा गोपाल नन्दनः।
पार्थो वत्स; सुर्धी भोक्ता दुग्धं गीतामृतं महत्।। 7
मोह माया के दुःख से, जो चाहो उद्धार।
बैठो गीता नाव में करो भवसागर पार।। 8

प्रथम दिवस

पार्श्व भूमिका

देवात्मा हिमालय प्राचीन काल से ही महर्षियों व तपस्वियों की तपस्थली रहा है। भारतीय मनीषी हिमालय की कन्दराओं में बैठ कर विश्व कल्याण के लिए मनन चिन्तन, जप-तप पूजा-पाठ करते थे और प्रत्येक मानव को जीने की कला सिखाते थे। राजा महाराजा भी अपनी समस्याओं का समाधान करने के लिए उनकी चरण-वन्दना करते थे। उन महर्षियों के आश्रम विद्या व शिक्षा के केन्द्र होते थे जहां से राजकुमार, ब्राह्मणकुमार तथा साधारण घराने के हजारों छात्र आत्मज्ञान की शिक्षा पाकर अपने जीवन को धन्य बनाते थे। उन आश्रमों के ब्रह्मज्ञानी स्नातक देश में ही नहीं विदेशों में भी जाकर उस दिव्य ज्ञान का प्रचार प्रसार करते थे जिसके कारण भारत विश्वविख्यात हो कर जगद्गुरु कहलाता था।

वर्तमान काल में भौतिकता की चकाचौंध में सारा विश्व भटक रहा है। काम क्रोध लोभ, मोह व अहंकार के राक्षसों ने सब को कर्तव्य विमुख कर असमजंस की स्थिति में डाल दिया है। इस समय भी भारतीय सन्त व मनीषी समस्त विश्व में भारतीय संस्कृति का प्रचार प्रसार करके भारत के खोये हुए गौरव को वापिस लाने का प्रयत्न कर रहे हैं। इस शुभ संकल्प को पूरा करने के लिए बहुत सी संस्थाएं अलग अलग तरीके से काम कर रही हैं। बहुत से मन्दिर बन रहे हैं, बहुत से आश्रम खुल रहे हैं और भारत माता के सपूत इस शुभ कार्य में लगे हैं। इन्हीं सन्तों में से एक सिद्ध तपस्वी साधक ने अपने गुरुदेव का आदेश पा कर मां भागीरथी के पावन तट पर हरिद्वार में एक आश्रम बनाया और प्राचीन

गुरुकुल की प्रणाली के आधार पर एक विश्वविद्यालय की स्थापना की जिसमें विज्ञान के साथ-साथ आध्यात्मिक ज्ञान तथा विदेशी भाषाओं की शिक्षा भी दी जाती थी।

उस विश्वविद्यालय के स्नातकों को आचार्य की उपाधि से विभूषित किया जाता था। वे देश में ही नहीं विदेशों में भी जाकर ब्रह्मज्ञान व भारतीय संस्कृति का संदेश देते थे। वे स्वामी विवेकानन्दजी की भांति इंगलिश भाषा में भी निपुण होते थे जिसके कारण विदेशी भी उनके भाषण से प्रभावित होते थे। उनमें से एक आचार्यजी को अमेरिका, कनाडा व लंदन भेजा गया। जब वे कनाडा पहुंचे तो जन्माष्टमी पर्व निकट था। सात समुन्दर पार कनाडा के टोरन्टो शहर में जन्माष्टमी का पर्व बड़ी धूमधाम से मनाया जा रहा था। कनाडा में सभी धर्म के लोगों को अपने अपने त्यौहार मनाने की पूरी छूट है। यहाँ हिन्दू, मुस्लिम, सिख ईसाई सभी घर्म के लोग अपना अपना त्यौहार बड़ी धूमधाम से मनाते हैं।

आचार्यजी ने भागवत कथा सुनाने के बाद गीता का संदेश बहुत ही आकर्षक एवं प्रभाव शाली ढंग से समझाया। एक सप्ताह तक गीता पर प्रवचन देते हुए उन्होंने विशेष बात यह बताई कि गीता का उपदेश केवल हिन्दु धर्म के लिए ही नहीं अपितु विश्व के प्रत्येक मानव के लिए है और बच्चों को किशोरावस्था से ही गीता का सन्देश समझाना चाहिए। इससे उनमें समस्याओं का सामना करने की क्षमता उत्पन्न होगी।

उनकी यह बात सुनकर कनाडा में रहने वाले भारतीय संस्कृति के प्रेमी कुछ विद्वानों ने इस बात पर विचार किया और उन से कहा- आचार्यजी! इस देश में रहकर अपने बच्चों को अपनी भाषा की शिक्षा देना ही मुश्किल हो रहा है

क्योंकि एक तो किसी के पास समय ही नहीं, दूसरे यहाँ की भाषा इंग्लिश है तो आप यह बताएँ कि हम बच्चों को गीता का ज्ञान कैसे दें?

मुस्कराते हुए उन्होंने कहा- "प्यारे भाईयो! गीता केवल संस्कृत व हिन्दी जानने वाले भारत वासियों के लिए ही नहीं है, इसका अनुवाद अब तक बहुत सी भाषाओं में हो चुका है। विदेशी विद्वानों ने भी इसकी बहुत प्रशंसा की है चार्ल्स विल्किन्स, वारेन हेस्टिंग्ज, रुडोल्फ स्टेनर, विल्हेल्म वान हमबोल्ट आदि विदेशी वैज्ञानिकों और विद्वानों ने इसे मानवता की महत्वपूर्ण कविता माना है। इसलिए आप उन पुस्तकों को स्वयं भी पढ़िये और बच्चों को भी गीता के बारे में बताइये।

गीता देश काल की सीमाओं से मुक्त है। अर्जुन की भांति दुखी निराश और मोहग्रस्त प्रत्येक व्यक्ति को यह रास्ता बताती है। माता की तरह आँसू पोंछकर उसे कर्म करने की प्रेरणा देती है। एक बात और, यदि आप उन्हें एक बार भारत लेकर आ सकें तो उन्हें मथुरा वृन्दावन, हस्तिनापुर व कुरुक्षेत्र दिखा दें और गीता के सन्देश को भी सुना दें। तो उनके मन में कृष्ण व गीता को जानने की जिज्ञासा पैदा की जा सकती है।"

आचार्यजी का यह प्रस्ताव सुनकर सब बहुत प्रसन्न हुए कथा सुनने वालों में दो यूनिवर्सिटी के प्रोफेसर भी थे। उन्होंने कहा- "हम इस बार क्रिसमस में भारत जाने की सोच भी रहे थे। हम अपने स्टूडेंट से पूछते हैं, जो भी चल सकेंगे उनको ही ले कर एक प्रोग्राम बनाते है" दूसरे दिन उन्होंने विद्यार्थियों से बात की तो कुछ तो उसी समय तैयार हो गये और कुछ विद्यार्थियों ने सोचकर बताने के लिए कहा। अन्त में कुल मिलाकर बीस लोगों के जाने का प्रोग्राम तय हुआ

इसकी सूचना आचार्यजी को दे दी। उन सब का रिजर्वेशन 20 दिसम्बर को एयर कनाडा से करा दिया गया।

सब के मन में बहुत उत्साह था। आखिर वह शुभ घड़ी आ पहुँची जिसका सब बेचैनी से इन्तजार कर रहे थे। 20 दिसम्बर को एयर कनाडा से चलकर देहली पहुँचे वहाँ आश्रम से गाड़ी आई हुई थी। हरिद्वार से आचार्यजी एवं कुछ छात्र भी आए थे जो मथुरा, हस्तिनापुर और कुरुक्षेत्र जाने वाले थे। देहली में ही रुकने का प्रबन्ध किया गया था। वहाँ पहुँचे तो सब ने पुष्प वर्षा तथा तिलक लगाकर उन सब का स्वागत किया। भोजन के उपरान्त आचार्य जी ने सब को बुलाकर कहा- प्यारे बच्चो! तुम सब भारत माता के वीर सपूत और देश भविष्य निर्माता हो। कल तुम सब भगवान कृष्ण की जन्म भूमि मथुरा, पांडवों की जन्मभूमि हस्तिनापुर तथा धर्मक्षेत्र कुरुक्षेत्र को देखने जा रहे हो जहाँ धर्म की स्थापना के लिए महाभारत का युद्ध हुआ था और भगवान कृष्ण ने अर्जुन के माध्यम से गीता का वह सन्देश दिया था जो उस समय से अब तक समस्त विश्व के निराश लोगों का मार्गदर्शन करता रहा है।

तुम्हारे साथ विश्वविद्यालय के छात्र तथा आचार्य भी जा रहे हैं। तुम्हें पहले मथुरा और हस्तिनापुर इसलिए भेज रहे हैं कि तुम भगवान कृष्ण और कौरव पांडवों के बारे में सब गलत फहमी दूर कर के तब गीता का उपदेश सुनो और उसे अपने जीवन में उतारने की कोशिश करो। यही तुम्हारे लिए हमारा आशीर्वाद है। तुम वहाँ से वापिस आकर फिर हमसे मिलना और बताना कि तुमने क्या सीखा? जाओ, जाकर आराम करो, सुबह जल्दी उठ कर तुम्हें मथुरा जाना है। आचार्यजी के चरण स्पर्श कर सब सोने के लिए चले गए।

मथुरा दर्शन

मथुरा जाने के लिए रेल में रिजर्वेशन पहले से ही करा दिया था। मथुरा में भी ठहरने की बहुत सुन्दर व्यवस्था थी। नाश्ता करने के बाद मथुरा वृन्दावन घूमने जाने के लिए बस की व्यवस्था की गई थी। वृन्दावन, गोकुल, नन्दगाँव, बरसाना बृजगाँव सब पास पास ही हैं और यहाँ घर घर में मन्दिर हैं। वहाँ जाकर तो ऐसा लग रहा था कि जैसे अभी भी वहाँ कृष्ण की बाँसुरी की तान गूँज रही हो। जगह जगह कृष्ण भक्ति के गीत गूंज रहे थे। **"आली री मोहे वृन्दावन लागे नीको," "दरशन दो घनश्याम नाथ मोरी अँखिया प्यासी रे," "वृन्दावन का कृष्ण कन्हैया सब की आँखों का तारा," "मन मेरो हर लीन्हों रे कान्हा मुरली बजा के"** आदि गीतों की मधुर ध्वनि मन को सम्मोहित कर रही थी। ऐसा लगता था कि आज भी कि आज भी कृष्ण वहां मुरली बजा बजाकर रास रचा रहे हैं।वहां से जाने का मन ही नहीं हो रहा था। किन्तु जाना तो था ही।

साथ में एक गाइड भी था। उसने वह जगह भी दिखाई जहाँ कृष्ण गाय चराते थे, मुरली बजाते रास रचाते थे। जहाँ पूतना और बहुत से राक्षसों का वध किया था। जहाँ कालिया नाग को मारा था उस जगह इस समय उसकी एक पत्थर की मूर्ति बनी थी पर ऐसा लग रहा था जैसे सब जगह कृष्ण समाए हैं। उन स्थानों को देखकर सभी का मन रोमांचित हो रहा था वहाँ से चलकर रास्ते में बिरला मन्दिर, अखण्ड ज्योति संस्थान, और वत्सल धाम देखा जहाँ छोटे छोटे अनाथ बच्चों को कृष्ण कन्हैया मान कर पाला जा रहा था और उपेक्षिता नारियाँ दादी माँ, नानी माँ, माँ और मौसी की तरह उन पर अपने प्यार की वर्षा कर रहीं थीं। उन्हें कृष्ण की तरह कुरीतियों और अन्याय से लड़ने की शिक्षा दे रहीं थीं।

इस के बाद द्वारिकाधीश का मन्दिर और भगवान कृष्ण का जन्म स्थान देखा। वहाँ अभी भी पहरा लगा हुआ था। यह देखकर एक छात्र ने पूछा- "आचार्यजी! यहाँ पर पुलिस का पहरा क्यों है?" आचार्यजी ने कहा- "बेटे! यह इस देश का दुर्भाग्य ही है कि अबसे 5100 वर्ष पहले भगवान कृष्ण का जन्म जेल में ही हुआ था और आज भी यहाँ पर पहरा लगा है। भगवान राम के जन्मस्थान अयोध्या और शिवनगरी काशी में भी मन्दिर मस्जिद के नाम पर झगड़े चल रहे हैं। वहाँ भी पुलिस तैनात है। यह सब धर्म के नाम पर हो रहा है।"

फिर सब गोर्वधन पहुँचे। वहाँ जाकर देखा तो बहुत से लोग गोर्वधन की पूजा कर रहे हैं। कुछ लोग जमीन पर लेट लेट कर और कुछ लोग जमीन पर दूध गिरा गिरा कर परिक्रमा कर रहे हैं। यह देख कर संकल्प नामक छात्र ने मन में सोचा कि ये इस तरह जमीन पर दूध क्यों बिखेर रहे हैं? उसने आचार्य जी से पूछने का निश्चय किया। इस समय सब लोग थके हुए थे। भूख भी लग आई थी। सब ने हाथ मुँह धोकर भोजन किया। भोजन की व्यवस्था मन्दिर में ही की गई थी। भोजन के पश्चात् सब सत्संग भवन में पहुँच गए। आचार्यजी, मन्दिर के पुजारी जी तथा अन्य भक्त भी वहाँ उपस्थित थे। आचार्यजी ने सब को कमर सीधी करके बैठने के लिए कहा और ॐकार की ध्वनि की गूंज के बाद गायत्री मंत्र का पाठ किया जिससे सारे में निस्तब्धता छा गई। पुजारीजी ने एक गीत गाया और थोड़ी देर कीर्तन किया। फिर छात्रों ने गुरु वन्दना की।

गीत

एक तुम्हीं आधार सद्गुरु, एक तुम्हीं आधार।
जब तक मिलो न तुम जीवन में, शांति कहां मिल सकती मन में।

खोज फिरे संसार सद्गुरु, एक तुम्हीं आधार।। 1

कैसा भी हो तैरनहारा, मिले न जब तक शरण सहारा।
हो न सका उस पार सद्गुरु एक तुम्हीं आधार।। 2

छा जाता जग में अंधियारा, तब पाने प्रकाश की धारा।
आते तेरे द्वार सद्गुरु, एक तुम्हीं आधार।। 3

हम आए हैं द्वार तुम्हारे, अब उद्धार करो दुखहारे
सुन लो दास पुकार सद्गुरु, एक तुम्हीं आघार।। 4

इसके बाद आचार्य जी ने कहा- "आत्मीय परिजनों! प्यारे बच्चों! आज का दिन हम सब के लिए सौभाग्य का दिन है कि हम लोग भगवान कृष्ण की जन्मस्थली और लीलाभूमि पर बैठे हैं। सर्वप्रथम हम गीता का उपदेश देने वाले जगद्गुरु भगवान कृष्ण, महाभारत में इसे लिखने वाले श्रीव्यास जी की चरण वन्दना करते हैं और गीता को सुनने वाले उस अर्जुन की चरण रज को मस्तक से लगाते हैं जो इसे सुनते सुनते कृष्णमय हो गया था। इस के पश्चात् हम विश्व के समस्त सन्तों, भक्तों, मनीषियों और विद्वानों को प्रणाम करते हैं जिन्होंने स्वयं इस गीतामृतम् का पान कर के इसे विश्वव्यापी बनाकर हम जैसों को पिलाया है।

फिर हम तुम सब का स्वागत व अभिनन्दन करते हैं जो इस उपदेशामृत का पान करने के लिए दूर दूर से आए हैं। हम चाहते हैं कि गीता का संदेश सुनने से पहले तुम भगवान कृष्ण के व्यक्तित्व को जान लो क्योंकि उनके जीवन को

उनके संदेश गीता के ज्ञान से अलग नहीं किया जा सकता। उनकी बाल लीला और अवतार के विषय में कुछ लोगों को बहुत सी भ्रान्तियाँ हैं। यदि तुम लोगों के मन में कोई सन्देह हो तो पहले उसे दूर कर लो क्योंकि सब से पहले भगवान के प्रति मन में श्रद्धा व निष्ठा होनी चाहिए। जब उनके प्रति श्रद्धा होगी तब ही उनके उपदेश सुनने से कोई लाभ होगा।" यह कहकर वे चुप हो गए।

भगवान के अवतार का उद्देश्य

एक छात्र ने खड़े होकर विनम्र स्वर में कहा- "पूज्यश्री! मेरे पापा आर्य समाजी है। वे कहते हैं कि भगवान तो निराकार हैं वे जन्म कैसे ले सकते हैं तो भगवान के अवतार से क्या मतलब है?" हम यह जानना चाहते हैं। मुस्कराते हुए आचार्यजी ने कहा- "बेटे! तुम्हारा यह प्रश्न इस समय के लिए बहुत ही सुन्दर है। भगवान एक है, वह निराकार है न उसका कोई रूप है न नाम, न उसके माता पिता हैं न आदि न अन्त। यह सारा संसार उसने ही बनाया है पर फिर भी उसे संसार में क्यों जन्म लेना पड़ता है इस विषय में हिन्दू धर्म में दो मत हैं-एक तो यह कि वह संसार में मानव रूप में आकर अपनी लीलाओं द्वारा मनुष्य को यह बतलाता है कि इस संसार में मानव को समस्याओं का सामना करते हुए जीवन को खेल समझकर हँसते गाते हुए जीना चाहिए। उसे अधर्म व अन्याय के सामने सिर नहीं झुकाना चाहिए। वे प्रभु त्याग, तपस्या और स्वधर्म के पालन का आदर्श उपस्थित करके मानव का मार्गदर्शन करते हैं।

दूसरा मत यह है कि वे प्रभु अपने भक्तों पर दया करके उन्हें दर्शन देने तथा धरती पर धर्म की स्थापना करने के लिए आते हैं। इसे भक्ति व भगवत्कृपा का मार्ग कह सकते हैं। भक्ति मार्ग के आचार्य और ग्रंथ इसी मत को मानते हैं।

उनके विचार से जब मनुष्य ईश्वर की खोज करते करते उसके स्वरूप को नहीं समझ पाता और व्याकुल हो जाता है तो वह स्वयं मानव रूप धारण कर अवतरित होता है। **"रसो वै स:"** कह कर ऋषियों ने जिसकी स्तुति की थी, भक्तों की प्रार्थना स्वीकार कर वही रस मूर्तिमान बन कर सामने आता है भक्तों को रिझाने के लिए, कृपा बरसाने के लिए जिससे भक्त उससे साक्षात्कार कर सकें। भक्तों को आनन्द देने के साथ साथ वे पापियों का विनाश भी करते हैं। वे यह बताने आते हैं कि पापी इस संसार में कभी सफल नहीं हो सकता और धर्मात्मा को कोई हानि नहीं पहुँचा सकता।

पुराणों में ऐसे बहुत से उदाहरण हैं कि भगवान ने अपने भक्तों की रक्षा की है। प्रह्लाद, ध्रुव जैसे बालक द्रोपदी, मीरा सहजोबाई, अहिल्या जैसी नारियों की कथाएँ इसका प्रमाण हैं। इस के अतिरिक्त पुराणों में कथा है कि जब ब्रह्माजी ने सृष्टि निर्माण करने का निश्चय किया तो उन्हों ने सोचा –**"एकोऽहं बहुस्याम्"** - मैं एक से अनेक रूपों में बँट जाऊँ तो उन्होंने पहले कीड़े, साँप, बिच्छू, पशु, पक्षियों को बनाया फिर मानव का निर्माण किया और उससे पूछा-- तुम कौन हो तो उसने कहा **"अहं ब्रह्मास्मि, शिवोऽहम्"** तो वे प्रसन्न हो गये। उन्होंने उसे दो थैले देकर कहा- देखो! एक थैले में तुम्हारे सुखों की सामग्री है और दूसरे में दूसरों के दु:ख दूर करने का सामान है। तुम मेरे राजकुमार हो। अपने सुखों की चिन्ता छोड़कर दूसरों को सुख देना और मेरी तरह निष्काम कर्म करना। यह कह कर भगवान ने उसे कर्म करने की छूट दे दी।

लेकिन मानव ने दूसरों को सुख देने वाले थैले को तो कोठरी में बन्द करके रख दिया और अपने सुखों को इकट्ठा करने में लग गया। वह कामनाओं के जाल में ऐसा फँसा कि दूसरों को दुख देकर भी अपनी तिजौरी भरने लगा।

धरती पर हाहाकार मच गया और जब यह खबर भगवान तक पहुँची कि मानव दानव बन गया है तो उन्हें दुष्टों का विनाश तथा सन्तों की रक्षा के लिए साकार रूप धारण करके धरती पर आना पड़ा। उन्होंने स्वयं ही गीता में कहा है कि जब जब धरती पर अनाचार व अधर्म बढ़ जाता है तब दुष्टों का विनाश करने के लिए व धर्म स्थापना के लिए मैं किसी न किसी रूप में पृथ्वी पर अवतरित होता हूं।"

यदा यदा हि धर्मस्य ग्लानिर्भवति भारत।
अभ्युत्थानमधर्मस्य तदात्मानं सृजाम्यहम्।।

(गीता 4 | 7)

भगवान के मुख्य अवतार

यह सुनकर एक छात्र ने पूछा- "अब तक भगवान के कितने अवतार हुए है? आचार्यजी! हमें बताने की कृपा करें।" श्रीभगवान के अवतारों का वर्णन करते हुए आचार्यजी ने कहा- "देखो बेटे! पुराणों के अनुसार जब जब दुष्टों को मारने के लिए भगवान के जिस रूप की आवश्यकता होती है तब तब वे उसी रूप में आते हैं।

श्री भागवत्पुराण में भगवान के चौबीस अवतारों का वर्णन है पर उनके दस अवतार बहुत प्रसिद्ध हैं। अपने विराट रूपको छोड़ कर वे कभी मत्स्य बने कभी कच्छप, कभी वराह बने, कभी नृसिंह, कभी वामन बने कभी परशुराम, कभी राम, कभी कृष्ण और कभी गौतम बन कर आए। इसके बाद दसवाँ अवतार कल्कि अवतार माना जाता है। असल में भगवान यह सिखाने आते हैं कि स्वार्थ और कामना रहित होकर निष्काम कर्म करो हजार मुसीबतें आने पर भी हंसते

हुए अपने कर्तव्य को पूरा करो। राम और कृष्ण का जीवन हमारे लिए आदर्श है इसीलिए हम उन्हें अवतार मानते हैं। हमारे देश में उनकी पूजा सबसे अधिक की जाती है।"

एक छात्र ने सकुचाते हुए पूछा- "आचार्य जी! इन दोनों की पूजा ही सबसे अधिक क्यों की जाती है? हम जानना चाहते हैं।" गंभीर स्वर में आचार्यजी ने कहा- "तुमने बहुत अच्छा प्रश्न पूछा है बेटे! ध्यानपूर्वक सुनो। बात यह है कि भारत में ही नहीं सारे विश्व में ही उसकी पूजा सबसे अधिक की जाती है जो हजार मुसीबतें उठाकर भी न्याय और धर्म को नहीं छोड़ता। ईसा मसीह को धर्म की रक्षा के लिए सूली पर लटका दिया इसीलिए उनकी पूजा संसार के अनेक देशों में की जाती है। हजरत मूसा की पूजा का कारण भी उनका त्याग ही है गौतम बुद्ध ने भी राज्य को ठोकर मार कर तप किया और अहिंसा व प्रेम का रास्ता दिखाया इसलिए उनके अनुयायी भी सब जगह मिलेंगे। पर राम और कृष्ण ने भारतीय संस्कृति के आदर्शों में कर्म योग को जिस तरह अपने जीवन में प्रस्तुत किया है वह अनुपम है।

यह कर्मयोग ही गीता का संदेश है जिसे हम तुम सब को बताना चाहते हैं। राम और कृष्ण का जीवन उन विशेषताओं से भरा पड़ा है जो मानव को हमेशा रास्ता दिखाती रहेंगी। मर्यादाओं का पालन, कर्त्तव्य-निष्ठा व्यवहार में सज्जनता और अनीति के विरुद्ध संघर्ष ये चारों लक्ष्य इन दोनों के जीवन में पग-पग पर पाए जाते है। राम ने वशिप्ठ आश्रम से आकर विश्वामित्र के साथ जाकर राक्षसों का वध किया, सीता स्वयंबर के पश्चात् विमाता के कहने पर सौतेले भाई के लिए राज्य छोड़ कर वन चले गए, सीताहरण के बाद रावण को मार कर वापिस आए तो प्रजा के कहने पर अपनी पत्नी को बनवास दे दिया, ये सब ऐसी बातें

हैं जो संसार में अन्यत्र दुर्लभ हैं।"

भगवान कृष्ण की बाल लीला लोकहितकारी रूप

कृष्ण का तो जन्म ही जेल में हुआ। दूसरों के घर उनका पालन पोषण हुआ था। जरा सोचो! गरीब से गरीब माँ बाप भी अपने बच्चों को कितने लाड़ प्यार से पालते हैं। पर कृष्ण को तो पैदा होते ही दूसरों के घर में भेज दिया गया लेकिन उन्होंने अपनी लीलाओं से केवल नन्द यशोदा को ही नहीं पूरे नन्द गाँव के सब गोप गोपिकाओं को ही अपने प्रेम के रंग में रंग डाला। उन्होंने उन लोगों का मनोबल बढ़ाया जो छोटी जगह में जन्म लेकर अपने को साधन विहीन समझते हैं। उन्होंने यह दिखा दिया कि जेल में पैदा होने वाला और दूसरों के घर पलने वाला बालक भी अपने पुरुषार्थ से कर्मयोगी बनकर कितना कुछ कर सकता है।

कृष्ण का सबसे बड़ा शत्रु कंस था। "यह कंस कौन था? आचार्य जी!" एक छात्र ने पूछा। आचार्यजी ने समझाते हुए कहा— "वह कृष्ण का मामा था। बचपन से ही कुसंगति में पड़ जाने के कारण वह बहुत क्रूर और घमंडी हो गया था। वह अपने पिता को जेल में डाल कर राजा बन गया था। देवकी उसकी बहन थी। जब उसे भविष्य वाणी से पता चला कि देवकी का आठवाँ पुत्र उसका काल होगा तो उसने देवकी व उसके पति वसुदेव को भी कैद में डाल दिया और उसके सात बच्चों को मार डाला। पर आठवें पुत्र तो दुष्टों का व कंस का संहार करने के लिए पैदा हुए थे अत: जब उनका जन्म हुआ तो द्वारपाल सो गए और दरवाजे खुल गए। वसुदेव उन्हें लेकर नन्दगाँव पहुँचे और नन्द की बेटी को ले

कर वापिस आगए। कंस ने उस कन्या को मारा तो भविष्य वाणी हुई कि तुम्हारा मारने वाला पैदा होगया है।"

पूतना वध

कंस ने पूतना नामक राक्षसी को आज्ञा दी कि पहले दिन पैदा होने वाले सब बच्चों को मार डाले। पूतना अपनी छाती पर जहर लगाकर घर में घुसकर बच्चों को खिलाने के बहाने ले आती और उन्हें दूध पिला देती जिस से बहुत से बच्चे मर गए। एक दिन वह कृष्ण को मारने के लिए उठा लाई और जब उसने दूध पिलाना शुरु किया तो कृष्ण भगवान ने दूध के साथ उसकी सारी शक्ति खींच ली और उसे मार डाला।

"यह पूतना कौन थी?" आचार्यजी! एक छात्र ने जिज्ञासा प्रकट की। मुस्कराते हुए आचार्य जी ने कहा- "यह एक राक्षसी थी बेटे! बुरे काम करने वालों को राक्षस ही कहते हैं ना। वह तरह तरह के वेश धारणकर सकती थी और बुरे कामों में कंस का साथ देती थी। वह गोपी का वेश बनाकर उनके घर में घुस जाती थी और बच्चों को उठा लाती थी।" "लेकिन उसे कोई मना क्यों नही करता था।" आश्चर्य से एक छात्र ने पूछा। समाधान करते हुए आचार्य जी ने कहा। "नन्दगाँव में सब बहुत प्यार से रहते थे। सभी एक दूसरे के बच्चों को बहुत प्यार करते थे। कृष्ण को तो सभी अपने प्राणों से भी ज्यादा प्यार करते थे यशोदा किसी को भी कैसे मना कर सकती थी? पूतना को जब भगवान कृष्ण ने मार डाला तो सब डर गए। लेकिन भगवान कृष्ण ने उसे भी मुक्ति दे दी क्योंकि उसने उन्हें दूध जो पिलाया था, भले ही वह जहर मिला हो। वह उसके पूर्व जन्म का संकल्प था जिसे भगवान को पूरा करना था।"

एक छात्र ने पूछा----"उसने पहले जन्म में क्या संकल्प किया था?" आचार्यजी ने कहा ---"पुराणों में कथा है कि जब भगवान वामनावतार के रूप में अवतरित हुए और बलि के द्वार पर पहुँचे तो उनका रूप बहुत ही मनमोहक था। जरा सोचो, बावन अंगुल का शरीर कितना छोटा होगा? मस्तक पर तिलक, पैरों में नूपुर, हाथ में कमंडल, ठुमक ठुमक कर चल रहे थे। सभी उस अलौकिक छबि को देखकर मोहित हो रहे थे। राजा बलि की बेटी ने भी उन्हें देखा तो मन में वात्सल्य भाव उमड़ पड़ा।

सोचने लगी - काश! यह बालक मेरा बेटा होता तो मैं इसे अपने हृदय से लगाकर दूध पिलाती। बस, अन्तर्यामी भगवान ने उसके इस संकल्प को मन में रख लिया। इस के पश्चात् जब उन्होंने विराट रूप धारण कर तीन पगों में धरती आकाश को नापकर बलि के सिर पर पैर रख दिया तो उस ने सोचा- यह बालक बालक नहीं छलिया है मेरा बस चलता तो इसे जहर दे देती। बस भगवान ने उसके दोनों संकल्प मन में रख लिए और जब वे कृष्ण के रूप में अवतरित हुए तो वह लड़की पूतना बनी, उसने उन्हें दूध भी पिलाया और जहर भी। इस तरह भगवान ने उस की दोनों इच्छाओं को पूरा किया उस का दूध भी पिया और जहर भी। उसके बाद उसे मार कर उसे सद्गति भी प्रदान कर दी।"

"इस के बाद क्या हुआ?" आचार्यजी! एक छात्र ने पूछा। कृष्ण लीलाओं को सुनकर सबकी उत्सुकता बढ़ती जा रही थी। आचार्य जी ने कहा- "इस के बाद बचपन में ही बालक कृष्ण को कंस के भेजे हुए बहुत से राक्षसों से टक्कर लेनी पड़ी और जब उन्होंने तृणावर्त, वकासुर अघासुर, शकटासुर आदि राक्षसों को मारा।

इसके बाद यमुना में एक विषैला सर्प अपने परिवार के साथ आकर बस गया जिसके कारण जमुना का जल विषैला हो गया और गौएँ उस जल को पीकर मरने लगीं तो उस कालिया नाग से बृजगाँव को मुक्ति दिलाई। इस के बाद जब कंस ने देखा कि कृष्ण पर किसी तरह भी उसका वश नहीं चल रहा है तो उसने चालाकी से कृष्ण को मथुरा बुलवाया और उन्हें मारने के लिए दो मस्त हाथियों को छोड़ दिया। जब वे हाथी उन्हें प्रणाम करके चले गए तो कंस तलवार लेकर कृष्ण को मारने के लिए दौड़ा और भगवान कृष्ण ने उस दुष्ट का वध करके अपने नाना और माता पिता को उस की कैद से छुटकारा दिलाया। इस प्रकार उन्होंने बचपन से ही इन सब समस्याओं का सामना करके यह आदर्श रखा कि मनुष्य को हँसते खेलते हुए ही मुसीबतों का सामना करना चाहिए।" सभी लोग बड़ी तन्मयता से इन लीलाओं को सुन रहे थे।

लोकरंजक रूप में लोकहित की भावना

एक जिज्ञासु ने विनम्र वाणी में पूछा- "आचार्य जी! हमने तो सुना है वे बचपन में बहुत नटखट थे। कभी किसी की मटकी फोड़ देते थे कभी माखन चुराते थे वे ऐसा क्यों करते थे।" गम्भीर स्वर में आचार्य जी ने कहा- "बेटे! तुमने यह बहुत अच्छा सवाल पूछा है। भगवान कृष्ण के विषय में हम इन्हीं भ्रमों को दूर करना चाहते हैं। असल बात तो ये थी कि वे बचपन से ही आदर्शवादी थे। उन्होंने कभी अन्याय से समझौता नहीं किया। ब्रजगाँव में सब के पास गाय थीं पर सारा दूध, दही और माखन जाता था मथुरा। कृष्ण ने इस बात का विरोध किया। मेहनत करें गोप ग्वाले और दूध माखन जाए मथुरा। यह उन्हें सहन न था, इसीलिए वे मथुरा जाने वाली गोपियों का रास्ता रोककर खड़े

हो जाते थे। कभी कभी जबरदस्ती करने पर उनकी मटकी फूट जाती थी। उनके घर का माखन चुरा कर गोप ग्वालों को खिला देते थे। लेकिन वे ये सब भी खेल खेल में ही करते थे। उनकी ये सब लीलाएँ सब को इतनी अच्छी लगतीं थीं कि सारा बृजगाँव उनपर जान देता था।

गोपियाँ उन्हें माखनचोर मटकी फोड़ अवश्य कहती थीं पर छिप छिप कर उनकी राह देखतीं थीं। जिस दिन वे किसी के घर नहीं जाते तो उन्हें दुख होता था कि कन्हैया आज मेरे घर क्यों नही आया। कभी उन्हें रंगे हाथों पकड़ लेतीं तो यशोदा के पास ले जाकर शिकायत करतीं थीं।" तुमने सूर का वह पद तो सुना होगा- "मैया मोरी मैं नहीं माखन खायौ। किसी को याद है क्या? मन्दिर के पुजारी जी ने वह पद बहुत ही सुरीले कंठ से गाया तो सब मंत्रमुग्ध होगये।।

मैया मोरी मैं नहीं माखन खायौ।
भोर भई गैयन के पाछे, मधुबन मोहि पठायो।
चार पहर बंसीबट भटक्यो सांझ पर्यो घर आयो।।
मैं बालक बहियन को छोटो छींका केहि विधि पायो।
ग्वाल बाल सब बैर पर्यो है बरबस मुख लपटायो।।
तू जननी मन की अति भोरी, इनके कहि पतियायो।
जिय तेरे कछु भेद पर्यो है जानि परायो जायो।।
सूरदास तब विहंसि जसोदा, ले उर कंठ लगायो।।

इस गीत ने सब को विभोर कर दिया। थोड़ी देर के लिए इन मधुर पदों की गूँज से सारा वातावरण संगीत मय हो गया। सब विद्यार्थी आनन्द रस में डूब से गए।

थोड़ी देर बाद एक छात्र ने कहा- "सचमुच आचार्यजी! कितनी मधुरता है इन गीतों में। लगता है बाल कृष्ण की झाँकी ही सामने आगई। हम लोग भी उस समय होते तो कितना आनन्द आता? न पढ़ाई, न स्कूल, न कोई काम न किसी का डर। बस सारे दिन जंगल में उछल कूद करो खेलो खाओ पियो और शाम को घर आ जाओ।" दूसरे ने कहा- "तुम सच कहते हो। इस समय तो किताबों का बोझ उठाना भी मुश्किल है। ऊपर से पापा मम्मी की डाँट, यह करो यह मत करो बस सारा दिन पढ़ाई करते रहो। कितना अच्छा होता कि हम भी कृष्ण कन्हैया के साथ माखन चुरा चुरा कर खाते और रास रचाते।" यह सुनकर सब खिलखिला कर हँस पड़े।

आचार्य श्री ने कहा-"प्यारे बच्चों! तुम अभी भी उनसे अलग कहाँ हो? उन्होंने ही तुम्हें यहाँ अपना सहयोगी बनाने के लिए बुलाया है। हो सकता है तुम में से कुछ लोग आना चाहते हों और न आ पाए हों और कुछ न चाहते हुए भी आगए हों।" यह सुनकर मनु ने कहा- "ये तो आप ठीक कहते हैं। मेरा एक मित्र मेरे साथ आना वाला था पर उसे बुखार आगया और उस की जगह मेरा यह भाई मेरे साथ आगया है।" आचार्यजी ने कहा- "तुम सच कहते हो बेटे! बिना भगवान की इच्छा के तो कुछ भी नहीं हो सकता। हो सकता है उसने तुम्हें यहाँ इसी लिए बुलवाया हो कि वह तुमसे कुछ करवाना चाहता हो।"

"हम क्या कर सकते हैं आचार्यजी! कृपया हमें बताइए।" एक छात्र ने पूछा, आचार्यजी ने कहा- "देखो बेटे! सबसे पहली बात तो यह है कि भगवान कृष्ण के आदर्शों को समझो और उनके उपदेशों को अपने जीवन में अपनाने की कोशिश करो। अभी तुमने ये गीत सुने बृजभाषा के कवियों ने बालकृष्ण की माखनचोरी व रासलीलाओं की इतनी मनोहर झाँकी प्रस्तुत की है कि उससे

भगवान कृष्ण का लोकरंजन सुन्दर रूप तो सबके मन में समा गया पर वे उनके लोकहितकारी रूप को भूल गए जिसके लिए वे अवतरित हुए थे। वे सज्जनों की रक्षा और दुर्जनों को मारने के लिए धरती पर आये थे। वही काम उन्होंने बचपन से ही किया और कंस, शिशुपाल और जरासन्ध जैसे दुष्टों को तो मारा ही इन्द्र देवता से भी टक्कर ली।"

गोवर्धन पूजा का रहस्य
इन्द्र देव के कोप से ब्रज की रक्षा

"आचार्यजी! उन्होंने इन्द्र से कैसे टक्कर ली थी?" एक छात्र ने पूछा। आचार्यजी ने कहा- "यह बड़ी मनोरंजक कथा है। दीपावली के दूसरे दिन बृज में इन्द्र देवता की पूजा की जाती थी।" दिवाली के दूसरे दिन जब इन्द्रदेव की पूजा की तैयारी हुई तो कान्हा ने पूछा- "मैया, ये किस की पूजा की तैयारी हो रही है? मैया ने कहा-"आज इन्द्र की पूजा की जाती है।" कान्हा ने कहा- "मैया! हम इन्द्र की पूजा क्यों करें?"

हम तो अपनी गौमाता की पूजा करेंगे जो हमें दूध, दही और माखन देती है। माता पिता ने बहुत समझाया पर वे कहाँ मानने वाले थे? आखिर गौओं की पूजा हुई। इन्द्र देव ने कुपित हो कर सात दिन तक लगातार वर्षा की। भगवान कृष्ण ने ग्वालों से कहा कि अपनी अपनी लाठी की टेक लगाओ और अपनी उंगली पर गोर्वधन उठा लिया और सब को सुरक्षित रखा। अन्त में इन्द्र को हार कर क्षमा माँगनी पड़ी।

सब ने यही कहा-कन्हैया ने तो उँगली पर ही गोवर्धन उठाकर सब को बचा लिया, पर उन गिरिवरधारी ने तो यही कहा कि तुम सब गोप ग्वालों ने अपनी लाठी की टेक लगाकर गोवर्धन उठाया है। असल में भगवान ऐसे महान काम करते तो स्वयं ही हैं पर श्रेय भक्तों को देते है। यह उनकी विशेषता है। भगवान राम ने भी समुद्र पर पुल बनवाने का श्रेय भालू बंदरों को ही दिया था। हो सकता है वे तुम्हें भी अपना सहयोगी बनाकर कुछ श्रेय देना चाहते हों।

सब के मन में असीम उत्साह था। पर वे अपने को विवश समझ रहे थे। संकल्प ने संकुचित स्वर में पूछा- "आचार्यजी, हम भगवान के सहयोगी कैसे बनें? हमने रास्ते में देखा कुछ लोग लेट लेट कर और कुछ दूध गिरा कर परिक्रमा कर रहे हैं, क्या इस तरह से हम भगवान को पा सकते हैं?"

कुछ देर चुप रह कर आचार्यजी ने कहा- "नहीं बेटे! असल में यही अन्ध विश्वास इस समय देश की दुर्दशा का कारण है जिसे हम आज तुम्हें समझाना चाहते हैं। भगवान कृष्ण की पीड़ा की कहानी उन्हीं के मुख से सुनो। महाभारत का युद्ध समाप्त हो चुका था। सब तरफ खुशियाँ मनाई जारहीं थीं पर कृष्ण उदास थे। अर्जुन ने कृष्ण से उनकी उदासी का कारण पूछा तो उन्होंने कहा- मेरे प्रिय मित्र! मैं दूर दृष्टि से देख रहा हूँ कि कलियुग आने वाला है और उस समय मेरी प्यारी गायों के साथ बहुत बुरा व्यवहार होगा।

उन्हें मार-काट कर बेचा जाएगा। मैने इन्द्र देव के स्थान पर गौओं की पूजा करा के इस पर्वत का नाम गोर्वधन इसीलिए रखा कि सब लोग गौ वंश का संवर्धन करें। गाय के गोबर को भी धन समझकर उसकी पूजा करें। पर कलियुग में जनता गायों की पूजा करने के स्थान पर गोवर्धन पर्वत की पूजा करेगी।

बच्चों को दूध के दर्शन नहीं होंगे और दूध को जमीन पर गिराकर या जमीन पर लेट लेट कर परिक्रमा करके वे समझेंगे कि बहुत पुण्य का काम कर रहे हैं। वे मेरी गोर्वधन पूजा का उपहास करके मुझे चिढ़ा रहे हैं।

गोसंवर्धन करने के स्थान पर गाय को मार काट कर बेच कर वे मुझे कितना कष्ट पहुँचा रहे हैं इसका भी उन्हें आभास नहीं होगा। जगह जगह मेरे मन्दिर बनाकर वे मेरी पूजा करेंगे, याचना करेंगे पर कर्तव्य को भूल जाएँगे। वे मेरी माखनलीला, रासलीला कर कर के मुझे रसिकशिरोमणि बना देंगे पर मेरे आदर्शवादी रूप को भूल जाएँगे। अर्जुन! अगर वे मेरे आदर्शों को अपनाते, गोवंश की रक्षा करते तो यह भारत सोने की चिड़िया बना रहता। आज मैं अपने सिद्धान्तों की होली जलते हुए देख रहा हूँ। मेरे मित्र! तू ही बता क्या इसका कोई समाधान है? तुम उस आवाज को सुनो जो मेरे कानों में गूँज रही है।"

गीत

करुण पुकार

हमें हे कृष्ण! हे केशव! तुम्हारा ही सहारा है।
न तुम को छोड़कर संसार में कोई हमारा है।। 1

पड़ी जब भीर भक्तों पर तुमही तब दौड़ कर आए।
सुना है भक्त का सबसे बड़ा नाता तुम्हारा है।। 2

कभी तुम राम बनते हो, कभी तुम श्याम बनते हो।
गिनाऊँ क्या कि कितनी बार भक्तों को उबारा है।। 3

नहीं लौटा तुम्हारे द्वार से कोई कभी खाली।
इसी आशा से हे भगवन्! तुम्हें हमने पुकारा है।। 4

बताया है हमें ये सब मेरे भगवान् तुमने ही।
कि मेरा भक्त ही मुझको तो प्राणों से भी प्यारा है।। 5

सुना है दीनबन्धु हो, सभी दीनों को तारा है।
तो क्यों हम दीन दुखियों को प्रभु तुमने बिसारा है।। 6

अर्जुन की आँखों से भी आँसू बह चले। उसने कहा- "प्रभो! आपने जिस तरह मुझे महाभारत में स्वधर्म की शिक्षा देकर धर्म की स्थापना करवाई थी उसी प्रकार कलियुग में भी मुझे साथी बनाना। आपके गोपग्वाले तो साथ होंगे ही, बस हम सब मिलकर धर्म स्थापना के साथ साथ आपके दिए गए उपदेश कृषि गोरक्षा वाणिज्य (गीता 18। 44) का विस्तार भी करेंगे आप मुझे यही आशीर्वाद दें कि मैं जन्म जन्म तक आपका साथी रहूँ।"

अर्जुन को आशीर्वाद दे कर भगवान तो चले गए पर मेरे प्यारे बच्चो! अब तुम गोवर्धन पूजा का मतलब समझ गए हो ना। अर्जुन का यह आश्वासन हम सब की तरफ से था। क्योंकि जब भगवान अवतरित होते हैं तो उनके सहयोगी भी साथ आते हैं। राम के साथ हनुमान, रीछ, वानर कृष्ण के साथ अर्जुन, गोप ग्वाले, महात्मा बुद्ध के साथ आनन्द व उनके परिव्राजक साथ थे। ईसा के साथ उनके बारह शिष्य, गुरु गोविन्दसिंह के साथ पंच प्यारे, महात्मा गाँधी के साथ उनके सत्याग्रही थे। आज तुम लोगों को उनका सहयोगी बनना है –गीता में उन्हों ने कहा है-

परित्राणाय साधूनां विनाशाय च दुष्कृताम्।
धर्मसंस्थापनार्थाय संभवामि युगे युगे।।

(गीता 4।8)

सज्जनों को कष्टों से छुटकारा देने व दुष्टों का संहार करने के लिए वे हर युग में अवतार लेंगे। धर्म की स्थापना करके उसका श्रेय अपने साथियों को देंगे। इस समय तुम हनुमान व अर्जुन की तरह न सही, रीछ वानर गोप ग्वाले बनकर ही उनका साथ दो तो इतिहास में अमर हो जाओगे।

भगवान के सहयोगी कैसे बनें? श्रद्धा, विश्वास व समर्पण

आचार्यजी की वाणी सुनकर सब रोमांचित हो रहे थे। एक छात्र ने अवरुद्ध कण्ठ से पूछा–"आचार्यजी! कृष्ण हमें कहाँ मिलेंगे कि हम उनके सहयोगी बन कर उनका साथ दे। यह सुनकर आचार्य जी खिलखिलाकर हँस पड़े। कहने लगे–प्यारे बच्चो! तुम पूछते हो वे कहाँ है? मैं पूछता हूँ वे कहाँ नहीं है? सृष्टि के कण कण में वे समाए हैं। वे तो हर समय तुम्हारे साथ हैं।" किन्तु हम कैसे समझेंगे कि भगवान हमारे साथ हैं।" एक छात्र ने पूछा।

मुस्कराते हुए आचार्यजी ने कहा– "यह बहुत आसान है। जब तुम सोते हो तो कौन तुम्हारे अन्दर जागता है? उठते हो तो कौन ताजगी देता है? तुम्हारे अन्दर कौन हँसता है, कौन खेलता है, कौन बोलता है? बताओ तो? लार्ड ईसा ने भी कहा है– जो बोलता है वह तुम नहीं हो। बल्कि पिता ही तुम्हारे अन्दर बोलता है। वे तो हर समय तुम्हारे साथ हैं। इस समय वे अपने साथियों को खोज खोज

कर ला रहे हैं। तुमने कहा ना, तुम्हारा मित्र आना चाहता था वह नहीं आ पाया और तुम्हारा भाई आगया। वे तो तुम्हें हर समय देखते हैं तुम उन्हें नहीं देख पाते। उन्हें देखने के लिए मन की आँखें खोलनी पड़ती हैं। बच्चों की तरह विश्वास करो तो वे तुम्हें दिखाई देंगे।" एक कहानी सुनो –

एक गरीब बालक था। नाम था रामू। माँ मजदूरी करके भी अपने बच्चे को पढ़ाना चाहती थी। स्कूल गाँव से बाहर था। रास्ते में एक जंगल पड़ता था। रामू ने कहा–माँ! मुझे रास्ते में डर लगता है। माँ ने कहा– बेटे! डरने की कोई बात नहीं। जंगल में तेरा गोपाल भैया रहता है। जब तुझे डर लगे, उसे बुला लेना। रामू ने ऐसा ही किया। जब उसने अपने गोपाल भैया को बुलाया तो भगवान अपने गोपग्वालों के साथ आ गए। अब वह खेलते कूदते स्कूल जाता और उन्हीं के साथ वापिस आजाता। वह बहुत खुश था।

एक दिन स्कूल में कोई उत्सव था। गुरुजी ने सब से कुछ खाने का सामान लाने के लिये कहा। रामू ने मां से कहा तो मां ने कहा –"बेटा, अपने गोपाल भैया से कहना वही कुछ दे देगा।" रामू ने गोपाल भैया से कहा तो उन्होंने एक छोटी सी दही की मटकी दे दी।

अब भगवान की परम लीला देखो, जब भोजन के लिए बैठे तो दही कम पड़ गई। गुरु जी ने कहा– "वह मटकी ले आओ कुछ लोगों का काम तो चल ही जाएगा।" अब मटकी में से दही निकाला तो चमत्कार हो गया। मटकी खाली ही नहीं हो रही थी। यह देखकर गुरुजी की आँखे खुल गईं। उन्होंने रामू को बुलाकर पूछा– "तुम यह मटकी कहाँ से लाए हो?" रामू ने कहा– "मेरे गोपाल भैया ने दी है।"

गुरुजीने कहा- "तुम मुझे भी अपने गोपाल भैया से मिलवा सकते हो?" रामू ने कहा- "हाँ, वे तो रोज मेरे साथ खेलते हैं।" रामू गुरुजी को साथ लेकर जंगल में गया और उसने आवाज दी- "गोपाल भैया! आओ! मेरे गुरुजी तुमसे मिलना चाहते हैं।" उधर से आवाज आई - "प्यारे रामू! मैं तुम्हारे गुरुजी के सामने नहीं आ सकता क्योंकि उनका मन तुम्हारे जैसा सरल नहीं है।" **"निरमल मन जन सोई मोहि भावा।"** मुझे पाखण्ड पसन्द नहीं। यह सुनकर गुरुजी दुखी होकर वन में तप करने चले गए।

सब छात्र आत्मविभोर हो कर कहानी सुन रहे थे। एक छात्र ने पूछा- "आचार्यजी! क्या वे भगवान हमें भी दर्शन दे सकते हैं?" मुस्कराते हुए आचार्यजी ने कहा- "हाँ बेटे! ये कहानी हमने तुम्हें इसीलिए सुनाई है कि तुम भगवान पर विश्वास करो कि वे हर समय तुम्हारे साथ हैं। गीता का सबसे पहला सबक हम तुम्हें यही सिखाना चाहते हैं क्योंकि उन्होंने स्वयं कहा है---

**यो मां पश्यति सर्वत्र सर्वं च मयि पश्यति।
तस्याहं न प्रणश्यामि स च मे न प्रणश्यति।।**

(गीता 6 | 30)

जो मुझे सब जगह देखता है मैं उसे सब जगह देखता हूँ जो मुझे नहीं भूलता मैं उसे नहीं भूलता। जरा सोचो! तुम्हें कहीं जाना है रास्ते में जंगल है, नदी नाले हैं अकेले डर लगता है ऐसे में कोई ताकतवर साथी मिल जाए तो सफर कितने मजे से कटेगा। वे तो तुम्हें कन्धे पर भी बिठा लेंगे।

एक आदमी भगवान का भक्त था। जब वह चलता तो उसे चार पैर दिखाई देते थे। दो उसके और दो भगवान के। कुछ दिन बाद वह एक परेशानी में फँस

गया तो उसे दो पैर ही दिखाई देने लगे। उसने भगवानजी से कहा- भगवन्! आपने मुसीबत में मेरा साथ छोड़ दिया। अब मुझे केवल दो पैर दिखाई देते हैं। भगवान ने कहा- पगले! वे दो पैर मेरे ही तो हैं, मैंने तुझे कन्धे पर बिठा लिया है इसलिए तुझे अपने दो पैर दिखाई नहीं देते। कहने का मतलब है भगवान अपने भक्तों का साथ कभी नहीं छोड़ते। हम उन्हें भूल जाएँ तो भी वे हमें नहीं भूलते। वैसे भी बच्चों से तो भगवान बहुत जल्दी खुश हो जाते हैं। ध्रुव व प्रह्लाद कितने छोटे थे। प्रह्लाद के लिए तो वे नृसिंह रूप धारण कर आए थे।"

"ये कहानी सुनी है ना।" आचार्यजी का सन्देश सुनकर छात्रों मे नवीन उत्साह का संचार हो रहा था। उनके मन में कृष्ण के प्रति श्रद्धा निष्ठा की भावना जाग रही थी। वे तो कृष्ण को केवल माखनचोर, गोपियों का चीर हरण करने वाला, रास रचाने वाला नटखट छलिया ही समझ रहे थे। पर आज उनके जीवन के आदर्श को समझ कर कुछ शुभ कर्म करने की प्रेरणा जाग रही थी। आँखों में आँसू भरकर एक छात्र ने पूछा- "सचमुच भगवान हमारे साथ होंगे, कितनी खुशी हो रही है सुनकर। लेकिन हम उन्हें खुश करने के लिए क्या करें? कृपया आप हमारा मार्गदर्शन कीजिए।"

"अरे! उन्हें पाना कोई मुश्किल काम नहीं है। बच्चों के लिए तो बहुत ही आसान है। पहली बात तो उनके जीवन दर्शन को समझो और उनके जैसे बनने की कोशिश करो। स्वाध्याय, सत्संगति, अपनी शिक्षा द्वारा अपने चरित्र का **निर्माण कर उनके जैसे बनने की कोशिश करो।**
अपना अपना करो सुधार, तभी मिटेगा भ्रष्टाचार।
उन पर विश्वास करो कि वे तुम्हारे साथ हैं और सब जगह हैं क्योंकि उन्होंने गीता में स्वयं कहा है-

"ईश्वरः सर्वभूतानां हृद्देशेऽर्जुन तिष्ठति।
भ्रामयन्सर्वभूतानि यन्त्रारूढ़ानि मायया।"

(गीता 18 : 61)

वह ईश्वर सब के हृदय में विद्यमान है सब जगह सृष्टि के कण कण मे बसा है हर समय तुम्हें देख रहा है यदि तुम यह समझ लोगे तो कोई गलत काम नहीं कर सकते। मान लो तुम कहीं जा रहे हो तुम्हारी माँ, पिताजी, या गुरुजी साथ में हैं क्या तुम चोरी या किसी के साथ मारपीट कर सकते हो?"

एक कहानी सुनो –"एक गरीब किसान था। उसका बेटा था श्यामू। गाँव के ही छोटे स्कूल में जाता था। एक दिन स्कूल में गुरुजी ने बताया कि भगवान सब जगह है और सब कुछ देखता है। छोटे बच्चे सरल होते हैं उसने विश्वास कर लिया। एक बार ऐसा हुआ कि घर में कुछ खाने को नहीं था। किसान ने कहा– बेटे! मेरे साथ चल। दूसरों के खेत में से थोड़ा थोड़ा गेहूँ काट लेंगे किसी को पता नहीं चलेगा। तू खेत के बाहर खड़ा हो जा कोई आए तो बता देना।"

श्यामू जरा सी देर के बाद चिल्लाया– "बापू! बापू!" किसान एक दम घबराकर बोला– "क्या हुआ? कोई देख रहा है क्या?" श्यामू ने कहा– "हाँ बापू! गुरुजी ने कहा था कि भगवान सब जगह है वह सब कुछ देखता है।" किसान ने उसे गले से लगाकर कहा– बेटे! आज तूने मुझे पाप से बचा लिया। घर गए तो देखा कि उसका एक मित्र एक बोरी गेहूँ लेकर आया था। कहने लगा-- कल खेत से गेहूँ आए थे। माँ ने कहा कि एक बोरी पहले श्यामू के यहाँ दे आ। उसकी फसल खराब हो गई है।"

किसान की आँखों में आँसू आगए। भगवान ने उसे पाप करने से भी बचाया

और गेहूँ भी भेज दिए। तो यह विश्वास रखो जो उस पर श्रद्धा रखते हैं और उसकी शरण में जाते हैं उसकी रक्षा वह स्वयं करता है। जैसा कि गीता में कहा है जो अनन्य भाव से निरन्तर मेरा चिन्तन करते हैं उनका योगक्षेम मैं स्वयं प्राप्त कर देता हूं। **"योगक्षेमं वहाम्यहम्"** (9 । 22) तथा **"श्रद्धावाँल्लभतेज्ञानम् संशयात्मा विनश्यति"** (4 । 39-40) अर्थात श्रद्धावान मनुष्य ज्ञान को प्राप्त होता है और श्रद्धाविहीन संशय युक्त मनुष्य का विनाश हो जाता है।

देखो, इससे एक लाभ और भी होगा कि यदि तुम्हें मनचाही चीज नहीं मिलती तो दुख नहीं होगा क्योंकि माता पिता गुरु किसी का बुरा थोड़े ही चाहते हैं। मान लो तुम्हारा छोटा भाई है वह मिट्टी खाता है या पैसे माँग रहा है या नोट माँग रहा है फाड़ने के लिए तो क्या तुम उसे दे दोगे तो क्या तुम उसे मिट्टी खाने दोगे?

भले ही वह कितना भी रोए और चाहे तुम्हें दो चपत भी लगानी पड़े तुम कभी भी उसे वह चीज नहीं दोगे जिससे उसका नुकसान हो। तो यदि तुम भगवान को हितैषी समझोगे तो यही सोचोगे कि भगवान जो करता है अच्छा ही करता है।

एक छोटी सी कहानी सुनो- एक राजा अपने मंत्री के साथ शिकार खेलने गया। वहाँ घोड़े से उतरते हुए उसके पैर में चोट लग गई। उसने मंत्री से कहा तो मंत्री ने कहा- महाराज! ईश्वर जो करता है अच्छा ही करता है। राजा को यह सुन कर बहुत गुस्सा आया। उसने कहा- मेरे तो चोट लगी है और तुम कहते हो ईश्वर जो करता है अच्छा ही करता है। जाओ! तुम मेरे मंत्री होने योग्य नहीं हो। "मंत्री यह सुनकर चला गया।

थोड़ी दूर जाने पर राजा ने देखा कि एक मन्दिर में पूजा हो रही है। वह वहाँ पहुँचा तो उसे उन पुजारियों ने बलि देने के लिए पकड़ लिया। उन्हें बलि चढ़ाने के लिए एक स्वस्थ व सुन्दर आदमी की जरूरत थी। परन्तु जब बलि देने लगे तो देखा कि उसके पैर का अंगूठा टूटा हुआ है। पुजारी ने कहा - इसकी बलि नहीं दी जा सकती क्योंकि इसका अंग भंग हो गया है। "राजा की जान बची तो उसे मंत्री की बात याद आई। उसने राजधानी पहुँच कर मंत्री को बुलवाया और उससे कहा- मंत्रीजी! आपने ठीक कहा था कि ईश्वर जो करता है अच्छा ही करता है। चोट लगने से मेरे तो प्राण बच गए पर मैंने आप पर क्रोध करके आपको भगा दिया उससे क्या लाभ हुआ? मंत्री ने कहा- महाराज! आप तो अंग भंग होने की वजह से बच गए किन्तु यदि मैं आपके साथ होता तो मेरी तो रामनाम सत्त् ही हो जाती। भला मुझे वे क्यों छोड़ते?

अब आप ही बतायें कि ईश्वर जो करता है अच्छा करता है या नहीं? उस दिन से राजा भी भगवान पर विश्वास करने लगा। बस गीता का यही संदेश है कि जीवन की बागडोर भगवान के हाथ में सौंपकर निश्चिन्त हो जाओ। लेकिन इस का मतलब यह मत समझ लेना कि बस अब तुम्हें कुछ करने की जरूरत ही नहीं है।

इस अकर्मण्यता ने देश का बहुत नुकसान किया है। भगवान के इस रूप को समझ लेने के बाद तुम्हारी जिम्मेदारी बहुत बढ़ जाती है। स्वार्थ की बातें समाप्त परमार्थ के रास्ते पर चलना पड़ेगा। सबसे पहला कदम है अपने चरित्र का निर्माण करो तुम समझ रहे हो ना?

आचार्यजी का संदेश सुनकर छात्रों के मन में नवीन उत्साह का संचार हो रहा था। उन्हें एक नई दृष्टि मिली थी। भगवान कृष्ण के प्रति श्रद्धा व निष्ठा जाग रही थी। वे सब तो अब तक उन्हें केवल माखनचोर, मटकी फोड़, रासरचैया, नटखट और छलिया ही समझ रहे थे। आज उनके महान आदर्श समझ कर मन में कुछ करने की प्रेरणा जाग रही थी। वे अपने भाग्य को सराह कर आनन्द विभोर होरहे थे।

तभी आचार्यजी ने गम्भीर स्वर में कहा- "देश के सृजन सैनिको, भारत माता के वीर सपूतो! उठो, जागो, और बढ़ो अपने लक्ष्य की ओर। भारत माता बड़ी आशा भरी दृष्टि से तुम्हारी ओर निहार रही है। उस माँ की पीड़ा को समझो जिसके प्रतिभाशाली बच्चे विदेशों में जाकर अपनी मातृभूमि, अपनी मातृभाषा और अपनी संस्कृति को भूल रहे हैं। तुम्हें उसके पुनरुद्धार का संकल्प लेना है। इस समय अनास्था, फैशनपरस्ती, अन्धविश्वास रूपी राक्षसों से टक्कर लेने में भगवान के सहयोगी बनकर धर्म संस्थापना का संकल्प लो। आओ हम सब मिलकर युग परिवर्तन का संकल्प लें।"

गीत
अभियान

शंख बजा दो नई सदी का, आओ प्रभाती हम गाएँ।
युग परिवर्तन कैसे होगा आज इसे हम समझाएँ।।

जब जब बढ़ी असुरता तब तब प्रभु ने उसे मिटाया है।
प्रभु के संग संग युगदूतों ने निज कर्त्तव्य निभाया है।।
हम ऐसा अभियान करें कि स्वर्ग धरा पर आजाए।।

इस युग बन कर अनास्था भीषण दानव आया है।
करने दमन दुष्टता का प्रभु गीता ले कर आया है।
युग युग तक जग याद करे सत्कर्म हम ऐसा कर जाएँ।।

बिना कर्म भक्ति के पूजा, करती है कल्याण नहीं।
बिना ज्ञान का दीप जलाए, मिटता है अज्ञान नहीं।
अर्जुन सा हम करें समर्पण, ज्ञान भक्ति का दीप जलाएं।।
युग परिवर्तन कैसे होगा आज इसे हम समझाएँ।।

सभी छात्र भावविभोर हो रहे थे। मन में कुछ करने की उमंगें उठ रहीं थीं। उन्होंने आचार्यजी को प्रणाम करके दृढ़ स्वर में कहा--- "आचार्यजी! आप हमारे मार्गदर्शक बन कर हमें आशीर्वाद दें कि हम अर्जुन की तरह आपके समर्पित शिष्य बन कर युग परिवर्तन करने में सफल हो सकें।"

आचार्यजी अपनी सफलता पर बहुत प्रसन्न थे। उन्होंने स्नेहपूर्ण स्वर में कहा - "नवयुग के सृजन सैनिको! मुझे तुम पर गर्व है। मेरा आशीर्वाद हमेशा तुम्हारे साथ है। फिर उन भगवान पर श्रद्धा व विश्वास रखो जिन्होंने तुम्हें बुलाया है वे भक्त वत्सल भगवान सदा तुम्हारे साथ हैं। एक बात और ध्यान रखो कि गीता पाठ के साथ साथ गायत्री मंत्र का जप भी शुरू कर दो।" एक छात्र ने पूछा-- आचार्यजी! हम स्वयं आपसे पूछना चाहते थे कि आप शुरु में गायत्री मंत्र का पाठ क्यों करते हैं? इस का गीता से क्या संबन्ध है? आचार्यजी ने कहा--बेटे! गायत्री व गीता का गहरा संबन्ध है। इस मंत्र को गुरुमंत्र व महामंत्र कहा गया है। गायत्री माता को वेदमाता, देवमाता व विश्वमाता कहा गया है। ये सद्ज्ञान को देने वाली हैं, इस का जप करने से मानव देवता बन जाता है। भगवान कृष्ण

स्वयं इसका जप करते थे। उन्होने गीता में कहा है---**गायत्री छन्दसामहम्।** भगवान राम को विश्वामित्र ने इसी मंत्र के द्वारा बला अतिबला विद्या प्रदान की थी जिससे वे रावण जैसे महाबली को मार सके। आओ हम सब मिल कर गायत्री माता व भगवान से प्रार्थना करें कि वे हमें शक्ति दें जिससे हमारे मन में ज्ञान का दीप जले और हम उस दीप से सबके मन में दीप जला कर सारे संसार को ज्ञान के आलोक से आलोकित कर सकें।

प्रार्थना

वह शक्ति हमें दो दयानिधे! कर्त्तव्य मार्ग पर डट जायें।
पर सेवा पर उपकार में हम निज जीवन सफल बना जायें।।
हम दीन दुखी निर्बलों विकलों के सेवक बन संताप हरें।
जो हैं भूले भटके जग में उनको तारें खुद तर जायें।।
निज आन मान मर्यादा का प्रभु ध्यान रहें अभिमान रहे।
जिस देश जाति में जन्म लिया, बलिदान उसी पर हो जायें।।

तुम्हारा मार्ग मंगलमय हो। जाओ। अब सो जाओ। कल जल्दी उठकर हस्तिनापुर चलना है।" सब लोग आचार्यजी के चरण स्पर्श कर के सोने चले गए।

प्रश्न

(1) आध्यात्मिक दृष्टि से हिमालय का क्या महत्त्व है?

(1) हिमालय भारत माता का मुकुट कहा जाता है। हमारे मुनियों ने इस की कन्दराओं में बैठ कर जप तप कर के ज्ञान प्राप्त किया था।

(2) प्राचीन काल में कौन कौन से प्रसिद्व विश्व विद्यालय थे?

(2) नालन्दा व तक्षशिला प्राचीन काल में दो विश्व विद्यालय थे।

(3) कृष्ण के जन्म स्थान व माता पिता का नाम बताओ?

(3) कृष्ण का जन्म मथुरा में हुआ तथा उन की माता का नाम देवकी व पिता का नाम वसुदेव था।

(4) कंस कौन था? उसने बहन ओर बहनोई को जेल में क्यों डाला?

(4) कंस श्रीकृष्ण का मामा था। देवकी के विवाह के समय भविष्यवाणी हुई कि देवकी का आठवां पुत्र कंस को मार डालेगा इसलिये उसने देवकी व वसुदेव को जेल में डाल दिया।

(5) पूतना कौन थी? भगवान कृष्ण ने उसे क्यों मारा?

(5) पूतना एक राक्षसी थी। वह बुरे कामों में कंस का साथ देती थी। वह श्रीकृष्ण को विष भरा दूध पिलाकर मार डालना चाहती थी। भगवान श्रीकृष्ण ने उसे मार डाला।

(6) भगवान अवतार क्यों लेते हैं?

(6) जब जब पृथ्वी पर अधर्म और अत्याचार बढ़ जाते हैं तब भगवान दुष्टों का वध करने के लिये पृथ्वी पर जन्म लेते हैं।

(7) भगवान के मुख्य दस अवतारों के नाम बताओ।

(7) भगवान के मुख्य दस अवतार मत्स्य, कच्छप, वराह, नृसिंह, वामन, परशुराम, राम, कृष्ण, गौतम हैं। दसवां अवतार कल्कि अवतार माना जाता है।

(8) कृष्ण माखन चोरी क्यों करते थे? वे गोपियों को मथुरा जाने से क्यों रोकते थे?

(8) ब्रजगांव में सब के पास गाय थी किन्तु दूध जाता था कंस के पास मथुरा। कृष्ण उस माखन को गोप ग्वालों को खिलाना चाहते थे। इसलिये वे उस माखन को चोरी कर के गोप ग्वालों को खिला देते थे और गोपियों को मथुरा जाने से रोकते थे। कभी कभी मटकी फूट जाती थी।

(9) भगवान कृष्ण को गोविन्द गोपाल क्यों कहते हैं।

(9) भगवान कृष्ण को गायों से बहुत प्यार था। उन्होने उनकी रक्षा के लिये केशी आदि राक्षसों का वध भी किया इसलिये उन्हें गोविन्द गोपाल भी कहते हैं।

(10) उन्होंने इन्द्र से टक्कर क्यों ली?

(10) बृजवासी इन्द्र की पूजा करते थे किन्तु कृष्ण ने गउओं की पूजा करने के लिये कहा। इन्द्र ने क्रोधित होकर बृजवासियों को डुबाना चाहा तो कृष्ण ने गोवर्धन उठाकर बृजवासियों की रक्षा की और इन्द्र से टक्कर ली।

(11) गोवर्धन का क्या मतलब है, उसकी पूजा कैसे करनी चाहिए?

(11) गोवर्धन का अर्थ गउओं की रक्षा एवं वृद्धि करना, उनका पालन पोषण करना व गोबर को भी धन समझना है। इस समय उस की पूजा उस की परिक्रमा कर के व दूध गिरा कर की जाती है। उसकी पूजा गउओं की रक्षा कर के करनी चाहिये।

(12) महाभारत की समाप्ति के बाद कृष्ण क्यों दुखी थे? उन्होंने अर्जुन से क्या कहा?

(12) महाभारत की समाप्ति के बाद कृष्ण इसलिये दुखी थे कि वे दूरदृष्टि से देख रहे थे कि कलियुग में भक्तगण मन्दिर

बनाकर उनकी पूजा तो करेंगे पर उनकी प्यारी गउओं का वध भी करेंगे।

(13) अर्जुन ने क्या कहा?

(13) अर्जुन ने कहा कि कलियुग में फिर आप अवतरित होना और मुझे अपना साथी बनाना। हम दुष्टों का वध कर के गऊओं की रक्षा करेंगे।

(14) छात्रों ने क्या संकल्प लिया।

(14) शिष्यों ने संकल्प किया लिया कि हम अर्जुन की तरह आपके समर्पित शिष्य बनकर युग परिवर्तन का संकल्प लेते हैं। आप हमें आशीर्वाद दें। घर घर अलख जगायेंगे हम बदलेंगे जमाना।

(15) गीता के दो श्लोक अर्थ सहित याद करो जो तुम्हें पसन्द हों।

बृहत्साम तथा साम्नां गायत्री छन्दसामहम् ।
मासानां मार्गशीर्षोऽहमृतूनां कुसुमाकर: ।।

|| 10.35 ||

द्वितीय दिवस

हस्तिनापुर की कहानी

मथुरा नगरी को देखने के बाद सब के मन में एक अद्भुत् उत्साह जाग उठा था। अब हस्तिनापुर देखने की उत्सुकता थी अत: प्रात: उठ कर सब लोग जल्दी से तैयार हो गए। सारा सामान तो रात में ही बाँध कर रख दिया था। बस जल्दी से नाश्ता किया और बस में जाकर बैठ गए। मन्दिर में आरती हो रही थी। मथुरा नगरी वैसे भी कृष्ण कन्हैया की जन्मभूमि है सब जगह कृष्ण भक्ति के गीत गुंजरित हो रहे थे। रास्ते में भी कृष्ण भक्ति के गीत सुनते सुनाते वे हस्तिनापुर पहुंचे तो वहां एक होटल (भव्य मन्दिर) में ठहरने की व्यवस्था की गई थी। सब ने अपने अपने कमरों में सामान रखा और हाथ मुंह धोकर घूमने जाने के लिए तैयार हो गए। सब के मन में उत्सुकता थी, कैसा होगा वह नगर जहाँ कभी पांडवों का राज्य था, जिसके लिए महाभारत का इतना बड़ा युद्ध हुआ था। जल्दी जल्दी सब ने कपड़े बदले, नाश्ता किया और बस में जा कर बैठ गए। एक गाइड को साथ में ले लिया जो नगर को दिखा सके।

हस्तिनापुर का नक्शा ही बदला हुआ था। पांडवों का किला, राज महल सब खंडहर के रूप में दिखाई दे रहे थे। विश्वकर्मा का बनाया हुआ वह महल जहाँ पानी की जगह जमीन और जमीन की जगह पानी दिखाई देता था, जिसे दुर्योधन जमीन समझ कर पानी में गिर गया था और द्रोपदी ने उसे अन्धे की सन्तान कहकर उस का उपहास किया था, आज सब अतीत के गर्भ में समा गए थे। शेष थे केवल खंडहर जो कौरवों के विनाश तथा पांडवों की समृद्धि की

सूचना दे रहे थे। इस समय वहाँ नव निर्माण हो रहा था। ऊँची ऊँची इमारतें, भव्य मन्दिर बड़ी बड़ी प्रतिमाएँ तथा जम्बूद्वीप बनाया जा रहा था। ये सब समय की परिवर्तनशीलता का परिचय दे रहे थे।

महाभारत की कथा

इस नगर को देख कर सब के मन में महाभारत की कथा सुनने की इच्छा जाग उठी थी। कुछ छात्रों ने महाभारत की कथा पढ़ी थी, कुछ ने सुनी थी, कुछ ने टी.वी. पर देखी थी, आज इस भूमि पर आकर सब कुछ जानने की उत्सुकता हो रही थी। अत: उन्होंने आचार्य जी से कहा- आप कृपा कर के हमें महाभारत की कथा सुनाइये। मेरे पापा के एक मित्र हैं वे कहते हैं कि कृष्ण ने ही अर्जुन को भड़का कर महाभारत की लड़ाई करवाई थी क्या यह सच है आचार्यजी। आचार्यजी ने कहा-बेटे। तुम लोग भोजन कर के मन्दिर में आओ, वहीं तुम्हें कथा सुनाएँगे और फिर तुम ही बताना कि उन्हों ने लड़ाई कराई थी या उसे रोकने की कोशिश की थी। सब लोग भोजन कर के मन्दिर में पहुँच गए। मन्दिर का प्रवचन हाल बहुत बड़ा व बहुत सुन्दर था। वहाँ पर मंच भी बना था तथा भगवान की मूर्ति भी थी। हारमोनियम तबला आदि वाद्ययंत्र भी थे। जब सब लोग यथास्थान बैठ गए तो मन्दिर के पुजारीजी ने गुरु वन्दना के बाद कीर्तन किया। उस के बाद छात्रों ने देशभक्ति का एक गीत गाया-

देश भक्ति गीत
हमको अपने भारत की माटी से अनुपम प्यार है।
अपना तन मन जीवन सब इस मिट्टी का उपहार है।
इस मिट्टी में जन्म लिया था दशरथ नन्दन राम ने।

इस धरती पर गीता गाई यदुकुल भूषण श्याम ने।
इस धरती के आगे मस्तक झुकता बारम्बार है।।

इस मिट्टी की शान बढ़ाई तुलसी सूर कबीर ने।
अर्जुन, भीष्म, अशोक, प्रतापसिंह, भगतसिंह से वीर ने।
मीरा के गीतों की इसमें छिपी हुई झंकार है।।

कण कण मन्दिर इस माटी का कण कण में भगवान हैं।
इस मिट्टी से तिलक करो ये अपना देश महान है।
इस माटी का हर सपूत भारत का पहरेदार है।।
हम को अपने भारत की मिट्टी से अनुपम प्यार है।।

गीत समाप्त होने पर आचार्यजी ने सबसे कमर सीधी कर के बैठने के लिए कहा। एक बार फिर गायत्री मंत्र का उच्चारण कर के उन्होंने कहा- "माँ भारती के होनहार सपूतो! तुम्हारा यह गीत सुनकर हमें बहुत प्रसन्नता हुई। असल में यही भावना हम तुम्हारे मन में जगाना चाहते हैं कि तुम भारत के पहरेदार बन जाओ। आज का दिन तुम्हारे जीवन का ऐतिहासिक दिन है। आज तुमने उस भूमि का दर्शन किया है जो आज से हजारों वर्ष पूर्व की कथाओं को अपने गर्भ में छिपाए हुए है। आज मैं तुम्हें उस महाभारत की कथा सुनाने जा रहा हूँ जो भारतीय संस्कृति के उतार चढ़ाव की, सत्य असत्य की, अंधेरे उजाले की तथा धर्म अधर्म की कथा है, जो आपस के बनते बिगड़ते रिश्तों की कथा है।

सच तो यह है कि सृष्टि के शुरु से ही नीति अनीति, धर्म अधर्म का संघर्ष होता रहा है। भगवान ने मानव को देवत्व भी प्रदान किया है और असुरत्व भी।

यह कहानी आपस के झगड़ों की तो है ही पर मनुष्य के अन्तर्मन में भी हमेशा दैवी एवं आसुरी प्रवृतियों का युद्ध चलता रहता है। सोने के मायावी मृग ने एक बार सीता को आकर्षित किया था। राम उसे मारने के लिए गए तो सीता हरण हुआ और सोने की लंका खाक में मिल गई।

राम ने उस मृग को तो मार डाला पर वह मायावी सोने का मृग अभी भी मनुष्य के मन में छलांगें भर रहा है। महाभारत का युद्ध भी इसी राजमुकुट, धन दौलत के लिए हुआ। काम क्रोध, लोभ मोह अहंकार ही मनुष्य के विनाश का कारण बनते हैं। इसीलिए भगवान कृष्ण ने कामनाओं को छोड़ कर निष्काम कर्म करने का उपदेश गीता में दिया है। उस उपदेश को सुनने से पहले कृष्ण चरित्र व महाभारत की कथा जानना आवश्यक है। कृष्ण चरित्र को तुम सुन चुके हो अब उस महाभारत की कथा को ध्यानपूर्वक सुनो और तुम स्वयं ही बताना कि कृष्ण ने महाभारत की लड़ाई करवाई थी या उसे रोकने की कोशिश की थी।

यह कथा शुरु होती है राजा शान्तनु से, जो हस्तिनापुर के राजा थे। उन्होंने ब्रह्मा जी की पुत्री गंगा से विवाह किया था। उसने विवाह से पहले राजा से वचन लिया था कि मैं कुछ भी करूँ आप मुझे मना नहीं करेंगे और कारण भी नहीं पूछेंगे। जिस दिन आप कारण पूछोगे उसी दिन मैं आपको छोड़कर चली जाऊँगी। राजा ने बिना सोचे विचारे वचन दे दिया। साल भर तो सब ठीक रहा पर एक वर्ष बाद जब रानी ने एक पुत्र को जन्म दिया तो सारे नगर में तो उसके जन्म की खुशी मनाई जा रही थी लेकिन रानी ने उसे पहले दिन ही गंगा में बहा दिया।

वचन बद्ध राजा चुप रह गए। पर जब रानी ने एक एक करके सात

राजकुमारों को इसी प्रकार गंगा मे बहा दिया तो प्रजा में हाहाकार मच गया। यह रानी है या राक्षसी? राक्षसी भी अपने पुत्रों को प्यार करती है। जब वह आठवें पुत्र को भी गंगा मे बहाने चल दी तो राजा चुप न रह सके उन्होंने उसे रोक दिया। रानी ने कहा- महाराज! आपने प्रतिज्ञा भंग कर दी है अब मेरे जाने का समय आगया है। यह कहकर वह राजकुमार को ले कर चल दी।"

सभी छात्र इस कथा को सांस रोक कर सुन रहे थे। एक छात्र ने पूछा- "सचमुच वह कैसी माँ थी आचार्य जी? माँ अपने बच्चे की हत्या कैसे कर सकती है? वह ऐसा क्यों करती थी?" आचार्यजी ने कहा- "यही प्रश्न राजा ने रानी से पूछा तो उसने कहा- मैंने उनकी हत्या नहीं की है महाराज! ये आठ वसु थे जिन्हें किसी शाप के कारण मानव योनि में जन्म लेना पड़ा। मैंने इन्हें शाप से मुक्त करने का वचन दिया था। इस लिए मैंने इन्हें गंगा में विसर्जित करके इनकी हत्या नहीं की बल्कि मुक्त किया है। यह आठवाँ वसु है इस के पाप कर्म शायद अधिक हैं जिन्हें इसे भोगना ही पड़ेगा। इसलिए मैं इसे अपने साथ ले जा रही हूँ समय आने पर लौटा दूँगी। "यह कहकर वह गंगा में विसर्जित हो गई।"

भीष्म पितामह के जन्म की कथा व भीष्म प्रतिज्ञा

"फिर उस बालक का क्या हुआ? आचार्यजी!" एक छात्र ने पूछा। आचार्यजी ने कहा- "उस बालक को रानी ने सोलह वर्ष बाद लौटा दिया। वही बालक महाभारत का मुख्य पात्र बना। राजा ने उसका नाम रखा देवव्रत, पर उसने एक ऐसी भीष्म प्रतिज्ञा कर डाली जिसके कारण वह भीष्म पितामह के नाम से प्रसिद्ध हुआ।"

एक छात्र ने पूछा- "उन्हों ने क्या प्रतिज्ञा की थी आचार्यजी?" धैर्य रखो सब बताता हूँ- आचार्यजी ने कहा- "राजकुमार के वापस आने से राजा बहुत खुश थे पर रानी के जाने से उदास भी थे। एक दिन उन्होंने गंगा किनारे सत्यवती नामक एक मत्स्य कन्या को देखा और उससे विवाह करने की इच्छा प्रकट की किन्तु उस के पिता ने कहा-- मैं इसी शर्त पर आपसे इस का विवाह कर सकता हूँ कि इसका पुत्र ही राजा बने। राजा को यह शर्त स्वीकार न थी। वे वापस आगए पर उदास रहने लगे।

जब राजकुमार देवव्रत को यह पता चला तो उसने उस मत्स्यराज के पास जाकर यह प्रतिज्ञा करली-- मैं राजगद्दी पर अपने भाई को ही बिठाऊँगा आप अपनी पुत्री का विवाह मेरे पिता के साथ कर दें। पर उस मछुआरे के मुख से तो महाकाल ही बोल रहा था। उस ने कहा- आपकी बात मैं मान भी लूँ यदि आपकी सन्तान ने राज्य पर अपना अधिकार करना चाहा तो आप क्या करेंगे? बस उसी समय देवव्रत ने आजीवन ब्रह्मचारी रहने की भीष्म प्रतिज्ञा कर डाली और वे भीष्म पितामह के नाम से प्रसिद्ध हुए।"

एक छात्र ने कहा- "ऐसी प्रतिज्ञा तो आज तक किसी ने भी नहीं की होगी। फिर क्या हुआ?" आचार्यजी ने कहा- "तुम सच कहते हो बेटे! परन्तु कालचक्र को देखो जिस राज्य को युद्ध से बचाने के लिए भीष्म ने इतनी भीष्म प्रतिज्ञा की उसी राज्य के लिए बाद में इतना भयंकर युद्ध हुआ कि उसे महाभारत की संज्ञा दी गई। फिर ये हुआ कि शान्तनु ने विवाह तो कर लिया, उनके दो पुत्र भी हुए चित्रांगद और विचित्र वीर्य, पर वे दोनों भीष्म जैसे न थे। राजा राजकुमार भीष्म को बहुत प्यार करते थे। वे बीमार रहने लगे और एक दिन चल बसे।"

भीष्म द्वारा राजकन्याओं का अपहरण व अंबा की प्रतिज्ञा शिखंडी, द्रोपदी व धृष्टधुम्न का जन्म

सत्यवती के संरक्षण में भीष्म ने दोनों राजकुमारों को शिक्षा दीक्षा दी और जब वे विवाह योग्य हुए तो सत्यवती को उनके विवाह की चिन्ता हुई। उस समय विवाह या तो स्वयंवर द्वारा होते थे या शक्तिशाली राजा राजकन्याओं का अपहरण करके ले आते थे। उस समय काशीराज के यहाँ तीन कन्याओं का स्वयंबर हुआ। सत्यवती की आज्ञा पाकर भीष्म तीनों कन्याओं का अपहरण कर के ले आए। दो का विवाह तो दोनों राज कुमारों से हो गया पर एक कन्या अम्बा मन ही मन शाल्वदेश के राजकुमार को वरण कर चुकी थी। भीष्म ने अपनी सज्जनता का परिचय देते हुए उसे ससम्मान शाल्वराज के पास भेज दिया पर उसने इसे अपना अपमान समझकर यह कहकर वापस कर दिया कि मुझे किसी की दान दी हुई वस्तु नहीं चाहिए। उस कन्या ने भीष्म से विवाह करने के लिए कहा। सत्यवती के कहने पर भी जब भीष्म ने उससे विवाह नहीं किया तो अम्बा ने प्रतिज्ञा की कि मुझे चाहे कितने ही जन्म लेने पड़ें पर मैं अपने अपमान का बदला लेने के लिए तुम्हारी मृत्यु का कारण बनूंगी। यह कहकर उसने तप किया और अपने प्राण त्याग दिए। वही कन्या बाद में शिखंडी के रूप में द्रुपदराज के यहाँ उत्पन्न हुई। यह सुन कर आश्चर्य के साथ एक छात्र ने कहा- ये कैसी कथा है। "आचार्यजी! एक के बाद दूसरी घटना आश्चर्य में डाल रही है। उस के बाद क्या हुआ? कृपया बताइये।"

आचार्यजी ने कहा- "तुम ठीक कहते हो बेटे! असल में महाभारत की पूरी

कथा ही ईर्ष्या द्वेष, काम क्रोध, लोभ मोह और अहंकार पर आधारित है उस समय कुछ हवा ऐसी चल रही थी कि प्रतिभाशाली विभूतियाँ तो सन्यासी बनकर सांसारिक कर्तव्यों से विमुख हो रहीं थीं और घर में रहने वाले काम क्रोध लोभ मोह व अहंकार की आग में जलते रहते थे और एक दूसरे से बदला लेने की सोचते रहते थे।

तुमने पूछा- उस के बाद क्या हुआ?तो सुनो ,तुमने द्रोणाचार्य का नाम सुना है ना? जो कौरव व पांडवों के गुरु थे। ये पहले बहुत निर्धन थे। इनके एक सहपाठी राजा द्रुपद थे। पहले समय में गुरुकुल में राजकुमारों व ब्राह्मण कुमारों को एक साथ शिक्षा दी जाती थी। जैसे कृष्ण व सुदामा एक साथ पढ़ते थे। कृष्ण ने राजा बन कर सुदामा के साथ जो मित्रता निभाई वह तो संसार के लिए आदर्श बन गई। उन्होंने तो तीन मुट्ठी चावल के बदले तीन लोक दे डाले। परन्तु द्रुपद ने उससे उल्टा आचरण किया। द्रोण बहुत गरीबी में दिन बिता रहे थे। उनकी पत्नी उनके पुत्र को दूध की जगह आटा घोलकर पिलाती थी।

वे एक गाय मांगने द्रुपद के पास गए तो उसने उन्हें भिखारी कहकर अपमानित किया। बस द्रोण के हृदय में बदले की आग जल उठी। जब वे कौरव व पांडवों के शिक्षक बने तो उन्होंने अर्जुन से यही गुरु दक्षिणा मांगी कि वह द्रुपद को कैद कर के ले आए। अर्जुन ने ऐसा ही किया और द्रोण ने द्रुपद को अपमानित कर के छोड़ दिया। बस उस अपमान का बदला लेने के लिए द्रुपद ने द्रोण के विनाश के लिये यज्ञ किया और उस यज्ञ की अग्नि से द्रोपदी व धृष्टधुम्न का जन्म हुआ।"

एक छात्र ने जिज्ञासा प्रकट करते हुए कहा। "आचार्यजी! एक बात समझ में

नहीं आई, भीष्म ने स्वयं ब्रह्मचारी रहने का निश्चय किया था तो उन्होंने तीन राजकन्याओं का अपहरण क्यों किया? दो को ही ले आते।" आचार्यजी ने एक लम्बी साँस ले कर कहा- "तुम ठीक कहते हो वत्स! पहली बात तो यह है कि भीष्म को यह पता ही नहीं था कि अम्बा किसी को वरण कर चुकी है, यदि वे दो को भी लाते तो हो सकता है कि वे अम्बा को ही ले आते। दूसरी बात यह थी कि उस समय राजा कई कई विवाह कर सकते थे। सब से बड़ी बात थी अपने अंहकार का प्रदर्शन। भरी सभा में भीष्म ने सब राजाओं को चुनौती दी, तीनों कन्याओं को ले आए। कोई भी उनके सामने नहीं बोल सका। इसी अंहकार का फल उन्हें भोगना पड़ा वही अम्बा शिखंडी के रूप में उनकी मृत्यु का कारण बनी।"

"तो फिर उसके बाद क्या हुआ? आचार्यजी।" एक छात्र ने पूछा। आचार्य जी ने कहा- "फिर दोनों कन्याओं का विवाह तो दोनों राजकुमारों के साथ हो गया पर होनी को कौन टाल सकता है? राजकुमार चित्रांगद तो एक युद्ध में वीरगति को प्राप्त हुआ और बाद में विचित्रवीर्य की भी मृत्यु हो गई। दोनों के कोई सन्तान न थी। अब भीष्म तथा सत्यवती के सामने एक नई समस्या आगई कि राज्य का उत्तराधिकारी कौन बने?"

धृतराष्ट्र, पांडु व विदुर का जन्म

सत्यवती ने भीष्म को समझाया कि वह विवाह करके वंश को आगे बढ़ाए पर भीष्म ने मना कर दिया। फिर सत्यवती को एक रहस्य खोलना पड़ा जिसे वह अबतक छिपाए हुए थी। विवाह से पहले उसके एक पुत्र उत्पन्न हुआ था जिसका नाम व्यास था। सत्यवती ने उसे बुलाकर उन राजकुमारियों से सन्तान उत्पन्न करने की आज्ञा दी। वे उस समय उग्र तपस्या में थे अत: जब वे एक राजकुमारी के कमरे में पहुँचे तो उसने आँखें बन्द कर लीं और उसका पुत्र अन्धा हुआ जिसका नाम धृतराष्ट्र रखा दूसरी भय से पीली पड़ गई। उसका पुत्र पीले रंग का था उसका नाम पांडु रखा। सत्यवती ने एक बार फिर उनके पास जाने की आज्ञा दी पर उन्होंने अपनी दासी को भेज दिया। दासीपुत्र स्वस्थ व मेधावी था उसका नाम विदुर रखा। वह भगवान का भक्त था। दुर्योधन के छप्पन भोग छोड़कर भगवान कृष्ण ने इन्हीं के घर साग खाया था।

सभी लोग तन्मय होकर कथा सुन रहे थे। एक छात्र से न रहा गया। उसने विनम्र स्वर में कहा- "क्षमा कीजिए आचार्य श्री! भारतीय नारियों का विदेशों में भी बहुत सम्मान है पर विवाह से पहले सत्यवती के पुत्र की बात कुछ समझ में नहीं आई।"

आचार्यजी ने एक लम्बी साँस ले कर कहा- "तुम्हारी बात ठीक है बेटे! पर बात यह है कि मन बहुत चंचल है। इसकी चंचलता विद्वानों की बुद्धि को भी हर लेती है। विश्वामित्र जैसे ऋषि भी मेनका को देखकर तप भ्रष्ट हो गए थे, उसी प्रकार नौका में बैठे पाराशर ऋषि का मन चंचल हो गया और सत्यवती ने व्यासजी को जन्म दिया जिन्होंने महाभारत और पुराणों की रचना की। इसीलिए

भगवान कृष्ण ने मन व इन्द्रियों को वश में रखने वाले को योगी कहा है।
(2 । 67-68)गीता

"किन्तु व्यासजी तो इतने विद्वान थे उन्होंने सत्यवती की बात कैसे मान ली?" एक छात्र ने संकोच के साथ पूछा। आचार्यजी ने शंका समाधान करते हुए कहा–"बेटे! बात यह है कि मनुस्मृति में आपत्तिकाल के लिए कुछ नियम बताए गए है। वंश परम्परा को बढ़ाने के लिए पति की मृत्यु होने पर अपने ही वंश के किसी व्यक्ति द्वारा सन्तान प्राप्त की जा सकती है। भारत देश के कुछ हिस्सों में अभी भी यह प्रथा है कि पति की मृत्यु के बाद उसकी पत्नी की शादी पति के भाई से कर दी जाती है किन्तु व्यासजी महातपस्वी थे, उन्होंने केवल दृष्टिपात द्वारा रानियों के गर्भ धारण कराया था। किन्तु यहीं से महाभारत के युद्ध की भूमिका बन गई।"

महाभारत के युद्ध के कारण

धृतराष्ट्र का पुत्रमोह
शकुनि व दुर्योधन का पांडवों से दुर्व्यवहार

बड़ा भाई होने पर भी धृतराष्ट्र नेत्रहीन होने के कारण राजा नहीं बन सकता था। विदुर दासी पुत्र थे, अत: जब पांडु को राजा बनाया गया तो धृतराष्ट्र के मन में ईर्ष्या द्वेष की आग भड़क उठी।

उसे यह आशा थी कि यदि उसका पुत्र पांडुपुत्र से बड़ा हो जाये तो वही

राज्य का अधिकारी बन जायेगा पर युधिष्ठिर के बड़े होने पर उसकी यह आशा भी निराशा में बदल गई। उसकी यह ईर्ष्या द्वेष की भावना दुर्योधन को विरासत में मिली वह अपने को ही राज्य का अधिकारी समझता था। उसे अपने पिता की तरफ से बहुत छूट मिली हुई थी रही सही कमी उसके मामा शकुनि ने पूरी कर दी जो इस वंश के लिए विनाश का कारण बन कर आया था।

"यह शकुनि कौन था? आचार्यश्री!" एक छात्र ने पूछा। आचार्यजी ने कहा- "यह महाभारत के युद्ध का एक विशेष खल पात्र था यह दुर्योधन का मामा था जो अपनी बहन गांधारी के साथ इस राज्य को विनाश करने का संकल्प ले कर आया था। बात यह थी कि जब गांधारी के लिए हस्तिनापुर से विवाह का प्रस्ताव पहुँचा तो गांधार नरेश बहुत खुश हुए। क्योंकि उस समय हस्तिनापुर एक समृद्धिशाली राज्य माना जाता था।

पर जब उन्हें यह पता चला कि गांधारी का विवाह जन्मांध धृतराष्ट्र से हो रहा है, पांडु से नहीं तो उन्हें बहुत धक्का लगा। किन्तु भीष्म से टक्कर लेने की हिम्मत न होने के कारण चुप हो गए। गांधारी ने भी शायद युद्ध से बचने के लिए शादी के लिए हाँ कर दी पर उसने अपनी आँखों पर पट्टी बाँधली। उसी समय उसके भाई शकुनि ने बदला लेने की ठान ली और वह अपनी बहन के साथ हस्तिनापुर आ गया।

वह एक तरफ तो पुत्र मोह में ग्रस्त धृतराष्ट्र को भड़काता रहता था और दसरी ओर दुर्योधन तो उसका खास मोहरा था। वह उसे पांडवों के विरुद्ध नए नए षडयंत्र रचने की राय देता रहता था। पाडु की मृत्यु के बाद पांडव हस्तिनापुर में कौरवों के साथ ही द्रोणाचार्य से शिक्षा पा रहे थे अत: दुर्योधन को नई नई

चालें सिखा कर पांडवों से लड़वाता रहता था। एक बार उसने खीर में जहर मिलाकर भीम को खीर खिला दी और उसे मरा हुआ समझ कर नदी में बहा दिया और खूब जश्न मनाया। पर पांडवों के सौभाग्य से वह नागलोक पहुँच गया जहाँ कुन्ती के पिता के सम्बन्धी रहते थे। उन्होंने भीम के विष को उतारने के साथ उसे ऐसी औषधि भी पिला दी कि वह हजार हाथियों के समान शक्तिशाली हो कर वापिस आगया।"

एक छात्र ने पूछा- "भीम के वापिस आने पर दुर्योधन को तो बहुत दुख हुआ होगा परन्तु क्या धृतराष्ट्र व गांधारी ने उसे कुछ भी नहीं कहा?" आचार्यजी ने कहा- "उसे कोई कुछ नहीं कहता था इसीलिए वह दिन पर दिन उद्दंड होता जा रहा था। एक तो धृतराष्ट्र खुद ही पांडवों की योग्यता से जलता था दूसरे यदि उसे कोई कुछ कहता भी तो शकुनि उसका पक्ष ले कर उसे और भड़का देता था। भीम के वापिस आने पर शकुनि ने एक नई चाल चली। उसने दुर्योधन से कहा- तुम ऐसा दिखावा करो कि तुम पांडवों से बहुत प्यार करते हो। उनका सम्मान करने के लिए एक महल बनवाओ। महल लाख का बना होगा जब वे महल में होंगे तो किसी दिन किसी से उसमें आग लगवा देंगे। बस वे सब जल कर मर जाएँगे और तुम राजा बन जाओगे।

दुर्योधन को यह राय बहुत पसन्द आई। उसने धृतराष्ट्र से भी आज्ञा ले ली। परन्तु विदुर को कुछ सन्देह हुआ। उसने गुप्तचरों को भेजकर पता लगवाया। जब उन्हें यह पता चला कि घर लाख का बना है तो उन्होंने चुपचाप कारीगर भेज कर एक सुरंग खुदवादी और पांडवों को सावधान कर दिया कि वे उस सुरंग के रास्ते भाग कर कहीं छिप कर रहें पांडवों ने ऐसा ही किया। संयोग से उस दिन एक भीलनी अपने पांच पुत्रों के साथ उस महल में ठहरी हुई थी।

उनकी लाशें देख कर धृतराष्ट्र ने मगरमच्छ के आँसू बहाकर दुर्योधन को राजा बना दिया।

अब धृतराष्ट्र व दुर्योधन खुश थे कि उन्हें निष्कंटक राज्य मिल गया पर **"जाको राखे सांइया मार सके न कोय,"** भगवान की कृपा से पांडव बच निकले। उन्होंने दूर के एक गांव में एक ब्राह्मण के यहाँ शरण ली। उस गाँव में एक राक्षस आता था। गाँव के लोग बारी बारी से उसके लिए खाना लेकर जाते थे और वह राक्षस उस आदमी को भी खा जाता था। एक दिन उस ब्राह्मण की बारी थी जिसके यहाँ कुन्ती रुकी थी। उसे रोता हुआ देखकर कुन्ती ने भीम को उसकी जगह भेज दिया और भीम ने उसे मार डाला। पर भेद खुलने के भय से वे सब भाग कर जंगल में चले गए।" दुख प्रकट करते हुए एक छात्र ने कहा- "सचमुच कितना दुष्ट था दुर्योधन। पर पांडव उसके अत्याचार चुपचाप क्यों सह रहे थे?"

पांडवों के अच्छे संस्कार, द्रोपदी स्वंयवर

आचार्यजी ने कहा --"बेटे! बात असल में यह है कि बचपन में बच्चों को अच्छे संस्कार देने बहुत आवश्यक हैं। धृतराष्ट्र ने दुर्योधन को लाड़ प्यार में इतना बिगाड़ दिया था कि उसने सारे कुल का ही नाश कर दिया पर पांडवों को कुन्ती माता ने बहुत अच्छे संस्कार दिए थे। वे लड़ाई नहीं चाहते थे इसीलिए चुपचाप सब सहन करते रहे। लेकिन अच्छे लोगों की भगवान मदद करता है। दुर्योधन बार बार उन्हें मारने की योजना बनाता था और भगवान उन्हें बचा रहे थे। ईश्वर की महिमा विचित्र है, कौरव पांडवों को मरा हुआ समझ रहे थे और पांडवों को जंगल में द्रोपदी के स्वयंबर का समाचार मिला तो वे कुन्ती से आज्ञा

लेकर स्वयंबर में भाग लेने चल दिए।

बस वहाँ दो घटनाएँ एक साथ घटीं। एक तो द्रोपदी के साथ विवाह और भगवान कृष्ण से पांडवों का मिलन। द्रोपदी के स्वयंबर के लिए यह शर्त थी कि एक खम्बे पर एक चक्र में बाँध कर एक मछली को रख गया था। वह चक्र बराबर घूम रहा था। नीचे तेल की कढ़ाई में उसकी परछाईं को देख कर मछली की आँख को तीर से बींधना था। यही शर्त थी कि जो मछली की आँख बींध देगा उसी के साथ द्रोपदी का विवाह होगा। जब कोई यह शर्त पूरी न कर सका तो कर्ण नामक एक वीर निशाने के लिए उठा। पर द्रोपदी ने उसे सूतपुत्र कहकर उससे विवाह करने को मना कर दिया। तब अर्जुन ने कृष्ण के इशारे पर मछली की आँख को बींध दिया। द्रोपदी ने अर्जुन के गले में जयमाला डाल दी।

तब कृष्ण ने पांडवों का परिचय सब को दिया। दुर्योधन तो जल भुन कर राख हो गया पर वह कर ही क्या सकता था। बस यहीं से भगवान कृष्ण पांडवो के संरक्षक बन गये। उधर प्रजा को दिखाने के लिए विदुर के कहने पर धृतराष्ट्र ने पांडवों का स्वागत किया। कृष्ण के कहने पर विश्वकर्मा ने पांडवों के लिए एक ऐसा महल तैयार किया जिसमें जमीन की जगह पानी और पानी की जगह जमीन दिखाई देती थी।”

राजसूय यज्ञ, पांडवों की जुए में हार, द्रोपदी चीर हरण व भक्तवत्सल भगवान कृष्ण द्वारा सहायता

भगवान का आश्वासन, न मे भक्त: प्रणश्यति

इसी समय पांडवों ने राजसूय यज्ञ किया जिसमें दुर्योधन भी गया था। वह उस महल को देखकर ईर्ष्या की आग में जल उठा। जब वह पानी को जमीन समझ कर चला तो पानी में गिर पड़ा। उस समय द्रोपदी ऊपर से देख रही थी। वह जोर से हँस कर बोली कि अन्धों की सन्तान भी अन्धी होती है। इस बात ने दुर्योधन की ईर्ष्याग्नि में घी छिड़कने का काम किया। वह अपमानित हो कर वापिस आया तो शकुनि ने उसे बदला लेने की एक और तरकीब बताई। वह यह कि युधिष्ठिर को जुआ खेलने के लिए निमंत्रित करे और उन्हें जुए में हराकर बारह वर्ष के लिए वन भेज दे। दुर्योधन को यह तरकीब बहुत पसन्द आई। उसने धृतराष्ट्र से आज्ञा भी ले ली।

इसी समय एक छात्र ने शंका प्रकट करते हुए कहा- "आचार्यश्री! एक बात समझ में नहीं आई युधिष्ठिर तो धर्मराज कहलाते थे और जुआ खेलना तो सब के लिए बुरा है, फिर उन्होंने जुआ क्यों खेला? और अपना राज्य, पत्नी, भाई सब को दाँव पर लगा दिया यह क्या ठीक किया उन्होंने?"

आचार्यजी ने कहा- "बेटे! तुम्हारी बात तो ठीक है पर उस समय में राजाओं के कुछ शौक होते थे जैसे शिकार खेलना, जुआ खेलना आदि। दूसरी बात यह

थी कि पांडव सरल स्वभाव के थे, वे सोच भी नहीं सकते थे कि दुर्योधन की इतनी गन्दी चाल हो सकती है, पर इसमें कोई सन्देह नहीं कि यह जुआ खेलना तथा इस खेल में जो कुछ भी हुआ वह भारत के इतिहास में एक अत्यन्त शर्मनाक घटना थी। भारतीय संस्कृति के नाम पर एक कलंक था।

ऐसी घटना कभी किसी देश के इतिहास में नहीं हुई और आगे भी न हो यह भगवान से प्रार्थना है। यह कहकर आचार्यजी कुछ देर के लिए मौन हो गए। उनका कंठ अवरुद्ध हो गया। कुछ देर बाद उन्होंने कहा- शकुनि बहुत ही क्रूर, कपटी व दुष्ट था। उसके पाँसों में भी कुछ जालसाजी थी। उसने युधिष्ठिर को जुए में हराकर पहले तो राज्य ले लिया। फिर युधिष्ठिर ने अपने पाँचों भाइयों तथा द्रोपदी को भी दाँव पर लगा दिया। उसके बाद दुष्ट दुर्योधन ने दुशासन को भेजकर द्रोपदी को भरी सभा में बुलवा लिया। उसे वेश्या कहकर अपमानित किया, अपनी गोद में बैठने के लिए कहा और सब के सामने दुशासन को उसका चीर हरण कर नग्न करने का आदेश दिया।

उस समय सभा में भीष्म पितामह, द्रोणाचार्य, कृपाचार्य, धृतराष्ट्र, विदुर सभी उपस्थित थे पर सब सिर झुकाकर देखते रहे। किसी ने उसे एक शब्द भी नहीं कहा। हाँ भीम ने अवश्य प्रतिज्ञा की कि मैं दुशासन के खून से द्रोपदी के बाल सींचूंगा और दुर्योधन की जांघ तोड़ कर रख दूंगा। पर उस समय वे जुए में हारे हुए दास थे। खून का घूँट पीकर रह गए। द्रोपदी ने सबसे सहायता की पुकार की पर सभी सिर झुकाकर देखते रहे कि उनके कुल की लक्ष्मी, कुलवधू का चीर हरण कर रहा था उन्हीं के कुल का राजकुमार दुशासन, और वे कुछ न कह सके। अन्त में द्रोपदी ने पुकारा कृष्ण कन्हैया को--वे भक्तवत्सल भगवान द्वारिकापुरी से नंगे पैर दौड़कर आए और उन्होंने द्रोपदी की साड़ी को इतना

बढ़ा दिया कि हजार हाथियों का बल रखने वाला दुशासन थक कर गिर पड़ा और द्रोपदी का चीर पर चीर बढ़ता ही चला गया।"

"परित्राणाय साधूनां विनाशाय च दुष्कृतां।
धर्मसंस्थापनार्थाय सम्भवामि युगे युगे।।"

(गीता 4 | 8)

भगवान ने यह कह कर आश्वासन दिया है कि साधुओं के उद्धार व पापियों के विनाश के लिये और धर्म की स्थापना के लिए मैं युग युग में प्रकट होता हूं।

भक्ति गीत

भगवान भगत के बस में, बस में होते आए।
जब जब भीर पड़ी भक्तों पर गरुड़ छोड़ कर धाए।
भगवान भगत के बस में, बस में होते आए।। 1

द्रुपद सुता दुष्टों ने घेरी, राखी लाज करी ना देरी।
चीर पै चीर बढ़ाए भगवान भगत के बस में।। 2

दुर्योधन की मेवा त्यागे, भूख लगी तो विदुर घर भागे।
साग विदुर घर खाए भगवान भगत के बस में।। 3

भक्तों ने जब डाला फन्दा, आप बने हरि नाई नन्दा।
प्रेम से चरण दबाए, भगवान भगत के बस में।। 4

सभी श्रोताओं की आँखों से अश्रु बह रहे थे। आँसू पोंछते हुए एक छात्र ने कहा- "आचार्यश्री! सचमुच पांडवों के साथ कितना अन्याय हुआ? उनकी जगह

मैं होता तो दुःशासन को गोली मार देता। भले ही मुझे फाँसी हो जाती।" दूसरे ने कहा- "मैं तो दुर्योधन का सिर फोड़ देता। पर आश्चर्य तो यह है कि सारी सभा चुपचाप देखती रही। भीष्म पितामह और द्रोणाचार्य भी चुप रहे।"

आचार्यजी ने कहा-"तुम लोग ठीक कह रहे हो। तुम सब में हम यही भावना जगाना चाहते हैं कि अन्याय का प्रतिरोध होना ही चाहिए वह भले ही कोई भी क्यों न हो। जरा सोचो, इस समय हम लोग यहाँ बैठे हैं यदि किसी अनजान स्त्री की भी चीखने की आवाज सुनाई दे तो क्या हम चुप बैठ सकते हैं? नहीं ना? पर उस सभा में सभी का खून ठंडा हो गया था। भीष्म पितामह क्यों चुप रहे यही प्रश्न द्रोपदी ने उस समय पूछा था जब वे शर शय्या पर लेटे हुए थे।

उन के अन्तिम समय में भगवान कृष्ण ने युधिष्ठिर से कहा- इस समय संसार का एक महान व्यक्ति संसार से जा रहा है जाओ उसका आशीर्वाद व कुछ उपदेश ले लो। द्रोपदी सहित कृष्ण व पाँचों भाई वहाँ पहुँचे तो भीष्म के उपदेश को सुनकर द्रोपदी हँस पड़ी। उसके हँसने का कारण पूछा तो उसने यही कहा- पितामह! मेरे चीर हरण के समय आपके ये उपदेश कहाँ गए थे? पितामह ने कहा- बेटी! मैं उस समय दुर्योधन का अन्न खारहा था, इसलिए मेरी बुद्धि भ्रष्ट हो गई थी। हमारे शास्त्रों में सात्विक भोजन को बहुत महत्त्व दिया गया है। जैसा होगा अन्न वैसा होगा मन, इसीलिए भगवान कृष्ण ने गीता में कहा है-"

यज्ञशिष्टाशिनःसन्तो मुच्यन्ते सर्वकिल्विषैः।
भुज्यन्ते ते त्वघं पापा ये पचन्त्यात्मकारणात्।

(3 । 13 गीता)

अर्थात यज्ञ से बचे हुए अन्न को खाने वाले श्रेष्ठ पुरुप सब पापों से मुक्त हो जाते हैं,और जो पापी अपने शरीर पोषण के लिए ही अन्न पकाते हैं वे तो पाप को ही खाते हैं।

बारह वर्ष बनवास, एक वर्ष अज्ञातवास

एक छात्र ने पूछा---"इसके बाद क्या हुआ? आचार्यजी ने कहा--उस के बाद गांधारी ने धृतराष्ट्र से कहा कि द्रोपदी का जन्म यज्ञाग्नि से हुआ है उस के शाप से दुर्योधन का अनिष्ट हो सकता है तो उसने गांधारी के कहने से या द्रोपदी के श्राप के भय से पांडवों को दासता से तो मुक्त कर दिया किन्तु पांडवों के दुखों का यहीं अन्त नहीं हुआ।दुर्योधन ने पांडवों से एक बार और जुआ खेलने के लिए कहा और इस बार यह शर्त रखी गई कि यदि पांडव हार गए तो उन्हें बारह वर्ष का बनवास और एक वर्ष का अज्ञातवास भी करना होगा। यदि अज्ञातवास में उनका पता चल गया तो फिर बारह वर्ष का वनवास व एक वर्ष का अज्ञातवास करना पड़ेगा। दुर्योधन व शकुनि ने सोचा था कि इतने समय में पांडव खुद ही वन में मर खप जाएँगे और मैं अपने राज्य की जड़ें मजबूत कर लूँगा। पांडवों को तो शर्त पूरी करनी ही थी।वे द्रोपदी सहित बनवास को चले गये।।"

भगवान कृष्ण ने अर्जुन से कहा - तुम इस समय का लाभ उठाओ और शिवजी की पूजा कर के पाशुपत अस्त्र को प्राप्त कर लो। अर्जुन ने ऐसा ही किया। उसने पाशुपत अस्त्र तो प्राप्त किया पर उसे उर्वशी नामक अप्सरा का कोप भाजन भी बनना पड़ा। एक छात्र ने पूछा- "यह उर्वशी कौन थी? उसने शाप क्यों दिया?"

आचार्यजी ने कहा- "उर्वशी स्वर्ग की अप्सरा थी। वह अर्जुन को देखकर मोहित हो गई पर अर्जुन ने उसे माता के रूप में देखा और विवाह करने से मना कर दिया तो उसे अपना अपमान लगा।

उसने अर्जुन को नपुंसक होने का शाप दे दिया। लेकिन अज्ञातवास में वह शाप वरदान बन गया। जब अज्ञातवास में पांडव वेश बदलकर राजा विराट के यहाँ रहे तो युधिष्ठिर राजा के साथी बने, भीम रसोइया, अर्जुन वृहन्नला बनकर राजा की बेटी उत्तरा को नाच गाना सिखाते थे। उसी से बाद में अभिमन्यु का विवाह हुआ। नकुल और सहदेव गाय व घोड़ों की देखभाल करते थे। द्रोपदी रानी की दासी बनी।

इसी समय एक घटना और घटी। रानी का एक भाई था। उसका नाम कीचक था। वह द्रोपदी को देखकर उस पर मोहित हो गया। जब द्रोपदी ने पांडवों को बताया तो भीम द्रोपदी के कमरे में छिप गये। रात को जब वह आया तो भीम ने उसे मार डाला। इस घटना के बाद दुर्योधन को शक हो गया। उस ने विराट के राज्य पर चढ़ाई कर दी। पांडवों ने उस की सेना को मार कर भगा दिया। इस के बाद दुर्योधन ने तो बहुत शोर मचाया कि पांडुवों को फिर से बनवास को जाना पड़ेगा किन्तु भीष्म पितामह तथा द्रोणाचार्य ने जब गणित से हिसाब लगा कर बताया कि अज्ञात वास का समय पूरा हो चुका है तो दुर्योधन को उनकी बात माननी पड़ी।

इस प्रकार अज्ञातवास का एक वर्ष पूरा करके जब वे वापिस आए तो दुर्योधन ने साफ कह दिया कि वह बिना युद्ध के एक इंच भूमि भी नहीं देगा। फिर भी भगवान कृष्ण एक बार सन्धि दूत बन कर दुर्योधन के पास गए और कहा- यदि वह पांडवों को पाँच गाँव भी दे दे तो पांडव उसी से गुजारा कर लेंगे। पर दुर्योधन पर तो विनाश के बादल मंडरा रहे थे **"बुद्धिनाशात्प्रणश्यति"** के अनुसार उसने यही कहा कि बिना युद्ध किये वह सुई की नोक के बराबर भी

जमीन नहीं देगा। तब पांडवों को युद्ध की घोषणा करनी पड़ी। कुछ देर मौन रहने के बाद आचार्यजी ने कहा- "मेरे प्यारे बच्चो! अब मैं तुम से एक बात पूछता हूँ कि भगवान कृष्ण छलिया, कपटी रसिया और माखनचोर थे या धर्मसंस्थापक, दुष्टविनाशक, दीन दुखियों के सहायक और भक्तवत्सल थे? उन्होंने युद्ध को रोकने का प्रयास किया या अर्जुन को भड़का कर महाभारत करवाया? हमने तुम्हें महाभारत की कथा सुनाई है और कृष्ण के जीवन का दर्शन भी कराया है अब तुम बताओ कि तुम उनके विषय में क्या सोचते हो?" सभी की अपनी भूल पर पछता रहे थे। रुँधे हुए कंठ से एक छात्र ने कहा- "आचार्यजी! अब तक हम सब भ्रम में थे। आपने हमारी आँखें खोल दी हैं। अब आप हमें यह बताइए कि हम भगवान के लिए क्या करें?"

भगवान के लिए क्या करे?
(मनुर्भव)

आचार्यजी ने मुस्कराते हुए कहा- "बेटे! अब तक तुमने मुझसे बहुत से प्रश्न पूछा हैं अब मैं तुमसे एक प्रश्न पूछता हूँ तुम क्या करो, इससे पहले यह बताओ कि तुम क्या बनना चाहते हो?" अधिकांश छात्र विश्वविद्यालय के थे। किसी ने कहा- इंजीनियर, किसी ने डाक्टर, किसी ने आई.ए.एस.अफसर आदि। सभी महत्त्वाकांक्षी थे।

आचार्य जी ने कहा- "भारत माता के वीर सपूतो! आज मेरा सौभाग्य है कि मुझे तुम जैसे प्रतिभाशाली होनहार नवयुवक एक जगह पर मिल गए हैं। मैं तुम से यही कहना चाहता हूँ कि तुम कुछ भी बनो पर सबसे पहले एक अच्छे इन्सान बनो। वेदों का उपदेश है **"मनुर्भव"**। तुम कहीं भी रहो कुछ भी करो पर

मानवता को मत भूलो। इस समय विश्व विनाश के कगार पर खड़ा है। उस समय एक धृतराष्ट्र था जिसकी बाहर व भीतर की आँखें बन्द थीं, एक गांधारी थी जिसने आंखों पर पट्टी बांध ली थी, इस समय तो अधिकांश माता पिता मोह में अंधे हो रहे हैं।

उनके पास बच्चों के लिए समय ही नहीं है। माता मम्मी बन गई है पिता डैड, फिर बच्चों को अच्छे संस्कार कौन दे। यही कारण है कि घर घर में महाभारत हो रहे हैं। दुर्योधन दुशासन पैदा हो रहे हैं। उस समय एक द्रोपदी का चीर हरण हुआ था आज न जाने कितनी नारियों की लाज खतरे में है। इस समय भारतीय संकृति रूपी सीता का अपहरण हो रहा है तुम हनुमान व अर्जुन नहीं बन सकते तो जटायु और गोप ग्वाले ही बन जाओ। इस काम को नेता अभिनेता नहीं कर सकते। यह काम तुम्हीं को करना है। तुम स्वयं जागो और जागरण का शंखनाद कर दो।"

जागरण गीत
जागो मेरे चिर अतीत की निष्ठाओं अब जागो।
करो प्रखर शुभ कर्म नींद अब त्यागो।। 1

कुरुक्षेत्र के कृष्ण कहाँ हो आज लौट कर आओ।
जागो अर्जुन और जाग कर फिर गांडीव उठाओ।। 2

शोषण अत्याचार दम्भ से मुक्त होवे जग सारा।
सूर्य चन्द्र सा इस जगती में चमके भाल तुम्हारा।। 3

जाग उठो ओ कृष्ण हाथ में गीता लेकर आओ।
मोह माया से भटके मानव को संदेश सुनाओ।। 4

जाग उठो चित्तौर देश में जौहर ज्वाला जागे।
कुरुक्षेत्र जागो कुण्ठाओं का कौरव दल भागे।5।।
तुम जागो तो जाग उठे मन्दिर मस्जिद गुरुद्वारा।
विश्वासों के दीप जलाकर युग ने तुम्हें पुकारा।। 6।।

कहते कहते आचार्यजी भावुक हो गए। श्रोतागण भी भाव विभोर हो रहे थे। मन में नव उत्साह व कुछ करने की प्रेरणा जाग रही थी। उन्होंने कहा- "आचार्यजी! आप हमें गीता का संदेश दे कर हमारा मार्ग दर्शन कीजिए हम आपको विश्वास दिलाते हैं कि हम अपना तन मन धन अपने देश पर न्यौछावर कर देंगे। हम आज संकल्प लेते हैं-"

संकल्प गीत

हमारा है यह दृढ़ संकल्प नया संसार बसायेंगे।
क्षीर सागर में जो सोया उसे झकझोर जगायेंगे।। 1

उसे प्रिय है केवल इन्साफ, जगत को यह समझायेंगे।
कर्मफल देना जिसका काम वही भगवान बनायेंगे।। 2

विषमता नहीं टिकेगी कहीं एकता समता लायेंगे।
न होगा नारी का अपमान उसे गुणखान बनायेंगे।। 3

चलेंगे नहीं छद्म पाखण्ड सचाई सब अपनायेंगे।
दुष्टता की न गलेगी दाल ज्ञान के दीप जलायंगे।। 4

करे जो आदर्शों से प्रीति नया इन्सान बनायेंगे।
रहेंगे हिलमिलकर सब एक हँसेंगे और हंसायेंगे।। 5

उनींदे नहीं रहेंगे हम जगेंगे और जगायेंगे।
बढ़ेंगे अन्धकार को चीर नया अभियान रचायेंगे।। 6

आचार्यजी छात्रों के उत्साह को देखकर आनन्दविभोर हो रहे थे। उन्होंने स्नेहपूर्ण स्वर में कहा---"भारत माता के वीर सुपुत्रो! मुझे विश्वास हो गया है कि अब वह दिन दूर नहीं जब भारत माता पुन: अपने सोये गौरव को प्राप्त करेंगी। जब तुम जैसे होनहार सपूत संकल्पित हो कर इस अभियान में जुटेंगे तो संसार की कोई शक्ति उन्हें नहीं रोक सकेगी। पूर्वजों का आशीर्वाद तुम्हारे साथ है। अब जाकर सो जाओ। कल सुबह धर्मक्षेत्र कुरुक्षेत्र चलना है। सभी छात्र मन में असीम उल्लास भर आचार्यजी को प्रणाम कर सोने चले गए।"

प्रश्न

(1) हस्तिनापुर का ऐतिहासिक महत्त्व बताओ?

(1) हस्तिनापुर पांडवों की राजधानी थी। पांडवों के समय उस की शोभा अवर्णनीय थी। पांडवों का किला व राजमहल इस समय खंडहर हो गये हैं।

(2)शान्तनु कौन था। गंगा ने उस से क्या शर्त रखी?

(2) शान्तनु हस्तिनापुर का राजा व भीष्म का पिता था गंगा ने उस से शर्त रखी थी कि वह जो कुछ भी करे राजा उस को मना नहीं करेंगे।

(3) शान्तनु के आठवें पुत्र का पहला नाम क्या था? उसका नाम भीष्म क्यों पड़ा?

(3) शान्तनु के आठवें पुत्र का नाम देवव्रत था। उन्होंने अपने पिता का विवाह सत्यवती से कराने के लिये स्वयं आजीवन विवाह न करने की भीष्म प्रतिज्ञा की। इसलिये उनका नाम भीष्म रखा गया।

(4) सत्यवती के पुत्रों का क्या नाम था?

(4) सत्यवती के पुत्रों के नाम चित्रांगद व विचित्रवीर्य थे।

(5) अम्बा कौन थी? उसने क्या प्रतिज्ञा की?

(5) अम्बा काशीराज-की पुत्री थी। भीष्म स्वयम्बर से उसका अपहरण करके लाये थे। उसने भीष्म से विवाह करने को कहा तो उन्होंने अपनी पूर्व प्रतिज्ञा के कारण मना कर दिया। तो अम्बा ने प्रतिज्ञा की कि मुझे कितने भी जन्म लेने पड़ें मैं तुम्हारी मृत्यु का कारण बनूंगी।

(6) व्यासजी की लिखी प्रसिद्व पुस्तक का नाम बताओ?

(6) व्यास जी की प्रसिद्ध पुस्तक का नाम महाभारत है।

(7) दुर्योधन ने पांडवों को मारने के लिए क्या क्या कोशिशें की?

(7) दुर्योधन ने पांडवों को मारने की बहुत कोशिश की। उसने खीर में जहर मिलाकर भीम को खिलाया। लाख का घर बनवाया जिसमें आग लगाकर उन्हें मारना चाहा।

(8) पांडव लाक्षागृह से कैसे बचे? कहानी सुनाओ।

(8) दुर्योधन की इस चालाकी का पता विदुरजी को चल गया। उन्होंने लाक्षागृह में सुरंग बनवा कर पांडवों को सावधान कर दिया। पांडव चुपचाप निकल कर चले गये।

(9) बचपन में बच्चों को अच्छे संस्कार न देने से क्या हानि है ?

(9) बचपन में बच्चों को अच्छे संस्कार देने आवश्यक हैं नहीं तो वे दुर्योधन की तरह उद्दंड हो जाते हैं। और कुल का नाश कर देते हैं।

(10) शकुनि कौन था? उसने पांडवों को कैसे हराया?

(10) शकुनि दुर्योधन का मामा था। वह बहुत चालाक व दुष्ट था। वह दुर्योधन को नई नई चाल बताकर पांडवों को परेशान करता रहता था। उस के पांसों में जालसाजी थी। उसने दुर्योधन को पांडवों के साथ जुआ खेलने को उकसाया और पांसों के छल से हराकर उन्हें बारह वर्ष के लिये वन भेज दिया।

(11) द्रोपदी का चीर हरण किसने किया? उसकी रक्षा किस ने की? भीम ने क्या प्रतिज्ञा की?

(11) द्रोपदी का चीरहरण दुशासन ने किया। उसकी रक्षा भगवान कृष्ण ने की। भीम ने प्रतिज्ञा की कि मैं दुशासन के खून से द्रोपदी के बाल सीचूंगा और दुर्योधन जांघ तोड़ कर रख दूंगा।

(12) उर्वशी कौन थी? उसने अर्जुन को शाप क्यों दिया?

(12) उर्वशी स्वर्ग की अप्सरा थी। वह अर्जुन को देखकर मोहित हो गई और उससे विवाह करने को कहा। अर्जुन के मना करने पर उसे शाप दे दिया।

(13) महाभारत का युद्ध क्यों हुआ?

(13) महाभारत का युद्ध धृतराष्ट के पुत्रमोह के कारण हुआ। वह दुर्योधन को राजा बनाना चाहता था। इसलिये उसे गलत काम करने से नहीं रोकता था। शकुनि भी दुर्योधन को नई नई चाल बताता रहता था।

(14) कृष्ण ने उसे रोकने के लिए क्या किया, दुर्योधन ने क्या कहा?

(14) कृष्ण ने युद्ध को रोकने का बहुत प्रयत्न किया। वे शान्ति दूत बन कर गये और दुर्योधन से केवल पांच गांव देने के लिये कहा किन्तु दुर्योधन ने कहा कि वह बिना युद्ध किये एक इंच भूमि भी नहीं देगा।

(15) गीता के दो श्लोक अर्थ सहित याद करो।

(15) गीता के दो श्लोक याद करो।

(16) छात्रों ने क्या संकल्प लिया? तुम्हे इस पाठ से क्या शिक्षा मिलती है?

(16) छात्रों ने संकल्प लिया कि हम देश के लिये तन, मन, धन न्यौछावर कर देंगे। इस पाठ से हमें शिक्षा मिलती है कि हमें दुर्योधन की तरह नहीं, मगर पांडवों की तरह होना चाहिये।

Sushat Chaudhary, New York, Grade 4, Age 10

दिवस तीसरा

धर्मक्षेत्रे कुरुक्षेत्रे गीता का सन्देश

मथुरा नगरी तथा हस्तिनापुर देखने के बाद सब के मन में कुरुक्षेत्र जाकर भगवान कृष्ण की गीता का सन्देश जानने की उत्सुकता जाग उठी। अब तक जो लोग कृष्ण को माखनचोर, रास रचाने वाला समझ रहे थे उनके मन में कृष्ण के प्रति श्रद्धा पैदा हो गई थी। हस्तिनापुर से कुरुक्षेत्र के लिए रेल में रिजर्वेशन करा दिया गया था। समय की कमी को देखते हुए यही तय हुआ कि यात्रा रेल द्वारा की जाए और रात्रि में की जाए जिससे छात्रों की नींद भी खराब न हो और दिन में घूमने का समय मिल सके। सब के मन में इतना उत्साह था कि नींद व थकान का पता ही नहीं चल रहा था।

सुबह हुई तो रेल कुरुक्षेत्र पहुँच गई। ठहरने की और गाड़ी की व्यवस्था पहले से ही की गई थी। स्टेशन पर लेने के लिए गाड़ी आ गई और सब ठहरने के स्थान पर पहुँच गए। नहाने के लिए ब्रह्मसरोवर पर जाने का प्रबन्ध किया गया था। सूर्योदय हो रहा था। सूर्य की किरणें सरोवर के जल में प्रतिबिम्बित हो कर अनोखा दृश्य उत्पन्न कर रही थीं। स्नान के बाद नाश्ता करके एक गाइड को ले लिया। वह सबसे पहले उस मन्दिर में ले गया जहाँ भगवान के विराट रूप की प्रतिमा बनी हुई थी जो उन्होंने अर्जुन को दिखाया था। उसने वह स्थान भी दिखाया जहाँ भीष्म पितामह की शर शैया बनी हुई थी। कुछ और एतिहासिक स्थान भी दिखाए पर 5100 वर्ष पहले का कुरुक्षेत्र अब बिल्कुल बदल चुकाथा। जगह जगह मन्दिर व धर्मशालाएँ बनीं थीं। लेकिन वहाँ की मिट्टी और कुछ खँडहर अभी भी वहाँ की कहानी कह रहे थे।

न राजा रहेगा रहेगी ना रानी कहेगी।
यह माटी सभी की कहानी।
कहेगी यह माटी सभी की कहानी।।

घूमने के बाद जब वे होटल पहुँचे तो भोजन तैयार था। सब को भूख भी लगी थी। भोजन के बाद थोड़ी देर विश्राम करके कथा सुनने का समय निश्चित किया गया था। अत: थोड़ी देर विश्राम करके वे उस मन्दिर में पहुँच गए जहाँ आचार्यजी ने कथा सुनाने के लिए कहा था। वहाँ पहुँच कर सब अपने अपने निर्धारित स्थान पर बैठ गए। आचार्यजी ने सब को कमर सीधी करके बैठने के लिए कहा और गायत्री मंत्र पढ़कर एक गीत गाने के लिए आमंत्रित किया छात्रों ने देश भक्ति का एक गीत गाया……

देश भक्ति गीत

मेरे वतन से अच्छा कोई वतन नहीं है।
मुझे नाज है वतन पर मेरा वतन यही है।। 1

हर शाख बैठी बुलबुल मधु गीत गा रही है।
संदेश प्यार का ले यह पवन आरही है।
किसी और देश की तो ऐसी पवन नहीं है।। 2

पैदा हुए यहीं पर श्रीराम और सीता।
गूँजी यहीं थी प्यारी श्रीकृष्ण की वह गीता।
किसी देश में तो ऐसा चिन्तन मनन नहीं है।। 3

वेदों से खूबसूरत रचना कहीं न होगी।
मेरे देश जैसी गंगा यमुना कहीं न होंगी।
दुनिया में ऐसी धरती ऐसा गगन नहीं है।। 4

पैदा हुए यहीं पर फनकार कैसे कैसे।
श्रीव्यासदेव जैसे कवि कालिदास जैसे।
किसी देश में तो ऐसी सुन्दर कथा नहीं है।। 5

छात्रों के गीत को सुनकर आचार्यजी ने भाव विभोर हो कर कहा-- "प्यारे बच्चों! तुम्हारा यह गीत सुनकर मुझे बहुत खुशी हो रही है। हम यह देशभक्ति की भावना ही तुम्हारे मन में जगाना चाहते हैं। आज का दिन हम सब के लिए बहुत सौभाग्य का दिन है। आज हम लोग उस पवित्र भूमि में बैठे हुए हैं जहाँ आज से हजारों वर्ष पहले धर्म अधर्म, नीति अनीति, का निर्णय करने के लिए महाभारत का युद्ध हुआ था। यही वह स्थान है जहाँ भगवान कृष्ण ने निराश व मोहग्रस्त अर्जुन को वह दिव्य संदेश दिया था जो आज भी विश्व के हर दुखी व निराश व्यक्ति को नवजीवन देने वाला है। अभी तुमने भगवान कृष्ण की जन्मस्थली मथुरा व पांडवों के जन्मस्थान हस्तिनापुर को देखा। तुमने यह भी देखा कि भगवान कृष्ण ने किस प्रकार बचपन से ही शत्रुओं का सामना किया और उन्होंने माखनचोरी व रासलीलाएँ क्यों की। पांडवों ने कौरवों के कितने अन्याय सहन किए और भगवान ने भी कितनी कोशिश की कि युद्ध न हो वे स्वयं शान्ति दूत बनकर गए, पर युद्ध हो कर ही रहा। अब तुम समझ गए कि महाभारत का युद्ध क्यों हुआ? मैं चाहता हूँ कि गीता का संदेश सुनने से पहले यदि तुम्हारे मन में कोई शंका हो तो उसका समाधान करलो।"

गीता में धर्म का स्वरूप
मानवता मनुर्भव स्वधर्म-पालन

यह सुनकर एक छात्र ने कहा- "गुरुदेव! आप ठीक कह रहे हैं। भगवान कृष्ण के विषय में हमारी बहुत सी शंकाएँ दूर हो गईं हैं। लेकिन हम एक बात जानना चाहते हैं कि इस समय धरती पर अनेक धर्म प्रचलित हैं, सब के पूजा घर भी अलग अलग हैं पूजा करने का ढंग भी अलग हैऔर सब अपने को बड़ा मान कर लड़ते रहते हैं आप हमें बताएँ कि गीता में भगवान कृष्ण ने धर्म के किस स्वरूप को बताया है।"

गुरुदेव ने एक लम्बी साँस ले कर कहा- "बेटे! तुम्हारा यह प्रश्न इस समय के लिए बहुत उपयोगी है। असल में धर्म के सच्चे रूप को भूल कर इस समय धर्म के नाम पर एक उन्माद पैदा हो गया है। सच तो यह है कि ईश्वर को तो सभी पाना चाहते हैं पर उसके सही रूप से अनजान होने के कारण सब भटक रहे हैं।

देखो वह ईश्वर एक ही है। उसे राम कहो या रहीम, कृष्ण कहो या करीम, ईसा कहो या मूसा, उससे क्या फर्क पड़ताहै? पिता को कोई पापा कहता है कोई डैडी, कोई पिताजी कहे कोई बापू, क्या उससे पिता के सम्मान में कोई कमी आती है? देखो, यह तो सभी मानते हैं कि सब को बनाने वाला और पालने वाला एक ही है, सब उसी पिता की सन्तान हैं। पर सब अपने को बड़ा समझ कर आपस में लड़ते रहते हैं। वे यह भी नहीं सोचते कि इससे वे अपने पिता को कितना दुःख पहुँचाते हैं?" एक कहानी सुनो-----

एक पिता के दो पुत्र थे रिकूं और टिंकू। दोनों ही पिता को बहुत प्यार करते थे। रिंकू पिता का एक पैर दबाता था,टिंकू दूसरे पैर को दबाता था। एक दिन दोनों में लड़ाई हो गई। रिंकू रूठ कर कहीं चला गया। पिता ने टिंकू से कहा- 'आज दूसरे पैर को भी तुम ही दबा दो। उसने कहा- "अच्छा, उसने मुझे मारा और मैं उसका पैर दबाऊँ। अभी दबाता हूँ ।" कह कर एक पत्थर उठाकर लाया और पिता के पैर पर दे मारा। पिता कराह कर रह गए। दूसरे दिन रिंकू आया। जब उसने देखा कि टिंकू ने उसके वाला पैर तोड़ दिया है तो वह भी एक पत्थर लाया और उसने पिता के टिंकू वाले पैर को तोड़ दिया।

अब पिता उन मूर्ख पुत्रों को क्या कहें? जरा सोचो, उसके तो दो ही पुत्र थे पर जिसके इतने बेटे और बेटियाँ हों और सब आपस में लड़ते रहे तो माता पिता को कितनी तकलीफ होगी? एक बात और बताओ वह कौन सा धर्म है जो यह कहता है कि आपस में लड़ो, झूठ बोलो, चोरी करो, मारो पीटो दूसरों का धन छीन लो तो बताओ जो लोग ऐसा करते हैं वे किस धर्म का पालन करते हैं?

वास्तव में भारतीय चिन्तन में धर्म का अर्थ बहुत व्यापक है। यह किसी पंथ या मजहब तक सीमित नहीं। इस के अन्दर कर्त्तव्य, विवेक नैतिकता, उदारता, प्रेम, त्याग, आदि सभी गुण समाए हैं। धर्म सत्य है, अहिंसा है, परोपकार है, दया है, दान है, संयम है, क्षमा है, त्याग है, ज्ञान है, भगवान पर विश्वास एवं दृढ़ निष्ठा का नाम धर्म है। संसार में कोई भी व्यक्ति ऐसा नहीं जो इन गुणों के बिना धर्मात्मा कहला सके। सच तो यह है कि धर्म केवल एक है और वह है मानवता।

दूसरों को दुःख देना ही सबसे बड़ा पाप है और परोपकार के लिए, अन्याय व अधर्म का विनाश करने के लिए, सन्तों व गौरक्षा के लिए, धर्म की स्थापना के लिए अपना तन मन धन न्यौछावर कर देना ही सबसे बड़ा धर्म है। गीता में इसी धर्म व कर्म योग को समझाया गया है। इसीलिए गीता का प्रारम्भ ही **"धर्मक्षेत्रे कुरुक्षेत्रे"** से हुआ है। अर्थात् यह संसार ही धर्मक्षेत्र व कुरुक्षेत्र है। यहाँ धर्म व कर्म की खेती होती है। जो जैसा कर्म करता है उसे वैसा ही फल भोगना पड़ता है। इसीलिए धर्म को कर्म से पहले जोड़ दिया है जो धर्मानुसार कर्म करता है उसे पांडवों की भांति लक्ष्मी वरण करती है, संसार में यश मिलता है, जो अधर्म व अनैतिकता को अपनाता है वह कौरवों की भांति नष्ट हो जाता है।

धर्म ही इस लोक व परलोक का निर्माता है। वही जीवन का सरल मार्ग है जो जीवन नैया को भवसागर से पार लगाता है। धर्म परमात्मा का श्रेष्ठ विधान है। उसी के सहारे धरती और आकाश टिके हैं, समुद्र मर्यादा में रहता है। सभी विद्वानों ने धर्म की महत्ता स्वीकार की है। कोई उसे वर्तमान संकट का सहारा मानता है कोई परलोक संवारने का साधन मानता है। धर्म की शक्ति जीवन शक्ति है, धर्म की दृष्टि जीवन दृष्टि है इसलिए मानवता ही धर्म का सच्चा स्वरूप है किन्तु दुर्भाग्य की बात यह है कि आज धर्म के सच्चे स्वरूप को भुला कर साम्प्रदायिकता को ही धर्म मान लिया है। इसीलिए धर्म की हानि और अधर्म का उत्थान हो रहा है। इसीलिए कहा है-

धर्म की चर्चा सब करें, धारण करे न कोय।
धर्म बिचारा क्या करे, धारे ही सुख होय।।

गीता में मानव धर्म को ही प्रतिपादित किया है इसीलिए गीता सभी धर्मों के

लिए आदरणीय ग्रंथ बन गया है। गीता में भगवान कृष्ण कहते हैं-सभी धर्मों को छोड़ कर मेरी शरण में आ। मैं तुझे सब पापों से मुक्त कर दूंगा।

सर्वधर्मान्परित्यज्य मामेकं शरणं व्रज।
अहं त्वां सर्वपापेभ्यो मोक्षयिष्यामि मा शुचः।।

(गीता 18 । 66)

सभी लोग ध्यान पूर्वक सुन रहे थे। एक छात्र ने पूछा- "गीता तो हिन्दू धर्म की पुस्तक है, इसे सभी धर्मो ने कैसे मान लिया?"

गीता सार्वभौमिक ग्रंथ विदेशी विद्वानों द्वारा भी पूज्य

आचार्यजी ने मुस्कराते हुए कहा ---"बेटे! हमने तुम्हें बताया है ना कि गीता में किसी विशेष धर्म को महत्त्व न दे कर मानवता को धर्म माना है। यह हिन्दुओं का धार्मिक ग्रन्थ है यह बात ठीक है। पर यह एक ऐसा ग्रन्थ है जिसकी प्रशंसा सभी धर्म के अनुयायियों ने की है। भारतवासियों के लिए तो श्री्गीता एक मधुर संगीत है। कर्तव्य-पथ मार्गदर्शन करनेवाली है, यह स्वयं परमात्मा के मुख से निकली हुई वाणी है और उपनिषदों का सार है।

श्री विनोबा भावे, महात्मा गाँधी, लोकमान्य तिलक आदि भारतीय महापुरुष तो इसे माता के समान पूज्य और हितैषी मानते ही है ंपर विदेशी विद्वानों ने भी इस की मुक्त कण्ठ से प्रशंसा की है। चार्ल्स विलियन्स ने1875 में गीता का अनुवाद किया जिसकी भूमिका में वारेन हेस्टिंग्ज ने लिखा- किसी भी जाति को उन्नति के शिखर पर चढ़ाने के लिए गीता का उपदेश अद्वितीय है। मि.ब्रूक्स ने

गीता को विश्व की सबसे महत्वपूर्ण आध्यात्मिक पुस्तक माना है।

डा. मेकनिकल ने कहा है भारतवर्ष के धर्म में गीता बुद्धि की प्रखरता, आचार की उत्कृष्टता एवं धार्मिक उत्साह का एक अपूर्व मिश्रण है। जर्मनी के प्रसिद्ध विद्वान विल्हेल्म वान हमबोल्ट (1767-1835) (जो बर्लिन विश्वविद्यालय के संस्थापक, वैज्ञानिक, भूगोल शास्त्री और खोजकर्ता थे) ने एक अवसर पर कहा है– गीता मानवता की सबसे महत्वपूर्ण दार्शनिक कविता है।

राल्फ वाल्डो इमरसन (1803-1882) ने गीता के अनुवाद को पढ़कर कहा था कि गीता का मुझपर अपार ऋण है। इसमें कुछ भी तुच्छ व अनुपयुक्त नहीं। यह प्राचीन ज्ञान की वाणी है जिसने दूसरे युग और जलवायु क्षेत्र में उन समस्याओं पर विचार किया और उनका हल निकाला जिनसे हम आज ग्रस्त हैं। हेनरी डेविड थोरो (1817-1862), अत्यन्त प्रसिद्ध अमेरिकी लेखक और विचारक ने अपनी पुस्तक में गीता के प्रति अपार श्रद्धा प्रकट की है। इन्होंने इसको पश्चिम के लिए एक नया नैतिक और आध्यात्मिक प्रकाश व ज्ञान का स्रोत माना है। अपनी पुस्तक वाल्डन (1854) में वे लिखते हैं– प्रात: मैं अपने मस्तिष्क को श्रीमद्भगवद्गीता के विशाल एवं ब्रह्माण्डीय दर्शन शास्त्र से स्नान कराता हूँ जिसकी तुलना में हमारा आधुनिक संसार और इसका साहित्य तुच्छ और गौण है।

ब्रिटिश लेखक एवं विचारक आडल्स हकसले कहते हैं - अब तक जितने भी प्रयास सनातन दर्शन को प्रस्तुत करने के लिए किए गए हैं उनमें से गीता स्पष्टतम और सर्वग्राही सारांशों में है। तभी इसका स्थायी महत्व न सिर्फ भारतीयों के लिए है वरन समस्त मानव जाति के लिए है। यह सनातन दर्शन का

महान आध्यात्मिक कथन है।

कुछ देर रुक कर आचार्यजी ने कहा- मेरे प्यारे बच्चों! मैने अपने देश वासियों के साथ साथ विदेशी विद्वानों के विचार तुम्हें इसलिए बताए हैं कि तुम इस समय विद्यार्थी हो और वास्तविक विद्या और सद्ज्ञान की प्राप्ति के लिए अच्छी पुस्तकों का पढ़ना बहुत आवश्यक है। अच्छी पुस्तकें मानव के सच्चे मित्र, माता पिता व गुरु की भाँति मार्गदर्शक होती हैं। इन पुस्तकों को पढ़कर तुम गीता पढ़ोगे तो गीता को अच्छी तरह समझ सकोगे।" सभी ध्यान पूर्वक आचार्यजी की बातें सुन रहे थे। विनम्रता पूर्वक एक छात्र ने पूछा- "आचार्य जी! हम यह जानना चाहते हैं कि गीता में ऐसी क्या बात है जो पश्चिम देश के विद्वानों ने भी इसकी इतनी प्रशंसा की है? कृपया हमें इसके विषय को अच्छी तरह समझायें।"

गीता का संदेश प्रत्येक मानव के लिए

आचार्यजी ने गंभीर स्वर में कहा- "भारत माता के होनहार सुपुत्रो, मुझे यह देखकर बहुत खुशी हो रही है कि तुम लोगों के मन में गीता के विषय मे जानने की जिज्ञासा उत्पन्न हो रही है। असल में गीता ज्ञान, कर्म भक्ति और परमानन्द का अमृत कुण्ड है। इसे किनारे पर खड़े होकर इतने कम समय में नहीं जाना जा सकता। इसमें जितनी गहरी डुबकी लगाओगे इसका जितना अध्ययन करोगे उतना ही आनन्द पाओगे। तुम्हें यहाँ लाकर हम तुम लोगों को भगवान कृष्ण और उनके मुख से निकले हुए मधुर गीत उनकी वाणी गीता से तुम्हारा परिचय कराना चाहते हैं।

यदि तुम्हारे मन में कृष्ण के प्रति श्रद्धा उत्पन्न हो जाती है तो तुम अर्जुन की तरह उन्हें अपना गुरु मानकर अपना सारथी बना लो और उनके गीता में दिए गए संदेश को बार बार सुनकर व पढ़ कर उसका अनुकरण करो और अपना जीवन धन्य बनालो। बस इसी से हमारा परिश्रम सफल हो जाएगा। तुम ने पूछा है कि गीता को विश्व के सभी विद्वानों ने इतना महत्व क्यों दिया है? इसका कारण यह है कि गीता केवल अर्जुन को ही नहीं बल्कि संसार के सभी निराश व दु:खी व्यक्तियों को नवजीवन का संदेश देने वाली है। अर्जुन शब्द अर्ज् धातु से बना है जिसका अर्थ सरल है। अर्जुन के स्वभाव में बच्चों की सी सरलता है। भगवान को छल कपट पसन्द नहीं। इसलिए अर्जुन सरल चित्त मानव का प्रतिनिधि है।

ऐतिहासिक दृष्टि से महाभारत का युद्ध कुरुक्षेत्र के मैदान की एक घटना है, परन्तु हर व्यक्ति के मन में सत्-असत्, शुभ, अशुभ, नीति अनीति का संघर्ष हमेशा चलता रहता है। गीता में मुख्य रूप से हमारे जीवन को सफल बनाने वाले धर्म का प्रतिपादन किया गया है। प्रत्येक व्यक्ति को स्वधर्म पालन की शिक्षा दी है।

पहले अध्याय में अर्जुन की मानसिक स्थिति व अन्तर्द्वन्द्व की जो झाँकी प्रस्तुत की गई है वह हम सब के अन्दर उठने वाले अन्तर्द्वन्द्व व भ्रम की झाँकी है। अत: जो ज्ञान और उपदेश गीता में दिया गया है वह हम सब के लिए उपयोगी है। इस का संदेश युग युग तक संसार के प्रत्येक व्यक्ति का मार्गदर्शन करता रहेगा। यह देश काल की सीमा से मुक्त है। इसका अनुवाद विश्व की 70-80 भाषाओं में हो चुका है। यह समस्त चराचर जगत् के कल्याण के लिए परमात्मा का महान वरदान है। इसका दिव्य संदेश है कि धर्म के अनुसार कर्म

करो। यह सारा संसार धर्मक्षेत्र कुरुक्षेत्र है।"

संसार कुरुक्षेत्र कर्मभूमि

यह सुनकर एक छात्र ने जिज्ञासा प्रकट करते हुए कहा- "आचार्यजी! कुरुक्षेत्र तो इस जगह का नाम है जहाँ हम बैठे हैं इस संसार को कुरु क्षेत्र क्यों कहा गया है?" आचार्यजी ने शंका समाधान करते हुए कहा- "देखो बेटे! ध्यान पूर्वक सुनो। गीता का पहला श्लोक है -

धर्मक्षेत्रे कुरुक्षेत्रे समवेता युयुत्सवः।
मामकाः पाण्डवाश्चैव किमकुर्वत संजय।।

(गीता 1।1)

यह कथन धृतराष्ट्र का है। वह जानना चाहता है कि धर्मक्षेत्र कुरुक्षेत्र में (मामका) मेरे पुत्रों तथा पाण्डवों ने क्या किया? अर्थात् वह भी जानता है कि यह स्थान धर्मक्षेत्र व कुरुक्षेत्र है। तुम्हें धर्म के विषय में बता चुके हैं कि यह सारा संसार धर्मक्षेत्र है, धर्म पर ही आधारित है। मनुष्य का प्रत्येक कर्म धर्म के अनुसार होना चाहिए। इसी के साथ साथ यह संसार कुरुक्षेत्र अर्थात् कर्मभूमि भी है। यहाँ कौरवों (अधर्म) की व पांडवों (धर्म) की सेना आमने सामने खड़ी है। कौरव सौ हैं और पांडव पाँच, पर विजय धर्म की ही होती है क्योंकि भगवान धर्म का पक्ष लेने वाले अपने भक्त की सहायता करते हैं।

इसे इस तरह समझ सकते हैं कि शरीर रूपी रथ पर जीवात्मा रूपी योद्धा बैठा हुआ है। उसे केवल बाहरी शत्रुओं से ही नहीं मन के अन्दर के शत्रु काम क्रोध लोभ मोह जैसे असुरों से भी हर समय युद्ध करना पड़ता है। यहाँ सद्गुणों

व दुर्गणों में कौरवों व पांडवों जैसा युद्ध छिड़ा रहता है। अधर्म के साथी बनकर भीष्म व कर्ण जैसे महारथी भी नष्ट हो जाते हैं और कृष्ण की शरण में जाने वाले अर्जुन की तरह विजयी होते हैं। इस प्रकार यह संसार धर्मक्षेत्र भी है और कुरुक्षेत्र भी। प्रत्येक व्यक्ति का अपना अपना कुरुक्षेत्र है। यह एक खेत है जहाँ कर्म के बीज बोए जाते हैं जो जैसा कर्म करता है उसे वैसा ही फल भोगना पड़ता है। जमीन में जैसा बीज बोते हैं वैसा ही फल मिलता है ना? इसलिए कुरुक्षेत्र का मतलब समझो कर्मभूमि, कर्म करने की जगह। महाभारत में उस भूमि को कुरुक्षेत्र कहा है जिस पर कौरवों ने अनीति पूर्वक कब्जा कर लिया था। इसलिए इस कर्मभूमि में अधर्मी कौरवों को अपनी बलि देनी पड़ी। कुरुक्षेत्र के विषय में किसी ने कहा है----

कुरुक्षेत्र है धर्मक्षेत्र, जिसमें कर्त्तव्य विधान हुआ।
कुरुक्षेत्र है यज्ञभूमि, जिसमें मानव निर्माण हुआ।। 1

कुरुक्षेत्र है देवभूमि, जिसमें अनन्त का ज्ञान हुआ।
कुरुक्षेत्र है वीरभूमि, जिसमें महान बलिदान हुआ।। 2

सृजन और संहार हुआ है, कुरुक्षेत्र के प्रांगण में।
कृष्णचन्द्र की कर्म कला है, कुरुक्षेत्र के कण कण में।। 3

कुरुक्षेत्र में भगवान कृष्ण ने कर्मयोग का संदेश दिया है, इसलिये उसके कण कण में उन की वाणी गूंज रही है। अब तुम्हारी समझ में धर्मक्षेत्र कुरुक्षेत्र का मतलब आ गया है ना? यह वह पवित्र स्थान है जहाँ भगवान कृष्ण ने अर्जुन को उस समय उपदेश दिया जब वह मोहग्रस्त होने के कारण कर्त्तव्य विमुख हो रहा था। अर्जुन कायर नहीं था पर भीष्म द्रोणाचार्य आदि गुरुजनों को युद्ध में सामने

देखकर उसकी हिम्मत जबाब दे रही थी। जिन्होंने उसे गोद में खिलाया उसे शस्त्र विद्या सिखाई उनसे वह कैसे युद्ध करेगा? यह सोचकर जब उसने हथियार डाल दिये तब भगवान कृष्ण ने उसे स्वधर्म का बोध कराया।" स्वधर्म की बात सुनकर एक छात्र ने विनम्र स्वर में पूछा- "आचार्यश्री! स्वधर्म से आपका क्या तात्पर्य है? क्या सब के धर्म अलग अलग होते हैं?"

स्वधर्म कर्त्तव्य पालन, शिक्षा बचपन से

गम्भीर स्वर में आचार्यजी ने कहा- "प्रिय वत्स! हमने तुम्हें बताया कि भारतीय दर्शन में धर्म को बहुत व्यापक अर्थ में लिया गया है। इसमें कर्त्तव्य, नैतिकता, विवेक, उदारता, त्याग तथा परोपकार जैसे सभी सद्‌गुणों का समावेश है। ये गुण सभी के लिए आवश्यक हैं किन्तु स्वधर्म का अर्थ है अपने कर्त्तव्य का पालन करना।

यह स्वधर्म बचपन से ही शुरु हो जाता है। जैसे बच्चे को अपनी माता का चुनाव नहीं कराना पड़ता उसको जन्म देने वाली ही उसकी माता है उसी प्रकार जिस वातावरण में जिस देश जाति व परिवार में बालक का जन्म होता है उसी के साथ उसका स्वधर्माचरण शुरु हो जाता है। बचपन में सभी बच्चे एक समान होते हैं। एक छोटा बच्चा है उसका स्वधर्म या कर्म क्या है? भूख लगने पर रोना, किलकारियाँ मारना या हाथ पैर चलाना आदि। माँ उसे गोद में लेकर खिलाती है, सुलाती है, अपने आँचल में छिपाती है पर जैसे जैसे वह बड़ा होता है घर के लोग उसे समझाते हैं यह तुम्हारे पिता हैं ये भाई बहन हैं और ये हमारे पड़ोसी हैं और ये हमारे दुश्मन हैं या ये हम से छोटी जाति के हैं इनसे दूर रहना तो उसके मन में भेद भाव की भावना पैदा हो जाती है इसलिए बचपन से ही

बच्चों को हिल मिलकर, मिल बाँट कर खाने की शिक्षा दी जानी चाहिए।

इसके प्रत्यक्ष उदाहरण रामायण व महाभारत में देख सकते हैं। राम लक्ष्मण, भरत, शत्रुघ्न चार भाइयों की तीन माताएँ थीं। सौतेले भाई होने पर भी वे काया छाया की तरह रहते थे। पाँच पांडव भी सौतेले होने पर भी हाथ की पाँच उंगलियों की तरह रहते थे। पर दुर्योधन को उसके माता पिता वह शिक्षा न दे सके अत: महाभारत के युद्व में खून की नदियाँ बहीं। इसी प्रकार बच्चों को झूठ बोलना, चोरी करना कौन सिखाता है? एक आदमी के पास मकान मालिक किराया माँगने आया। उसने अपने छोटे बेटे से कहा- जाकर कह दो कि पापा घर में नहीं हैं। बच्चे ने कह दिया कि पापाजी कह रहे हैं कि वे घर में नहीं है। वह आदमी तो घर में आकर खूब झगड़ा कर के चला गया। पिता ने बाद में बच्चे को डांटा कि तुमने ऐसा क्यों कहा? सरल चित्त बालक को क्या पता उसे क्या कहना चाहिए था?

इसी प्रकार एक चोर को फांसी की सजा हुई तो उसने अपनी माता से गले मिलते समय उसका कान काट लिया। जब उससे पूछा कि उसने ऐसा क्यों किया तो उसने कहा- कि मेरी मौत की सजा का कारण मेरी माता है, यदि इसने बचपन में मुझे चोरी करने से रोका होता तो आज यह दिन न देखना पड़ता। विनोबा भावे अपने बचपन का एक प्रसंग लिखते हैं कि उनके पड़ोस की एक गरीब स्त्री अपने छोटे बेटे को उनके घर छोड़ जाती थी। उनकी माता उस बालक को गरम रोटी घी लगा कर देती थी और विनोबा जी को बिना घी की बासी रोटी भी दे देती थी। जब बिनोबा जी ने इसका कारण पूछा तो उन्होंने बताया कि अतिथि भगवान का रूप होता है। हमें उनका ध्यान रखना चाहिए और मिल बांट कर खाना चाहिए। बचपन की इस शिक्षा ने ही उन्हें आगे जाकर

भूदान यज्ञ की प्रेरणा दी। और वे भूदान आन्दोलन के निर्माता बने। कहने का मतलब यह है कि गीता में इसी स्वधर्म को महत्व दिया है जिसका शुभारंभ बचपन से ही होजाता है।

एक बात यह भी है कि हर आदमी की परिस्थिति अलग अलग होती हैं। हम तुमसे कहते हैं कि तुम राम जैसे बनो इसका मतलब यह नहीं कि तुम्हारे पिता राजा हों, उनकी तीन रानी हों तुम्हारी सौतेली माता तुम्हें वन जाने की आज्ञा दे तो तुम उसकी आज्ञा मान कर वन जाओ ऐसा तो नहीं हो सकता ना? इसका मतलब यही है कि तुम माता पिता की आज्ञा का पालन करो।

तुम कृष्ण जैसे बनो तुम कहो कि कृष्ण तो जेल में पैदा हुए थे, उनका पालन तो यशोदा माता ने किया था, उन्हें मारने राक्षस आए थे तो हम कृष्ण कैसे बनें? ऐसा तो नहीं हो सकता ना? इसका मतलब यही है कि तुम अपने भाई बहनों से, आस पास के लोगों से कृष्ण की तरह प्यार करो। गलत बातों का विरोध करो।

इस समय समाज में बहुत सी गलत प्रथाएँ घर कर गईं हैं जिनका तुम्हें विरोध करना है। उस समय तो एक द्रोपदी का चीर हरण हुआ था इस समय तो प्रत्येक नारी की लाज खतरे में है। तुम अपने साथ पढ़ने वाली बहनों के साथ कैसा व्यवहार करते हो? फैशनपरस्ती को छोड़कर सादगी को अपनाओ। अच्छी पुस्तकें पढ़ो। अपने आचरण को ठीक रखो। इस समय उचित शिक्षा के साथ अपने चरित्र का निर्माण करना ही तुम्हारा धर्म है।

गीता में इसे ही कर्मयोग कहा गया है। इतना ही नहीं, हर आदमी का स्वधर्म

भी समय और और आयु के साथ साथ बदलता है। एक बच्चा माँ के आँचल में छिपकर बैठता है भूख लगने पर रोता है वही वृद्ध होकर भी ऐसा ही करे तो कैसा लगेगा? कोई वृद्ध व्यक्ति भूख लगने पर रोए और माँ का आँचल पकड़कर खाना मांगे तो सब उसकी हँसी उड़ाएँगे या नहीं। तुम ही बताओ? एक विद्यार्थी का स्वधर्म है मन लगाकर विद्या प्राप्त करे। पर जब वह शिक्षक बनता है तो उसका कर्त्तव्य होता है अपने शिष्यों को सद्मार्ग पर चलने की शिक्षा दे। इसतरह स्वधर्म का मतलब है अपने कर्त्तव्य का पालन। समझमें आगया ना?" एक विद्यार्थी ने पूछा- "हम स्वधर्म को कैसे समझ सकते हैं?"

आचार्य जी ने कहा- "स्वधर्म को कहीं खोजने की आवश्यकता नहीं है। जिस देश में, जिस समाज में हमने जन्म लिया है, जिन माता पिता ने हमें जन्म दिया है उन की सेवा करना हमारा स्वधर्म है। कोई काम छोटा या बड़ा नहीं होता। भगवान कृष्ण ने तो एक चाण्डाल को अपना सबसे बड़ा भक्त बताया है क्योंकि वह निष्ठा पूर्वक अपने धर्म व कर्त्तव्य का पालन कर रहा है।"

प्रकृति से शिक्षा

सारी प्रकृति हमें स्वधर्म की शिक्षा दे रही है। बादल का धर्म है जल की वर्षा करना, यदि वह आग की वर्षा करे तो कितनी मुश्किल होगी? हवा का धर्म है निरन्तर चलते रहकर सब को जीवन दान देना। वृक्ष का धर्म है फल देना, यदि कोई उसे पत्थर भी मारता है तो वह फल ही देता है। मछली का धर्म है जल में रहना, यदि कोई उससे कहे कि तुम जल में क्यों रहती हो दूध में रहो तो वह मर जाएगी। इसीलिए भगवान कृष्ण ने गीता में कहा है--अच्छी प्रकार आचरण में लाये हुए दूसरे के धर्म से गुणरहित भी अपना धर्म उत्तम है। अपने धर्म में मरना

भी कल्याण कारक है और दूसरे का धर्म भय को देने वाला है।

**श्रेयान्स्वधर्मो विगुण:परधर्मात्स्वनुष्ठितात्।
स्वधर्मे निधनं श्रेय: परधर्मो भयावह:।**

(3।35) (18।47) गीता

जो व्यक्ति अपने कर्त्तव्य को पूरा नहीं करते संसार उनकी निन्दा करता है और जो कर्त्तव्य पूर्ति के लिए प्राण भी दे देते हैं संसार उनकी पूजा करता है। महाराणा प्रताप, वीर शिवाजी, गुरु गोविन्द सिंह, रानी लक्ष्मी बाई महात्मा गांधी का नाम इसीलिए स्वर्णाक्षरों में अंकित है कि उन्होंने स्वधर्म पालन के लिए प्राण दे दिए।

अर्जुन अपने कर्त्तव्य से विमुख हो रहा था, उस समय उसे समझाने के लिए भगवान कृष्ण ने जो उपदेश दिया था वह आज भी प्रत्येक दुखी व निराश व्यक्ति को अपने कर्त्तव्य को पूरा करने की प्रेरणा दे रहा है। इसीलिए भारतीय सन्तों ने गीता को माता तथा गीता का संदेश देने वाले भगवान कृष्ण को जगद्गुरु कृष्णं वन्दे जगद्गुरुम् कहकर सम्मानित किया है। यह एक ऐसा ग्रन्थ है जिस की जयन्ती भी मनाई जाती है। एक छात्र ने अपनी जिज्ञासा प्रकट करते हुए कहा- "आचार्यश्री! गीता को माता तथा कृष्ण को जगद्गुरु क्यों कहा गया है हम जानना चाहते हैं। बताने की कृपा करें।"

गीता माता व भगवान कृष्ण जगद्गुरु

आचार्यजी ने मुस्कुराते हुए कहा- "देखो बेटे! इस संसार में माता पिता तथा

गुरु ही मानव में मानवता का निर्माण करते हैं। शिशु की पहली गुरु माता ही है जिसकी गोद में खेलते हुए ही बच्चा अपने को सुरक्षित समझता है और जीवन का पहला पाठ सीखता है। वीर शिवाजी, नैपोलियन, महात्मा गांधी, विनोबा भावे आदि सभी महापुरुषों ने अपनी महानता का श्रेय अपनी माता को ही दिया है। महाभारत में ही देखो कुन्ती ने अपने सौतेले पुत्रों को भी अपने बेटों से ज्यादा प्यार किया और उन्हें ऐसी शिक्षा दी कि पाँचों पाण्डव हाथ की पाँच अंगुलियों की भांति हमेशा मिलकर रहे और धृतराष्ट्र तो अन्धे थे ही गांधारी ने भी आँखों पर पट्टी बाँध ली वह अपने सौ पुत्रों को भी नैतिकता व स्वधर्म पालन की शिक्षा न दे सकी जिसका दुष्परिणाम हुआ महाभारत का युद्ध और कौरव वंश का विनाश।

गीता माता की तरह मानव के चरित्र का निर्माण भी करती है और दु:खी और निराश मन में आशा का नव संचार भी करती है।

सुखदु:खे समे कृत्वा लाभालाभौ जयाजयौ।
ततो युद्धाय युज्यस्व नैवं पापमवाप्स्यसि।।

(गीता 2। 38)

अर्थात सुख दुख, हानि लाभ व जय पराजय को समान समझ कर युद्ध के लिए तैयार हो जा।

हानि लाभ, जीवन मरण, यश अपयश विधि के हाथ में है यह कहकर वह उसमे जोश भरती है-वह माता की तरह समझाती है –

अरे तुम हो मनु की सन्तान, आज तुम कितने हुए अधीर।
हार बैठे जीवन का दाँव जीतते जिस को मरकर वीर।।

वह मन में उमंग भरती है--

संग्राम जिन्दगी है लड़ना तुम्हें पड़ेगा।
जो लड़ नहीं सकेगा वह जी नहीं सकेगा।।

इसलिए महात्मा गांधी तथा श्री विनोबा भावे की तरह जान डेविड व थारो भी गीता को माता के समान मानते थे। उनके अनुसार गीता में निहित विचारों के दुग्धामृत का पान करने वाले व्यक्ति को वह शक्ति मिलती है कि जीवन समर के कठिनतम क्षणों में निराशा व उदासी स्पर्श भी नहीं करती। सभी श्रोतागण तन्मय होकर सुन रहे थे।

सद्गुरु की महिमा, शरणागति, समर्पण

एक जिज्ञासु ने पूछा- "आचार्य श्री! यदि गांधारी की तरह माता पिता अच्छे संस्कार न दे सकें तो क्या करना चाहिए?" आचार्यजी ने कहा- "तो सद्गुरु की शरण में जाओ। भगवान कृष्ण को तो जगद्गुरु मान कर उनकी वन्दना की गई है। कृष्णं वन्दे जगद्गुरुम् सद्गुरु की महिमा का वर्णन वाणी से नहीं किया जा सकता।"

> सब धरती कागद करूँ, लेखनि सब वनराय।
> सात समुद की मसि करूँ, गुरु गुन लिख्यो न जाय।

भगवान कृष्ण ने अर्जुन की सहायता इस लिए नहीं की कि वह उनकी बुआ का बेटा था, इसलिए भी नहीं कि वह उनकी बहन सुभद्रा का पति था, उन्होंने उसकी सहायता इसलिए की कि वह उनका समर्पित शिष्य बन गया था। जब वह स्वजनों को देखकर मोहग्रस्त हो गया और उसने कहा- "अपने सामने खड़े हुए स्वजनों को देख कर मेरे अंग शिथिल हो रहे हैं, गांडीव हाथ से छूट रहा है, मैं आपका शिष्य बन कर आपकी शरण में आया हूं मेरा मार्गदर्शन कीजिए--"

सीदन्ति मम गात्राणि मुखं च परिशुष्यति।
वेपथश्च शरीरे मे रोमहर्षश्च जायते।।
गाण्डीवं स्रंसते हस्तात्त्वक्चैव परिदह्यते।
न च शक्नोम्यवस्थातुं भ्रमतीव च मे मनः।।

(गीता 1। 29-30)

कार्पण्यदोषोपहतस्वभावः पृच्छमि त्वां धर्मसम्मूढचेताः।
यच्छ्रेयः स्यान्निश्चितं ब्रूहि तन्मे शिष्यस्तेऽहं शाधि मां त्वांप्रपन्नम्।।

(गीता 2। 7)

तो अर्जुन की यह करुण पुकार सुनकर वे भक्तवत्सल, दीनबन्धु भगवान जिन्होंने गोकुल में गाय चराई थी अर्जुन के घोड़ों के सारथि बन गए। उसके जीवन रथ की बागडोर उन्होंने अपने हाथ में ले ली। इस प्रकार जब शिष्य शरणागत भाव से गुरु की शरण में जाता है तो कायाकल्प होता है। लोहा सोना बन जाता है। आध्यात्मिक जगत में इस तरह के बहुत से उदाहरण मिलते हैं। तब अंगुलिमाल रत्नाकर जैसे डाकु महर्षि सन्त बनते हैं और मूलशंकर महर्षि दयानन्द व नरेन्द्र स्वामी विवेकानन्द बनकर विश्व वन्दनीय हो जाते हैं। जब गुरु संसार सागर में डूबते हुए शिष्य को संभालते हैं तो उसे अर्जुन की भांति समझाते हैं--

कुतस्त्वा कश्मलमिदं विषमे समुपस्थितम्।
अनार्यजुष्टमस्वर्ग्यमकीर्तिकरमर्जुन।।
क्लैब्यं मा स्म गमः पार्थ नैतत्त्वय्युपपद्यते।
क्षुद्रं हृदयदौर्बल्यं त्यक्त्वोत्तिष्ठ परन्तप।।

(गीता 2। 2-3)

हे पार्थ तुम्हें यह अज्ञान कैसे हुआ? बोलो। तुम्हारी यह कायरता तुम्हारा यह मोह अकीर्तिकर और अति अनुचित है। मन की दुर्बलता को छोड़ कर युद्व

करो। जब प्राणी मायाजाल में फँस कर भटकता है मैं कहाँ जाऊँ? कौनसे मार्ग को अपनाऊँ? किस धर्म को अपनाऊँ तब वे कहते हैं-सब धर्मों को छोड़ कर मेरी शरण में आ। तू मुझे बहुत प्रिय है मैं तुझे पापोंसे मुक्त कर दूंगा --

मन्मना भव मद्भक्तो मद्याजी मां नमस्कुरु।
मामेवैष्यसि सत्यं प्रतिजाने प्रियोऽसि मे॥
सर्वधर्मान्परित्यज्य मामेकं शरणं व्रज।
अहं त्वां सर्वपापेभ्यो मोक्षयिष्यामि मा शुच:॥

(18 । 65-66)

गीत
आश्वासन

अब न घबराओ न आँसू ही बहाओ तुम।
और कोई हो न हो पर मैं तुम्हारा हूँ, मैं तुम्हारा हूँ॥ 1

मानता हूँ ठोकरें तुमने बहुत खाईं।
मन गगन पर वेदना की बदरियाँ छाईं॥
पौंछ दूंगा मैं तुम्हारे अश्रु गीतों से।
मैं खुशी के गीत गा गाकर सुनाऊँगा॥
मैं तुम्हारे घाव पर मरहम लगाऊँगा।
तुम सरीखे बेसहारों का सहारा हूँ॥ 2

जिन्दगी का हक नहीं है रोटियाँ रूखी।
खा गई इन्सानियत को भूख यह भूखी॥
और कुछ मांगो, हँसी मांगो, खुशी मांगो।

आज जीने की कला तुम को सिखाऊँगा।।
मैं खुशी के गीत गा गा कर सुनाऊँगा।
खो गए हो कर रहा तुमको इशारा हूँ।। 3

इस प्रकार अपनी शरण में आने वाले भक्त को सब माया मोह से मुक्त कर वे उसे स्वधर्म पालन का उपदेश देकर ब्रह्मानन्द में लीन कर देते हैं। आचार्यजी की वाणी सब के अन्तर्मन को झकझोर रही थी। भावविभोर हो कर एक जिज्ञासु ने पूछा- "आचार्यजी! हम इस आनन्द को कैसे पा सकते हैं? हम अर्जुन तो हैं नहीं कि भगवान हमें अपना लेंगे।" आचार्यजी ने कहा- "तुम फिर भूल कर रहे हो बेटे! हमने तुम्हें बताया था कि वे तो हर समय तुम्हारे साथ हैं। बस तुम उन्हें याद रखो। उन्होंने स्वयं कहा है कि जो मुझे सब जगह देखता है मैं उसे हमेशा देखता हूँ। तुम अपने मन में इसी भाव को जगाओ। तुम्हारे मन में उनके प्रति श्रद्धा प्रेम उमड़ रहा है तो समझो कि शुरुआत हो गई। जैसे तुम एक एक कक्षा पास करके विश्व विद्यालय में पहुँचते हो और आगे भी धीरे धीरे अपनी पढ़ाई पूरी करोगे उसी तरह अपनी एक एक कमी को समझ कर दूर करने की कोशिश करो और एक एक अच्छाई को अपनाने की कोशिश करो।"

सभी लोग बड़े ध्यान से आचार्यजी की बात सुन रहे थे। एक छात्र ने पूछा- "हम अपनी बुराई को कैसे समझें?" आचार्य जी ने कहा- "देखो! पहली बात तो यह है कि अपनी बहुत सी कमी हम स्वयं जानते हैं जैसे झूठ बोलते हैं, चोरी करते हैं तो हमें यह पता होता है कि हम गलत काम कर रहे हैं। दूसरी बात यह है कि यदि कोई हमारी कमी को बताता है तो हमें उस बुराई को दूर करने की कोशिश करनी चाहिए। यहीं से स्वधर्म पालन की शुरुआत हो जाती है।

इस की महत्ता एक उदाहरण से समझ सकते हो। उपनिषद् में एक सुन्दर कथा है कि एक बार देव, दानव और मानव तीनों उपदेश के लिए प्रजापति के पास पहुँचे। प्रजापति ने सब को एक ही अक्षर बताया—— पहले उन्होंने देवताओं से पूछा- कुछ समझ में आया? उन्होंने कहा- हाँ! हम विलासी हो गए हैं। आपने हमसे कहा है दमन करो। फिर दानवों से पूछा- कुछ समझ में आया? दानवों ने कहा- हाँ, हम बड़े क्रोधी और दयाहीन हो गए हैं। आपने हमें दया करने की शिक्षा दी है। मानवों ने कहा- हम बड़े लोभी और कंजूस हो गए हैं आपने हमें दान करने का उपदेश दिया है। ? प्रजापति ने सभी को ठीक माना। इस कथा को कहने का मतलब यही है कि सब ने अपनी अपनी कमियों को समझा और उन्हें दूर करने का निश्चय किया। गीता में स्वधर्म को समझने के लिए इस कथा को ध्यान में रखना चाहिए तथा एक एक बुराई को छोड़ने का संकल्प कर लेना चाहिये। एक छात्र ने अपनी शंका प्रकट करते हुइ कहा- "आचार्यजी! हमारे अन्दर न जाने कितनी बुराइयाँ होंगी। एक बुराई को छोड़ने से क्या होगा?" आचार्यजी ने कहा- "देखो बेटे! जो धर्म के रास्ते पर चलने का संकल्प लेता है भगवान उसकी सहायता करते हैं। उन्होंने गीता में कहा भी है- **"स्वल्पमप्यस्य धर्मस्य त्रायते महतो भयात्"** (2 | 40) अर्थात इस निष्काम कर्मयोगरूप धर्म का थोड़ा सा भी साधन जन्म मृत्युरूप महान भय से उद्धार कर देता है।"

धर्म पालन की प्रथम सीढ़ी
एक एक बुराई छोड़ो

इसे तुम ऐसे भी समझ सकते हो कि मान लो तुम्हें चार मंजिल की ऊँचाई

पर जाना है तो एक एक सीढ़ी पर चढ़ कर वहाँ जा सकते हो एक दम छलाँग लगाओगे तो गिरने का डर है। संसार में जिन लोगों ने इस रास्ते पर चलने का संकल्प लिया वे महापुरुष बन गए। रामबोला ने काम वासना को छोड़कर राम नाम का जप किया तो संत तुलसीदास बन गए। गांधीजी ने सत्य को अपनाया तो वे महात्मा और बापू के पद पर सुशोभित हुए। अशोक ने अहिंसा का मार्ग अपनाया तो प्रियदर्शी कहलाया। आम्रपाली वेश्या से साध्वी बन गई। एक छोटी सी कहानी से तुम्हें समझाता हूँ।

एक आदमी पुलिस में दरोगा था। किसी का कोई काम बिना रिश्वत लिए नहीं करता था। उसकी पत्नी धार्मिक विचारों की थी। एक दिन उसने कथा कराई तो पंडितजी ने कहा कि आज दक्षिणा में तुम एक बुराई छोड़ने का संकल्प लो। उसने कहा- मैं और कुछ तो नहीं छोड़ सकता पर आपकी बात मान कर इतना करूँगा कि महीने की पहली तारीख को रिश्वत नहीं लूँगा। उसकी रिश्वत लेने की शिकायतें हो रही थीं तो उसे रंगे हाथ पकड़ने के लिए सी.आई.डी. के पाँच लोगों को वेश बदल कर भेजा। संयोग की बात कि उस दिन महीने की पहली तारीख थी। उन सभी लोगों ने अलग अलग अपने अपने तरीकों से उसे रिश्वत देने की बहुत कोशिश की पर उसने मना कर दिया। आखिर उसे आफिस में बुला कर पूछा। "सच सच बताओ कि तुम्हें कैसे पता लगा कि आज हम तुम्हारी जाँच करने आरहे हैं। आज तुमने रिश्वत क्यों नहीं ली?"

यह सुनकर वह हैरान रह गया। उसने हाथ जोड़ कर कहा- सच तो यह है कि आज मेरे भगवान ने ही मुझे बचाया है। मैने महीने की पहली तारीख को रिश्वत न लेने का संकल्प लिया था और आज पहली तारीख है। पर आज मैं

उसी भगवान के चरणों की शपथ खा कर संकल्प लेता हूँ कि आज से मैं कभी रिश्वत नहीं लूँगा। उसके अफसर यह सुनकर बहुत खुश हुए और उस का प्रमोशन कर दिया।

इस प्रकार के अनेक उदाहरणों से पता चलता है कि जब मानव शुभ कर्म करने का संकल्प लेता है तो भगवान उस की सहायता करते हैं। आज वही शुभ अवसर तुम्हारा द्वार खटखटा रहा है। उस की आवाज को सुनो और अपनी बुराइयों को छोड़कर स्वधर्म को ,अपने कर्त्तव्य को अपनाने के लिए तैयार हो जाओ।

सभी लोग भावविभोर हो कर आचार्यजी के उपदेशामृत का पान कर रहे थे। एक छात्र ने विनम्र स्वर से कहा- "आचार्यजी! आपने हमें बताया है कि भगवान कृष्ण सब जगह हैं और वे सब में हैं तो हमे तो ऐसा लग रहा है कि हमारा सौभाग्य जाग उठा है और आपके रूप में ही इस कुरुक्षेत्र की कर्मभूमि में वे भगवान कृष्ण हमें गीता का उपदेश देने आए हैं। हम में अर्जुन के जैसी श्रद्धा निष्ठा भले न हो पर हम आपकी शरण में आना चाहते हैं। **"शिष्यस्तेऽहं शाधि मां त्वांप्रपन्नम्"** हमें आप स्वधर्म का बोध कराइये।"

सत्प्रेरणा व सत्संकल्प

आचार्यजी का कंठ अवरुद्ध हो रहा था। कुछ देर रुक कर उन्होंने कहा- "हे अमृत सन्तानों! तुम सब उस अविनाशी परमात्मा की सन्तान हो। तुम मुझे कृष्ण समझो या न समझो पर मैं तो तुम सब को कृष्णमय देख रहा हूँ। मैं अपने को भाग्यशाली समझता हूँ कि मुझे भारत माता के होनहार प्रतिभाशाली सुपुत्र इतने

सारे अर्जुन एक साथ एक स्थान पर मिल गए है। तुमने स्वधर्म के विषय में पूछा हैतो मुझे तुमसे यही कहना है कि तुम कहीं भी रहो, कुछ भी बनो पर एक अच्छे इन्सान बनो। एक अच्छा इंजीनियर, डाक्टर, मिल मालिक, किसान होना आसान है पर एक अच्छा बेटा, दोस्त, पति पत्नि, भाई तथा पड़ोसी होना मुश्किल है।

इस समय तुम्हारा कर्त्तव्य है कि तुम मन लगाकर पढ़ो। इस उम्र में मन कल्पना लोक में उड़ता है। इस समय भौतिक आकर्षण भी बहुत हैं अत: पैसा कैसे कमाएँ बस यही तरीके सिखाये जाते हैं। धन कमाना बुरा नहीं, धन की जरूरत तो सब जगह रहती है। धर्म अर्थ काम मोक्ष जीवन के चार लक्ष्य हैं पर अर्थ से पहले धर्म को स्थान देने का मतलब यही है कि धन कमाओ पर ईमानदारी के साथ। और धर्म के कामों में खर्च भी करो। धन का सदुपयोग करो। उसे दीन दुखियों की सेवा में लगाओ। वे दीनबन्धु भगवान खुश होंगे। इस समय स्वार्थ भावना के कारण घर घर में महाभारत हो रहे हैं मातापिता का सम्मान नष्ट हो रहा है। चारों तरफ विनाश के बादल छाये हैं। कारण यही है कि मनुष्य अपने तक ही सीमित रह गया है। जब वह अपने धर्म व कर्त्तव्य को समझेगा तो उसमें प्रेम व सद्‌भावना पैदा होगी। गीता में इसी स्वधर्म के पालन का संदेश प्रथम श्लोक से ले कर अन्तिम श्लोक तक दिखाई देता है।"

पहला श्लोक **"धर्मक्षेत्रे कुरुक्षेत्रे"** से शुरु होता है अन्तिम श्लोक है-

"यत्र योगेश्वर:कृष्णो यत्र पार्थो धनुर्धर:।
तत्र श्रीर्विजयो भूतिर्ध्रुवा नीतिर्मतिर्मम"।।

(18 । 77)

अर्थात् जहाँ (धर्म के प्रतीक) योगेश्वर भगवान कृष्ण हैं और जहाँ (कर्म के प्रतीक) धनुर्धारी अर्जुन हैं वहीं पर श्री, विजय, विभूति और अचल नीति है-

ऐसा मेरा मत है।

इसे ध्यान से देखें तो पहले श्लोक का पहला शब्द है धर्म और अन्तिम श्लोक का आखिरी शब्द है "**मम**"। इस तरह **मम धर्म:** मेरा धर्म अर्थात् स्वधर्म की भावना पावन गंगा की शीतल धारा के समान शुरु से अन्त तक दिखाई देती है। जिस तरह गंगोत्री से निकल कर गंगा माता गंगासागर तक सभी दुखी मनुष्यों के पापों व त्रयतापों को मिटाती हुई निरन्तर बहती जाती है उसी तरह गीता माता भी सांसारिक मोहमाया के दलदल में फँसे दुखी मानव को ज्ञान कर्म व भक्ति द्वारा स्वधर्म पालन का संदेश दे कर मुक्ति का आश्वासन देती है। इसी स्वधर्म की शिक्षा प्रकृति भी दे रही है।

सृष्टि के प्रारंभ से अब तक सूर्य चन्द्र, जल, वायु अग्नि सभी निरन्तर अपने अपने धर्म का पालन कर रहे हैं। तुम भी प्रकृति से शिक्षा लो और अपनी समस्याओं का समाधान गीता माता के आदेशानुसार करो। इस राग द्वेष से जलती धरती पर बादल बनकर बरसो। चन्द्रमा की शीतल चादँनी बनो। चन्द्रमा को सोम भी कहते हैं जिसका मतलब है सौम्यता, नम्रता, शीलता, मधुरता। अहंकार को नष्ट कर दो सबसे प्रेम करो। भगवत्प्राप्ति का यही सबसे सरल साधन है। मातृदेवो भव। पितृ देवो भव। आचार्य देवो भव। राष्ट्रदेवो भव। भारत माता आशाभरी नजर से तुम्हारी ओर निहार रही है। उसके खोए हुए गौरव को वापिस लाने की जिम्मेदारी तुम्हारी है।

गीत

उद्‌बोधन

प्यारे बच्चो! आने वाले कल की तुम तस्वीर हो।
नाज करेगी दुनियाँ तुम पर, दुनियाँ की तकदीर हो।। 1

तुम हो जिस कुटिया के दीपक जग में उजाला कर दोगे।
भोली भाली मुस्कानों से, सब की झोली भरदोगे।।
बिगड़ी जो तकदीर बदल दे, तुम ऐसी तस्वीर हो।। 2
नाम न लेना रोने का, रोतों को हँसाने आए हो।
नहीं रूठना किसी से तुम रूठों को मनाने आए हो।
हँसते चलो जमाने में तुम, हँसता हुआ एक तीर हो।। 3

एक दिन होंगे जमीं आसमाँ चाँद सितारे हाथों में।
एक दिन होगी बागडोर, इस जग की तुम्हारे हाथों में।
तोड़ सके न दुश्मन जिसको, तुम ऐसी जंजीर हो। 4
नाज करेगी दुनियाँ तुम पर, दुनियाँ की तकदीर हो।।

इस गीत ने सभी के हृदय को झकझोर दिया। सबके मन में एक अपूर्व उल्लास था। सब को एक नवीन प्रकाश व नया रास्ता मिल रहा था। और मन में कुछ और जानने की जिज्ञासा जाग रही थी। कितना समय बीत गया किसी को पता ही नहीं चला। मन्दिर के घंटे की ध्वनि ने सब का ध्यान आकर्षित किया। आचार्यजी ने कहा- “जाओ! आरती का समय हो गया है। आरती के बाद भोजन करके विश्राम करो। कल सुबह ब्रह्मसरोवर में स्नान, कुछ मन्दिरों के दर्शन व नाश्ता करके इसी स्थान पर आ जाना तो गीता माता के संदेश से तुम्हें

परिचित करायेंगे।" यह सुनकर सब ने आचार्यजी को प्रणाम किया और कर्त्तव्य पालन का संकल्प लिया---"आइए हम भी उनके साथ संकल्प लें--"

संकल्प गीत

हम जिएंगे मरेंगे वतन के लिए, इस धरा के लिए इस गगन के लिए।
इस की माटी को चन्दन सा महकाएंगे।
इसके कण कण को तारों सा चमकाएंगे।
अपने कदमों को आगे बढ़ाते हुए।
इस वतन पर सभी कुछ लुटा जाएंगे।
हम जलेंगे नई रोशनी के लिए।
यह अंधेरा मिटा के ही दम लेंगे हम।

हर घर में गीता का संदेश दे।
भेद सारा मिटा के ही दम लेंगे हम।
सारी दुनिया में चैन और अमन के लिए।
अब युग को बदल कर ही दम लेंगे हम।
हम जिएंगे मरेंगे वतन के लिए।
इस धरा के लिए, इस गगन के लिए।।
फिर मन्दिर की तरफ चल दिए जहां आरती हो रही थी।

प्रश्न

स्वधर्म।
(1) इस समय गीता के संदेश की क्यों आवश्यकता है?
(1) इस समय प्रत्येक व्यक्ति अर्जुन की तरह असमंजस में है इस लिए गीता के संदेश की आवश्यता है।

(2) गीता का संदेश केवल अर्जुन के लिए है या सब के लिए?

(2) गीता का संदेश विश्व के प्रत्येक व्यक्ति के लिये है।

(3) व्यासजी के अनुसार सबसे बड़ा पुण्य व सबसे बड़ा पाप क्या है?

(3) व्यासजी के अनुसार सबसे बड़ा पुण्य परोपकार व सबसे बड़ा पाप दूसरों को दुख देना है।

(4) गीता को महत्त्व देने वाले चार विद्वानों के नाम लिखो। (दो भारतीय दो विदेशी)

(4) गीता के विदेशी प्रशंसक चार्ल्स विल्किन्स व वारेन हेस्टिंग्ज हैं। भारतीय विद्वानों में महात्मा गांधी व लोकमान्य तिलक का नाम ले सकते हैं।

(5) अर्जुन ने लड़ने से क्यों मना किया?

(5) अर्जुन अपने बन्धु बान्धवों को देखकर अज्ञान वश अपना कर्त्तव्य भूल गया था। इसलिये उसने लड़ने से मनाकर दिया।

(6) कृष्ण को जगद्गुरु व गीता को माता क्यों कहा गया है?

(6) कृष्ण संसार के प्रत्येक मानव को गुरु की भांति व गीता माता की तरह दुखी मानव का मार्गदर्शन करते हैं। इस लिये कृष्ण को जगद्गुरु व गीता को माता कहते हैं।

(7) अपनी कमियों को कैसे दूर करें? कहानी याद करो।

(7) अपनी कमियों को दूर करने के लिए अपनी एक एक बुराई को छोड़ना चाहिए। (पुलिस के दरोगा की कहानी)

(8) आचार्यजी ने शिष्यों को क्या संदेश दिया?

(8) आचार्यजी ने शिष्यों को संदेश दिया कि प्रकृति से शिक्षा ग्रहण करो और स्वधर्म का पालन करो।

(9) अपनी पसन्द के गीता के दो श्लोक याद करो।

(9) गीता के दो श्लोक याद करो।

(10) शिष्यों ने क्या संकल्प लिया?

(10) शिष्यों ने कर्त्तव्य पालन का संकल्प लिया।

चतुर्थ दिवस

आत्मज्ञान
आत्मा की अमरता व शरीर की नश्वरता

आचार्यजी से बिदा लेकर सभी छात्र सोने चले गए परन्तु किसी की आँखों में नींद न थी। सभी के मन में एक उत्साह भरा हुआ था। प्रातःकाल मन्दिर का घण्टा बजते ही सब उठ गए और ब्रह्मसरोवर में स्नान करके एक गाइड को साथ लेकर वे मन्दिरों के दर्शन के लिए गए। भगवान के विराट रूप के दर्शन किए।

एक मन्दिर में एक अति सुन्दर रथ बना हुआ था जिसमें अर्जुन हाथ जोड़कर खड़ा हुआ था और भगवान कृष्ण घोड़ों की बागडोर हाथ में ले कर खड़े हुए थे। छात्रों ने भगवान की और देखा तो ऐसा लगा कि वे मुस्करा कर कुछ कह रहे हैं। उन्हें वह पाषाण प्रतिमा सजीव सी लग रही थी। कल एक छात्र ने आचार्य जी से कहा था कि आप हमें अर्जुन की भांति स्वधर्म की शिक्षा दीजिए, आज सब के मन में वही भाव आ रहा था। नाश्ता कर के सब सत्संग भवन में पहुँचे, देखा तो आचार्यजी पूजा कर चुके थे।

उन सब को आया देखकर आचार्यजी ने कहा- "अरे! तुम लोग इतनी जल्दी आ गए। आज तुम लोग घूमने नहीं गए? नाश्ता किया या नहीं?" यह सुनकर मनु ने कहा- "आचार्यजी! हम लोग स्नान भी कर आए हैं, मन्दिर भी गए थे और नाश्ता भी कर चुके हैं परन्तु सच तो यह है कि हमारा कहीं भी मन नहीं लग रहा है। बस यही इच्छा हो रही है कि आपके उपदेशामृत का पान करते

रहें। हमें तो ऐसा लग रहा है कि आपके रूप में भगवान कृष्ण ही हमें गीता सुना रहे हैं। कृपया आप हमें अर्जुन समझकर ही हमारा मार्ग दर्शन करें।" आचार्यजी ने हँसकर कहा- "प्यारे बच्चों! तुम मुझे कृष्ण समझो या न समझो पर मैं तो तुम्हें सियाराम मय सब जग जानी के अनुसार सब को उसी परब्रह्म का रूप समझ कर तुम सब का अभिनन्दन करता हूं। मुझे इस बात की खुशी है कि तुम लोगों को गीता में आनन्द आ रहा है। चलो, थोड़ी देर भजन कीर्तन करते हैं, फिर तुम्हें गीता के बारे में बतावेंगे।" पहले पुजारीजी ने भाव भरे स्वर में कीर्तन किया फिर छात्रों ने गुरु वन्दना की---

गीत

गुरु वन्दना

गुरुवर आज तुम्हारी वाणी बदलेगी संसार।
नमन है तुमको बारम्बार, नमन है तुमको बारम्बार।। 1

वचन तुम्हारे हर लेंगे अब सब जग का अंधियार।
नमन है तुमको बारम्बार नमन है तुमको बारम्बार।। 2

शापित मानवता में तुमने नूतन प्राण जगाए।
संस्कृति के मरुथल में तुमने अमृत कण बरसाए।।
निर्मम ह्रदयों में सरसायी, करुणा की रसधार।
नमन है तुम को बारम्बार।। 3
अत्याचार बहुत है, हाहाकार मचा है भारी।।

आज अनैतिकता से जग में फैली है लाचारी।
इस विपत्ति में दिया है तुमने गीता का उपहार।।
नमन है तुमको बारम्बार।। 4

इसके बाद आचार्यजी ने पहले सब को कमर सीधी कर के बैठने के लिये कहा फिर गायत्री मंत्र पढ़ कर सब को सम्बोधित करते हुए कहा- "प्यारे बच्चों! माँ भारती के होनहार सपूतो! आज हम सब पर ईश्वर की असीम कृपा हुई है कि हम लोग इस धर्मक्षेत्र कर्मक्षेत्र में भगवान कृष्ण के मुख से निकले गीत, अपने प्रिय भक्त को दिए गए गीता के उपदेशामृत का पान करने और कराने के लिए बैठे हैं। तुम सब इतनी दूर से आए हो मैं तुम सब का स्वागत करता हूँ।

मुझे इस बात की बेहद खुशी है कि तुम सब के मन में गीता के विषय में जानने की जिज्ञासा जाग उठी है। सच तो यह है कि गीता ज्ञान कर्म और भक्ति का अथाह सागर है। जैसे समुद्र में गोताखोर जितनी गहरी डुबकी लगाते हैं उतने ही अनमोल रत्न पा जाते हैं उसी प्रकार तुम भी इसका जितना गहन अध्ययन करोगे उतना ही अनमोल ज्ञान तुमको मिलेगा। इतने कम समय में तो हम तुम्हें केवल इसका परिचय उस प्रकार करा रहे हैं जैसे एक माता अपने बेटे को गोद में ले कर चाँद को दिखा कर कहे- देखो वह आकाश में चाँद चमक रहा है कितना प्यारा है ना? तुम भी मेरे चाँद हो, तुम भी इसी तरह सब पर शीतल चाँदनी बरसाना। तुम मेरा मतलब समझ रहे हो ना? मतलब यही है कि गीता के ज्ञान को अपने जीवन में अपना कर सब को आनन्द प्रदान करना। गीता पर कुछ कहने से पहले मैं चाहता हूँ कि यदि तुम्हें कुछ पूछना हो तो पूछ लो।"

गीता का मुख्य विषय

संकुचित स्वर में एक छात्र ने पूछा- "आचार्यजी! गीता का मुख्य विषय क्या है? आप हमें इस तरह समझायें कि हमारी समझ में आजाए।" आचार्यजी ने कहा- "देखो बेटे! गीता का विषय बहुत आसान भी है और बहुत गम्भीर भी है। सरल इतना कि बचपन से ही इसकी शुरुआत होजाती है एक बच्चा भी इसे आसानी से समझ सकता है। और मुश्किल इतना कि बड़े बड़े ज्ञानी ध्यानी भी जीवन भर चिन्तन मनन करते रहते हैं तो इस का रहस्य पूरी तरह नहीं समझ पाते। पर मैं तुम्हें सरल तरीके से ही समझाता हूँ गम्भीर चिन्तन तुम बाद में करते रहना।

विद्वानों के मतानुसार गीता में तीन सिद्धान्तों का प्रतिपादन किया गया है। (1) आत्मा की अमरता और अखंडता (2) देह की क्षुद्रता और (3) स्वधर्म की अबाध्यता अर्थात् स्वधर्म का पालन व शरणागति भगवान के प्रति समर्पण। भारतीय दर्शन के अनुसार इन्हें ज्ञानयोग, कर्मयोग व भक्ति योग कहा जाता है। गीता के अठारह अध्यायों को मनीषियों ने तीन भागों में बाँट दियाहै - (1) एक से छ: तक कर्मयोग (2) सात से बारह तक भक्तियोग (3) तेरह से अठारह तक ज्ञानयोग। परन्तु ध्यान पूर्वक देखें तो गीता में ज्ञान कर्म व भक्ति की त्रिवेणी शुरु से आखिर तक प्रवाहित है जिसमें स्नान करके विश्व के समस्त साधकों, मनीषियों व विद्वानों ने अपना जीवन धन्य माना है। कारण यह है कि ये सिद्धान्त आज भी प्रत्येक मानव के लिए उतने ही आवश्यक हैं जितने उस समय में थे। हमने तुम्हें स्वधर्म के विषय में बताया है कि यह शिक्षा बच्चों को बचपन से ही दी जानी चाहिए। पर स्वधर्म पालन के लिए आत्मतत्त्व को जानना जरूरी है।"

"यह आत्म तत्त्व क्या वस्तु है आचार्यजी! हमने तो कभी इसका नाम भी नहीं सुना। कृपया इस के विषय में हमें बताइए।" एक छात्र ने उत्सुकता पूर्वक पूछा। आचार्यजी ने कहा- "ध्यान से सुनो। मैं तुम्हें इस विषय में बताता हूँ। एक बात तो यह है कि यह शरीर नाश होने वाला है और दूसरा यह कि इसके अन्दर जो चेतन तत्त्व है वह आत्मा अखंड, व्यापक, अजर व अमर है। वेद व उपनिषदों मे इसे ही ब्रह्मज्ञान कहा गया है। भारतीय मनीषियों ने गहन साधना के बाद यह खोज की थी कि यह शरीर नश्वर है और इसके अन्दर जो चेतन अंश है वह अविनाशी और अमर है। भारतीय संस्कृति की यही विशेषता है कि वह आत्मा की अमरता का पान कराती है।"

"लेकिन हम इसे कैसे समझ सकते हैं आचार्यजी! कृपया हमें आसान तरीके से समझाएँ।" एक छात्र ने विनम्रता के साथ कहा। आचार्यजी ने कहा- "देखो! विषय थोड़ा गम्भीर है ध्यान से सुनो। हमारा यह शरीर है इसे देख रहे हो ना? मानव, दानव, राक्षस, पशु, पक्षी, चींटी से हाथी तक, सब के बाहरी शरीर को हम देखते हैं। देखते हो या नहीं?" एक साथ सब ने कहा- "जी हाँ।"

आचार्यजी ने पूछा- "तो अब मेरे एक सवाल का जबाब दो। शरीर तो जैसा का तैसा सामने है हाथ, पैर, आँख, नाक, कान मुँह, सब कुछ है पर आवाज देते हैं, अरे दादाजी, उठिए, भोजन कीजिए, कुछ तो बोलिए पर सब कुछ शान्त। कोई जबाब नहीं। उस समय इस शरीर से अत्यन्त प्रेम करने वाले भी कहते हैं जल्दी उठाओ इसे, मिट्टी है नहीं तो भूत प्रेत बन कर आ जाएगा। और फिर कुछ लोग इसे मिट्टी में दबा देते हैं कुछ पानी में बहा देते हैं कुछ अग्नि को समर्पित कर देते हैं यह स्थिति केवल आदमी की ही नहीं पशु, पक्षी सभी जीवधारियों की है। तो अब यह बताओ कि इस शरीर में क्या था जो निकल

कर चला गया, कहाँ गया कुछ कहकर भी नहीं गया। कब लौटेगा, क्या तुम में से कोई बता सकता है?"

सब मौन होकर सुन रहे थे। कुछ छात्रों की आँखों में तो आँसू आगये थे। रमन ने आँसू पोंछते हुए कहा- "आचार्यजी! मेरे दादा जी मुझे बहुत प्यार करते थे। मैं उनके पास सोता था। एक दिन वे सोते ही रह गए। मैंने उन्हें बहुत आवाज दी। परन्तु वे कुछ भी नहीं बोले। सब ने कहा वे मर गए हैं। मैं रोता ही रह गया।" मनु ने कहा- "मेरी तो माँ ही मुझे छोड़कर चली गई। यह मृत्यु क्या है? कृपया हमें बताएँ।"

मृत्यु क्या है? वरदान, वस्त्र परिवर्तन

आचार्य जी ने कहा- "तुम्हारे इसी सवाल का जबाब गीता में भगवान श्रीकृष्ण जी ने दिया है। यह शरीर प्रकृति के पांच तत्त्वों से मिलकर बना है,

छिति, जल, पावक, गगन समीरा, पंच रचित यह अधम सरीरा।

यह शरीर नष्ट होने वाला है और इस के अन्दर जो ईश्वर का अंश है वह चेतन अमर, अजर व अविनाशी है।
ईश्वर अंश जीव अविनाशी। चेतन अमल सहज सुखरासी।
उसे न जल सुखा सकता है, न आग जला सकती है, न ही पानी में डुबाया जा सकता है।"

नैनं छिन्दन्ति शस्त्राणि नैनं दहति पावकः।
न चैनं क्लेदयन्त्यापो न शोषयति मारुतः।।

अच्छेद्योऽयमदाह्योऽयमक्लेद्योऽशोष्य एव च।
नित्यः सर्वगतः स्थाणुरचलोऽयं सनातनः।।

(2। 23-24)

वह दिखाई नहीं देता पर वही हँसता बोलता चलता खाता पीता है। ईसा ने भी कहा है- "तुम जो बोलते हो वह तुम नहीं बोलते गाड बोलता है। न आत्मा जन्म लेता है न मरता है। परन्तु यह शरीर परिवर्तनशील है। एक बच्चे को दस बारह वर्ष के बाद यदि माँ भी देखे तो वह भी उसे पहचान न सकेगी। बचपन, जवानी और बुढ़ापे में इसका रूप रंग सब बदल जाता है। और अन्त में पुराने कपड़े की तरह जर्जर हो जाता है तो इस के अन्दर रहने वाला आत्मा उस शरीर को त्याग कर नवीन शरीर को प्राप्त करता है ।

वासांसि जीर्णानि यथा विहाय नवानि गृह्णाति नरोऽपराणि।
तथा शरीराणि विहाय जीर्णान्यन्यानि संयाति नवानि देही।।

(गीता 2। 22)

अतः इस के लिए शोक नहीं करना चाहिए। तुम समझ रहे हो ना।

गीत

सजधज कर जिस दिन मौत की शहजादी आएगी।
न सोना काम आएगा ना चाँदी आएगी।।
छोटा सा तू कितने बड़े अरमान हैं तेरे ,
माटी का तू सोने के सब सामान हैं तेरे,
माटी की काया माटी में जिस दिन समायेगी ,
ना सोना काम आयेगा ना चांदी आयेगी।।
पर खोल कर पंछी तू पिंजरा तोड़ कर उड़ जा ,
माया महल के सारे बन्धन तोड़ कर उड़ जा,

अन्तिम समय में भक्ति तेरे काम आयेगी।
ना सोना काम आयेगा ना चांदी आयेगी।।
किसी कवि ने भी कहा है—
जा दिन मन पंछी उड़ि जैहै।
ता दिन तेरे तन तरुवर के, सबै पात झरि जै है।।

कुछ देर चुप रह कर एक छात्र ने कहा- "आचार्यजी! आत्मा तो नया शरीर धारण कर लेता है पर हम उसके लिए शोक न करें ऐसा कैसे हो सकता है?" आचार्यजी ने कहा- "देखो बेटे! गीता का उपदेश, तथा भारतीय दर्शन का संदेश यही है कि जाने वाले के लिए शोक करना उचित नहीं है। क्योंकि हमारे शास्त्रों में जलचर, (जलमें रहने वाले,) थलचर (धरती पर रहने वाले) और नभचर (आकाश में उड़ने वाले) जीवों की चौरासी लाख योनियाँ बताईं हैं। मनुष्य अपने कर्मों के अनुसार योनि धारण करता है और अपने पिछले जन्म को भूल जाता है।

मरने वाले ने भी यदि अच्छे कर्म किए हैं तो वे नाम अमर कर जाते हैं नहीं तो पशुवत् जीवन बिताकर बार बार जन्म लेते और मरते हैं। धीरे धीरे घर के लोग भी उन्हें भूल जाते हैं। और यह अच्छा भी है। क्योंकि इसी जन्म की समस्याएँ बहुत हैं। तुम ही बताओ अगर अगले पिछले जन्म की बातें भी याद आने लगें तो आदमी पागल नहीं हो जाएगा?

सच पूछो तो मृत्यु एक वरदान है, गहरी नींद है उसकी गोद ममतामयी माता के समान सुखदायी है। यह रोगी, दीन, दुखी, दरिद्र सभी को अपनी गोद में सुला लेती है कि आदमी अपने सब दुख भूल जाता है। जरा सोचो, एक आदमी

को आँख से दिखाई नहीं देता, कान से सुनाई नहीं देता चल फिर नहीं सकता, चारपाई पर पड़ा है। उसका जीवन अपने लिए और दूसरों के लिए भी बोझ बना हुआ है। उसके लिए मृत्यु वरदान है या नहीं? या फिर जो अत्याचारी हैं जो दूसरों को भी कष्ट ही दे रहे हैं उनका मरना अच्छा है या जीना? इसीलिए भगवान कहते हैं इन की मृत्यु के लिए शोक मत कर।" "लेकिन आचार्यजी! यह आत्मा मरकर जाता कहाँ है। क्या हम इसे पहचान सकते हैं?" नीरज ने पूछा।

आचार्यजी ने कहा- "भारत देश में ऐसे महान तपस्वी हैं जो अपनी दिव्य दृष्टि से इसका पता लगा लेते हैं। कुछ लोगों को अपने पहले जन्म की बातें याद भी रहती हैं। पर इन दोनों बातों से कुछ लाभ नहीं है। पुराणों में इस तरह की बहुत सी कथाएँ हैं।"

पुनर्जन्म, सब कर्जदार हैं

एक राजा के सन्तान तो होती थी पर साल दो साल बाद उनकी मृत्यु हो जाती थी। अबकी बार पुत्र ने जन्म लिया तो उसने ज्योतिषी को बुला कर उस के विषय में पूछा। ज्योतिषी ने कहा यह लड़का तुम्हारा कर्ज चुकाने आया है, इसलिए तुम इसे कुछ काम मत करने देना। जब तक यह कर्ज नहीं चुकावेगा तुम्हारे पास रहेगा। राजा बहुत खुश हुए। सोलह वर्ष तक उस से कुछ भी काम न लिया। एक दिन वह घूमने जा रहा था तो उसने देखा कि एक लड़का पेड़ के नीचे बेहोश पड़ा है। उसने अपना रथ रोककर उस के मुँह पर पानी के छींटे मारे उसकी जेब से उसका पता पाने पर उसे उस के घर पहुँचा दिया। वह एक सेठ का बेटा था। उसके मना करने पर भी सेठ ने खुश होकर उसे अपने गले से

उतारकर मोतियों का हार दे दिया।

उसे लेकर वह घर आया और उसने वह हार माता को दे दिया और खाना खाकर सोगया। सोया तो सोता ही रह गया। राजा को बहुत दुख हुआ। उसने ज्योतिषी को बुलाकर उससे कहा कि आपकी बात तो झूठ हो गई। रानी ने वह हार दिखाया तो पंडितजी ने कहा- मेरी बात झूठ नहीं हुई बल्कि इसने सेठ से कर्ज वापिस ले लिया और आपका कर्ज चुका कर वह चला गया। राजा बहुत दुखी हुआ। उसने कहा- एक बार मेरे बेटे से मेरी बात करा दो। ज्योतिषी उस विद्या को जानते थे। उन्होंने उसकी आत्मा को बुलाया तो उसने कहा- मेरे बहुत से जन्म हो चुके हैं। कभी ये मेरे पिता बने कभी मैं इनका पिता बना पर अब सब का कर्ज चुकाकर मैं बन्धन मुक्त हो गया हूँ अब मेरा किसी से कोई रिश्ता नहीं है। अब मुझे बुलाकर परेशान न करो। यह कह कर वह चला गया।

राजा को वैराग्य हो गया वह भी आत्मा की खोज में जंगल में चला गया। कहने का मतलब यह है कि संसार के सब रिश्ते नाते झूठे हैं। इन सब को छोड़ कर उस अजर अमर अविनाशी आत्मा को पहचानो जो तुम्हारे अन्दर छिपा बैठा है। गीता में भगवान कृष्ण ने इसी आत्मा की अमरता और शरीर की नश्वरता का बोध कराया है।

गीत
गीता का सन्देश

है धन्य धन्य गीता माता अमृत का पान कराती है।
भूले और भटके मानव को जीने की राह दिखाती है।। 1

भयभीत न हो तुम मृत्यु से यह तो है एक विश्रामस्थल।
मानव कुछ क्षण रुककर चलता लेकर जीवन का नव सम्बल।। 2

है मृत्यु एक सरिता जिसमें श्रम कातर जीव नहाता है।
वह छोड़ पुराने कपड़ों को नूतन वस्त्रों को पाता है।। 3

यह चिर निद्रा की देवी है जिस की गोदी है अति शीतल।
सुनकर इसकी मीठी लोरी मिट जाती जीवन की हलचल।। 4

हर दिन को नया जीवन समझो, हर रात मृत्यु है मतवाली।
यह अन्त नही है जीवन का यह नव जीवन देने वाली।। 5

इसलिए करो स्वागत इसका यह तो सुखदाई माता है।
इस की गोदीमें दीन दुखी भी अमिट शान्ति पा जाता है।। 6

जो डरता रहता है इससे वह नर कायर कहलाता है।
जो निर्भय हो स्वागत करता वह मनुज अमर हो जाता है।। 7

मृत्यु से तुम डरो नहीं यह तो है वरदान।
जग में पीड़ित व्यक्ति को देती है विश्राम।। 8

"आचार्यजी! हम लोग इस आत्मा की खोज कैसे करें? आजकल यह विद्या कहाँ सिखाई जाती है? कृपया हमारा मार्ग दर्शन करें।" एक छात्र ने विनीत स्वर में कहा। आचार्यजी ने दुखित स्वर में कहा- "तुम सच कहते हो बेटे! यह विद्या

अब कहीं नहीं सिखाई जाती।

एक बार एक सन्त एक बहुत बड़े सेठ के घर ठहरे, तो उसने अपने बहुत बड़े मिल, कारखाने दिखाए पर उन्होंने पूछा- सेठजी! धन कमाने वाले कारखाने तो आपने मुझे दिखा दिए परन्तु क्या आपके पास कोई ऐसा कारखाना भी है जहाँ मानवता का निर्माण हो सके। सेठ यह सुनकर चुप रह गए। सचमुच यह बड़े दुःख की बात है कि जिस भारत भूमि में ब्रह्मविद्या का जन्म हुआ था उसी भूमि में इस समय अविद्या तथा भौतिक आकर्षण की जड़ें इतनी गहरी हो गई हैं कि उनसे छुटकारा पाना मुश्किल हो रहा है। और मरने का डर तो इतना समा गया है कि शायद ही कहीं दूसरी जगह हो।

इस समय हम शरीर को ही सब कुछ मान बैठे हैं। असल में स्वधर्म पालन की भांति आत्मा की अमरता व शरीर की नश्वरता की शिक्षा भी बचपन से ही दी जानी चाहिए। परन्तु होता क्या है, एक सुन्दर बालक को देखते हैं तो कहते हैं ओह! कितना सुन्दर है, कैसी बड़ी बड़ी आँखें है, गुलाब के फूल जैसा है कितने अच्छे कपड़े पहने हैं। किसी कमजोर काले कुरूप बच्चे को देखते हैं तो कहते हैं हाय! कितना गंदा है उससे दूर रहो। अत: बचपन से ही बच्चे के मन में शरीर को सजाने संवारने की इच्छा होने लगती है।

इसी तरह यदि बच्चा गिर जाता है तो बच्चे को चाहे पता भी न चले पर बच्चे के माता पिता कहेंगे- अरे! गिर गया। हाय राम, चोट तो नहीं लगी। अरे रे, खून निकल आया। ऐसा कहकर बच्चा न रोता हो तो उसे रुला देगे। इस तरह बचपन से ही बच्चे के मन में यह बात आ जाती है कि यह शरीर ही सब कुछ है, मुझे इस का ही ध्यान रखना चाहिए। पहले समय में माताएँ बच्चों को

लोरी सुनातीं थी "**ॐ शुद्धोऽसि बुद्धोऽसि निरजंनोऽसि, परिवर्जितोऽसि**" तुम शुद्ध हो, बुद्ध हो निरजंन हो सांसारिक माया से मुक्त हो, तुम अजर अमर परमात्मा का अंश हो।

वे देशभक्ति ईश्वरभक्ति की कहानियाँ सुनाती थीं। इस समय तो माँ कहती है जल्दी से सोजा नहीं तो बाबाजी पकड़ कर ले जावेगा या बन्दर आजावेगा। बस बच्चा डर कर सो जाता है। इस समय माता पिता तथा गुरु सब भौतिक सुख सुविधाओं का ध्यान रखने की शिक्षा देते हैं। कोई भी यह नहीं बताता कि यह शरीर भगवान का मन्दिर है इसका ध्यान भी रखो पर इसके अन्दर जो परमात्मा है उसको भी भोजन की आवश्यकता है। उसका भी ध्यान रखो।"

आत्मा का भोजन
परोपकार, सब प्राणियों में ब्रह्म को देखो

"आचार्यजी, जब आत्मा दिखाई ही नहीं देता हम उसे भोजन कैसे करा सकते है?" एक छात्र ने पूछा। आचार्यजी ने हँसते हुए कहा- "यही प्रश्न एक बार बादशाह अकबर ने बीरबल से पूछा था- ईश्वर कहाँ रहता है? हम आत्मा के दर्शन कैसे कर सकते हैं?" बीरबल एक बालक को बुला कर लाया। उस बालक को पीने के लिए दूध दिया गया। तो उस बालक ने कटोरे को ले कर उसके अन्दर झाँका, फिर अँगुली डालकर कोई उस में कोई वस्तु ढूँढने लगा। बादशाह ने पूछा- यह क्या करते हो? बालक ने कहा। मैंने सुना है दूध में मक्खन होता है परन्तु इस दूध में मक्खन दिखाई नहीं देता। बादशाह ने कहा- तुम अभी बच्चे हो। तुम नहीं जानते कि मक्खन के लिए पहले दूध में दही डालकर उसे जमाना पड़ता है। फिर मथनी से बिलोना पड़ता है। तब मक्खन

ऊपर आता है।

बालक ने कहा- "जहाँपनाह! आप के प्रश्न का उत्तर यही है कि वह ईश्वर सब जगह है पर उसे भगवान के नाम का दही डालकर जमाना पड़ता है और ध्यान समाधि की मथनी से बिलोना पड़ता है। जब मन की आँखें खुलती है तो फिर हर वस्तु में वही दिखाई देता है। यह आत्मा हर जीव के अन्दर विद्यमान है। गीता में श्री कृष्ण कहते हैं।"

विद्याविनयसम्पन्ने ब्राह्मणे गवि हस्तिनि।
शुनि चैव श्वपाके च पण्डिताः समदर्शिनः।।

आत्मज्ञानी ब्राह्मण गौ, गज कुत्ते, तथा चाण्डाल को भी एक समान ही समझते हैं। (5,18) तुमने आत्मा के भोजन की बात की है तो जैसे स्वयं भोजन कर के शरीर को आनन्द मिलता है वैसे ही दूसरों को खिलाकर आत्मा को आनन्द मिलता है। इस तरह की बहुत सी कथाएँ हमारे पुराणों में हैं। तुमने युधिष्ठिर, एकनाथ व नामदेव की कहानी तो सुनी होगी।

एक छात्र ने उत्सुकता पूर्वक कहा- "नहीं आचार्यजी! हमने इस तरह की कोई कहानी नहीं सुनी। कृपया आप सुनाएँ।" आचार्यजी ने कहा- "जब युधिष्ठिर स्वर्ग के लिए चले तो एक कुत्ता भी उनके साथ था। द्रोपदी तथा चारों भाई तो रास्ते में ही बर्फ पर गिर गए पर वह कुत्ता अन्त तक उनके साथ रहा। जब उनके लिए विमान आया तो यमदूत ने कहा- विमान आपके लिए है, कुत्ते के लिए नहीं। आप इसे साथ नहीं ले जा सकते।"

युधिष्ठिर ने कहा- "मैं इसे छोड़कर नहीं जा सकता। आप अपना विमान वापिस ले जाओ। देखा तो कुत्ते की जगह धर्मराज खड़े हुए थे। उन्होंने कहा- धन्य हो युधिष्ठिर! तुम परीक्षा में सफल हुए। एकनाथ के बारे में कथा है कि एक बार चार सन्त गंगोत्री से गंगाजल लेकर रामेश्वरम् के शिव मन्दिर पर जल चढ़ाने के लिए चले। रास्ते में देखा कि एक गधा प्यास से व्याकुल हो रहा है।"

सब ने उसे देखा पर सब ने सोचा कि यदि पानी इसे पिला देंगे तो शिव पर क्या चढ़ायेगे? पर सन्त एकनाथ से न रहा गया। उन्होंने अपना सारा गंगाजल उस प्यासे गधे को पिला दिया। सब ने उन्हें पागल कहा पर आश्चर्यसे देखा कि वह गधा शिव भगवान के रूप में बदल कर एकनाथ को आशीर्वाद दे रहा है और कह रहा है कि तुम्हारी यात्रा सफल हो गई।

इसी प्रकार भक्त नामदेव की कथा है- एक बार एक कुत्ता उनकी रोटी लेकर भागा तो वे यह कहते हुए उसके पीछे पीछे घी का डिब्बा ले कर भागे प्रभु! रूखी रोटी मत खाओ यह घी तो लेते जाओ। आत्मज्ञानी को ही सन्त महात्मा कहते हैं। सन्त तुलसीदास ने भी लिखा है।

तुलसी जग में आनकर सबसे मिलिए धाय।
ना जाने किस वेश में नारायण मिल जाय।।

जब व्यक्ति सब में भगवान को देखता है तो अपने सुखों की चिन्ता न कर के दूसरों को सुखी बनाना चाहता है। दूसरों के दुःख दूर करने से ही आत्मा को भोजन मिलता है। "लेकिन ये कितना मुश्किल काम है। हमारे पास अधिक हो तो दूसरो को देना आसान है पर खुद भूखे रह कर दूसरों को खिला दें, इस के लिए तो बहुत सोचना पड़ेगा।" एक छात्र ने कहा।

आचार्यजी ने कहा- "सच कहते हो किन्तु यदि बचपन से ही मिल बाँट कर खाने की शिक्षा दी जाए तो इतना मुश्किल भी नहीं है। एक बात बताओ, यदि तुम्हारा छोटा भाई भूखा हो और किसी कारण खाना कम हो तो तुम खुद खाओगे या पहले उसे खिलाओगे? उस छात्र ने कहा- "अपने भाई को खिलाए बिना मैं कैसे खा सकता हूँ, ये तो बहुत मुश्किल होगा।" आचार्यजी ने हँसते हुए कहा- "बस देखो! यहीं से शुरुआत हो गई ना। अगर तुम यह सोच लो कि संसार में सभी तुम्हारे भाई बन्धु हैं तो तुम किसी को भी दुखी नही देख सकोगे। सब का दुःख दूर करने की कोशिश करोगे। किन्तु इसके लिए कुछ त्याग तो करना पड़ता है ना। और यह तभी हो सकता है जब यह समझ लो कि यह शरीर तो एक दिन मरने वाला है तो इस की चिन्ता क्यों करें?"

"तो क्या शरीर के सुख दुख भूख प्यास की कोई परवाह नहीं करनी चाहिए।" एक छात्र ने पूछा।

शरीर भगवान का मन्दिर, आत्मा ईश्वर का अंश

आचार्यजी ने मुस्कराते हुए कहा- "यह शरीर भगवान का मन्दिर है। इसका ध्यान रखो पर इसको सजाने खिलाने पिलाने में उस आत्मा की उपेक्षा मत करो। देव व दानव एक ही पिता के दो पुत्र हैं पर दोनों में यही अन्तर है कि एक शरीर की पूजा करता है दूसरा आत्मा की। छान्दोग्योपनिषद में एक कथा है उसे सुनो- देव व दानव एक पिता की दो सन्तान। पर दोनों में हमेशा झगड़ा होता रहता। दोनों के मन में यह कि सारे संसार का मै ही मालिक बन जाऊँ। धरती भी मेरी, स्वर्ग भी मेरा, बस मैं ही मैं।"

एक बार प्रजापति ने उपदेश दिया कि यह आत्मा अजर अमर है, इसे न सुख है न दु:ख, न भूख न प्यास। अत: जो इसे पा लेगा वही स्वर्ग का स्वामी बनेगा। यह सुन कर दोनों खुश हो गए। ये तो स्वर्ग के स्वामी बनने का बड़ा आसान तरीका मिल गया। बस आत्मा को पकड़ लो और अपना बेड़ा पार। बस फिर तो आनन्द ही आनन्द। दानवों ने भी सोचा - वाह! वाह! बस आत्मा मिल जाए तो फिर तो देवताओं को इतना पीटेंगे कि उन्हें छठी का दूध याद आजाए। बस मन में खुश होते हुए दोनों चले प्रजापति के पास।

देवताओं ने इन्द्र को भेजा और दानवों ने विरोचन को। दोनों प्रजापति के पास पहुँचे और प्रणाम करके बोले- हम यह पूछने आए हैं कि यह आत्मा क्या है? प्रजापति ने कहा- "पहले बत्तीस वर्ष मेरे आश्रम में रहकर मेरी सेवा करो। क्या करते?" बत्तीस साल बाद दोनों ने फिर पूछा। उन्होंने कहा- "शीशा लाओ या कटोरे में पानी भरकर लाओ उसमें देखो क्या देखते हो?"

दोनों ने देखा तो अपनी ही छाया दिखाई दी। विरोचन ने समझा कि यह शरीर ही आत्मा है। वह दानवों के पास जाकर बोला- प्रजापति ने मुझे बता दिया सौ बातों की एक बात, यह जो देह है ना, यही आत्मा है। बस इसी की पूजा करो इसी की सेवा करो। खाओ पियो, मौज करो। मन को दबाने की जरूरत नहीं न दान करने की जरूरत न किसी पर दया करने की। बस इसीसे हम स्वर्ग व पृथ्वी दोनों के मालिक हो जायेंगे।

परन्तु इन्द्र ने सोचा कि यह शरीर तो मरणशील है यह बूढ़ा भी होता है, इसे भूख प्यास भी लगती है। तो यह आत्मा नहीं हो सकता। उसने वापिस लौट कर

प्रजापति के पास जाकर अपनी शंका कह सुनाई। तब प्रजापति ने कहा- "विरोचन असुर बुद्धि है। वह चला गया पर तुम आत्मा के स्वरूप को समझो- यह देह आत्मा नहीं। यह देह तू नहीं। तू तो उत्तम पुरुष, पुरुषोत्तम है।

कहाँ यह प्रतिक्षण बदलने वाला, मरणशील शरीर, और कहाँ तू अजर, अमर अविनाशी परमात्मा का अंश? यह छोटे से शरीर में सीमित, तू त्रिभुवन बिहारी? यह रोग शोक से पीड़ित तू नित्य आनन्दमय? यह देह तो आत्मा का सेवक है तू इसका स्वामी है। इसलिए तू इस नश्वर शरीर की चिन्ता छोड़ कर अपनी शक्ति को जग कल्याण मे लगा। इन्द्र के आनन्द का पारावार न रहा।

वह आनन्दमय, ज्ञानमय, ब्रह्ममय बन गया था। प्रजापति से आज्ञा लेकर वह देवलोक वापस आया। और देवताओं को आज्ञा दी कि अपने सुखकी परवाह न करके स्वधर्म का पालन करते हुए समस्त जग का कल्याण करो। तब से सूर्य चन्द्रमा, धरती, आकाश, जल वायु, अग्नि सब अपने धर्म का पालन करते हुए संसार की सेवा में लगे हैं। सारा जग उनकी पूजा करता है और विरोचन बुद्धि वाले शरीर की पूजा करने वालों को राक्षस कहकर उनसे नफरत करता है। इसलिए तुम उन सब से शिक्षा लो।"

प्रकृति से शिक्षा, आत्मा की आवाज सुनो

सृष्टि के शुरु से लेकर अब तक सूर्य चन्द्र, धरती, जल, वायु, अग्नि सब अपने कर्त्तव्य का पालन कर रहे है। भगवान ने यह मानव शरीर इसीलिए दिया है कि इस में रहकर वह सबके लिए जिए केवल अपने लिए नहीं। यह शरीर राजा दशरथ की अयोध्या नगरी है, यह एक घर है जिसमे आत्मा कुछ दिन

निवास करता है। यदि इसमें रहनेवाला आत्मा को प्रसन्न करता है तो उसे आनन्द मिलता है नहीं तो दण्ड भोगना पड़ता है।

एक छात्र ने जिज्ञासा प्रकट करते हुए कहा- "आचार्यजी! एक बात बताएँ कि जब कोई गलत काम करता है तो यह आत्मा उसे रोकता क्यों नहीं?" आचार्यजी ने कहा- "वह रोकता है, मैं ने तुम्हें पहले भी बताया था कि गलत काम करते हुए जो डर लगता है वह आत्मा की आवाज है कि यह काम मत करो। परन्तु यदि कोई उसको नहीं सुनता तो आवाज आनी बन्द हो जाती है और उसे परमात्मा दंड देता है।" एक कहानी सुनाकर तुम्हें समझाता हूँ---

एक सज्जन थे, नाम था जीवनराम। वे सेठ ज्योतिस्वरूप के पड़ोस में रहते थे। उन्हें पता चला कि सेठजी के पास बहुत से मकान खाली हैं। उनके पास जाकर वे बोले- सेठजी! आपके पास इतने मकान हैं एक मकान मुझे दे दीजिए। मैं वहाँ सत्संग करूँगा और गरीब बच्चों के लिए स्कूल खोल दूंगा। जो किराया आप कहेंगे मै दे दूंगा। सेठ जी ने कहा- तुम तो बहुत अच्छे आदमी हो। मैं तुम से किराया नहीं लूंगा। तुम वहाँ रहकर अच्छे काम करो।

अब जीवनरामजी पहँचे उस मकान में। कुछ दिन तो ठीक रहा। कुछ दिन बाद जुआरी मित्र आ गए। बोले- अरे! क्या हर समय काम में लगे रहते हो। आओ थोड़ी देर ताश खेलते है। ताश के बाद जुआ शुरु हुआ। फिर शराब, फिर डाकुओं का अड्डा बन गया।

किसी ने सेठजी से शिकायत की- सेठजी! आपका मकान तो शराबियों और डाकुओं का अड्डा बन गया है। सेठजी ने मुनीम को भेजा। जीवनराम ने

उसकी मुट्ठी गर्म कर दी। उसने आकर कहा- वहाँ सब ठीक है किसी ने झूठी शिकायत कर दी।

थोड़े दिन बाद फिर शिकायत पहुँची तो सेठजी ने अपने बेटे को भेजा और उसने आकर सही रिपोर्ट दे दी। सेठजी ने मकान खाली करने का नोटिस दे दिया। जीवनराम बहुत रोया चिल्लाया पर अन्त में मकान खाली करना पड़ा। अब इसे ऐसे समझो, ये जीवनराम है जीवात्मा, ज्योति स्वरूप हैं ईश्वर, मकान है शरीर।

ये मकान मिला था शुभ कर्म करने के लिए इसे बना दिया पाप का अड्डा। पहले मुनीम आया-बीमारी या दुर्घटना। सेठ का बेटा है भयानक रोग। नोटिस मृत्यु का बुलावा। और मकान खाली करना मरण। और अन्त में वही राम नाम सत्य है। तो बस समझ लो---

जिन्दगी एक किराए का घर है इसे एक दिन बदलना पड़ेगा।

सब को बड़ा आनन्द आ रहा था। एक छात्र ने कहा- “आचार्यजी! आपकी बातें सुनकर हमें बड़ा आनन्द आरहा है। इतनी अच्छी बातें तो अब तक हमें किसी ने भी नहीं बताईं। अब तो आप को छोड़कर हमारा कनाडा जाने का भी मन नहीं हो रहा है। आप तो हमें आत्मा का ज्ञान करा दीजिए। अब तो हम इसे साथ लेकर ही जाना चाहते हैं। यह आत्मा क्या है? कैसा है? हम इसे कैसे पा सकते हैं?”

नचिकेता व मैत्रेयी का आत्मज्ञान

यह सुनकर खिलखिलाकर हँस पड़े आचार्यजी। कहने लगे- "लगता है आज तुम लोगों के अन्दर ऋषियों की आत्मा प्रवेश कर गई है। यही प्रश्न पूछा था ऋषिपुत्र नचिकेता ने यमराज से, तुमने उनके बारे में सुना है?" "हम उन सब के बारे में कुछ भी नहीं जानते कृपया आप हमें बताएँ।" सब ने एक साथ कहा।

आचार्यजी ने हँसते हुए कहा- "ये सब उपनिषदोंकी कथाएँ हैं जिनका सार गीता में दिया गया है। नचिकेता की कथा कठोपनिषद में है। मैं तुम्हें नाम बता रहा हूँ जिससे तुम बाद में इन्हें पढ़ सको।" वह एक ऋषि का पुत्र था। पिता ने बहुत बड़ा यज्ञ किया किन्तु दान में दी रोगी, बूढ़ी, मरियल गौएँ आज मरीं कि कल मरीं नचिकेता था तो बालक पर उसे पिता की यह बात अच्छी न लगी।

उसे मालूम था कि दान में प्रिय वस्तु ही दी जानी चाहिए। उसने पिता से जाकर कहा- "पिताजी! आपने सब कुछ दान में दे दिया पर एक चीज रह गई।" पिता ने पूछा- "क्या?" उसने कहा-"मैं। मुझे आप किस को देंगे?" पिता ने क्रोध से उसकी ओर देखा। उसके दो तीन बार पूछने पर पिता ने क्रोध में कहा- "यमराज को।" और बालक चल दिया यमलोक को। आश्रम में हाहाकार मच गया। पिता भी व्याकुल हो गए। पर बालक यमलोक में जाकर बैठ गया।

यमराज ने तीन दिन बाद उसे देखा। और उससे तीन वर मांगने के लिए कहा। उसने पहला वर मांगा कि मेरे पिता का क्रोध शान्त हो जाए। यम ने प्रसन्न होकर यह वर दे दिया। उसने दूसरा वर मांगा कि-

स्वर्ग मिले किस रीति से दे दो जी यह ज्ञान।
मानव के सुख काज हित मांगू यह वरदान।

यम ने प्रसन्न होकर यह वर भी दे दिया। फिर तीसरा वर मांगने के लिए कहा। और उसने क्या मांगा? वही जो तुम कह रहे हो। यह आत्मा क्या है कैसा है? यह कहाँ से आता है?

आत्मा क्या और क्यों है यह दो आत्मज्ञान।
मानव के सुख के लिए मांगू यह वरदान।।

सुनकर यम हैरान हो गए। उन्होंने कहा- "नचिकेता! तू अभी छोटा है। कुछ और मांग। हाथी मांग, घोड़ा मांग, गौधन मांग, सोना मांग! हीरे मोती मांग! पृथ्वी पर स्वर्ग का राज्य मांग! अमरत्व मांग! मैं तुझे पृथ्वी का राज्य दे दूँ। चक्रवर्ती राजा बनादूँ! बोल बोल तुझे क्या दूँ!" नचिकेता ने दृढ़ स्वर में कहा- "आपकी बात से तो मुझे और भी विश्वास हो गया कि यह आत्मज्ञान सोने, चांदी, हीरे मोती तथा स्वर्ग के राज्य से भी अधिक कीमती है। मुझे यही मूल्यवान वस्तु चाहिए।"

यम ने कहा- "नचिकेता! तू धन्य है। तू योग्य शिष्य है। मैं तुझे बताता हूँ। वेद जिस परमपद का वर्णन करते हैं वह ओम् है। वह अमर, अजर, अविनाशी, अनादि और अनन्त है। ऋषि तप के द्वारा अपने दोषों को जलाकर उसका दर्शन करते हैं। यह शरीर रथ है आत्मा इसका सवार है, बुद्धि सारथि है, इन्द्रियाँ इसके घोड़े हैं, मन उनकी लगाम है। इसलिए हे नचिकेता! **"उत्तिष्ठत, जाग्रत, प्राप्य वरान्निबोधत।"** उठो, जागो, श्रेष्ठ पुरुषों को शोधकर उनके पास से ज्ञान प्राप्त करो। अत: इस ज्ञान को पाने के लिए सद्गुरु की शरण में जाकर साधना करनी

पड़ती है तब यह ज्ञान मिलता है।"

इसी प्रकार मैत्रेयी ने याज्ञवल्क्य से अखंड आनन्द देने वाले आत्म ज्ञान को मांगा था। "ये याज्ञवल्क्य व मैत्रेयी कौन थे?" एक छात्र ने पूछा। "ये भी एक ऋषि थे। इनकी दो पत्नियाँ थीं। जब ये सन्यास लेने लगे तो इन्होने अपनी सम्पत्ति दोनों मे बाँट दी। एक तो चुप रही पर दूसरी मैत्रेयी ने पूछा- इस धन को छोड़ कर आप जिस धन की खोज मे जा रहे हैं वह क्या है?" उन्होंने कहा-

आत्मा वा अरे द्दष्टव्य: श्रोतव्यो मन्तव्यो निदिध्यासितव्य:।
आत्मनो वा दर्शनेन श्रवणेन मत्या विज्ञानेनैदं सर्वं विदितम्।।

आत्मा देखने, जानने, चिंतन करने, ध्यान करने योग्य है। आत्मा के देखने, जानने, चिंतन करने, ध्यान करने से सर्व ज्ञान विज्ञान प्राप्त हो जाता है। यह वह अनमोल धन है आत्म ज्ञान। जिसे पाकर व्यक्ति संसार से मुक्त हो जाता है।

मैत्रेयी ने कहा- **"येनाहं नामृता स्यां किमहं तेन कुर्याम्?"** जब इससे मुझे अमरता नहीं मिलेगी तो फिर मैं इस तुच्छ धन को लेकर क्या करूंगी? मुझे भी आत्म ज्ञान का उपदेश दो।

तब ऋषि ने उसे बताया कि इस संसार में कोई किसी को प्यार नहीं करता। सब अपने स्वार्थ के लिए रोते हैं। पति, पत्नि, पिता, पुत्र, धन दौलत सब को मनुष्य अपने सुख के लिए ही चाहता है। जो लोग इस शरीर को ही सब कुछ मानकर राग रंग खानपान में मस्त रहते हैं वे बहुत भूल करते हैं। इस संसार में आत्मा के दर्शन, चिन्तन और श्रवण से ही इस विश्व ब्रह्माण्ड को जाना जासकता है। परन्तु **"नायमात्मा बलहीनेन लभ्यो, न बहुना श्रुतेन"** यह आत्मा

तत्त्व पढ़ने सुनने से या प्रवचन से नहीं जाना जा सकता इस के लिए साधना करनी पड़ती है। यह सुनकर मैत्रेयी अपनी सम्पत्ति भी कात्यायिनी को देकर पति के साथ तप करने चली गई। कहने का मतलब यह है कि यह आत्मज्ञान ही अनमोल वस्तु है। इसे तप व साधना के द्वारा ही जाना जा सकता है।

सभी लोग बड़े ध्यान से यह सब सुन रहे थे। एक छात्र ने अपनी जिज्ञासा प्रकट करते हुए कहा- "लेकिन एक बात समझ में नहीं आई आचार्यजी! इस आत्मा की अमरता के संदेश का गीता से क्या सम्बन्ध है?" आचार्यजी ने कहा- "इसका गीता से बहुत गहरा संबंध है बेटे! सच पूछो तो यही गीता का सबसे महत्त्व पूर्ण अंश है। यह उपदेश भगवान कृष्ण ने उस समय दिया है जब भगवान कृष्ण के बहुत कोशिश करने पर भी युद्ध करना आवश्यक हो गया। दोनों तरफ की सेनाएँ आमने सामने खड़ी हो गईं। अर्जुन ने कहा- "मेरा रथ दोनों सेनाओं के बीच में खड़ा कर दो जिससे मैं अपने दुश्मनों को देख सकूँ।" जब अर्जुन ने देखा-"अरे! जिनसे मैं युद्ध करने जा रहा हूँ वे मेरे गुरु हैं जिन्होंने मुझे धनुर्विद्या सिखाई है। वे पितामह जिन्होंने मुझे गोद में खिलाया है। इन्हें मारकर राज्य करने से तो भीख माँगना भी अच्छा है। मेरी बुद्धि भ्रमित हो रही है मैं तुम्हारा शिष्य बनकर तुम्हारी शरण मे आया हूँ।"

यह कहकर जब उसने अपने कर्त्तव्य से विमुख हो कर हथियार डाल दिए। उस समय कृष्ण ने उसे यह उपदेश दिया है। विद्वानों ने गीता का आरंभ यहीं से माना है। श्रीकृष्ण कहते हैं- "हे अर्जुन! तू इस समय अपने को ज्ञानी समझ रहा है और अज्ञानियों के समान शोक न करने योग्य बातों के लिए शोक कर रहा है। इस समय तू युद्धक्षेत्र में खड़ा है, अगर तू युद्ध नहीं करेगा तो सब यही कहेगे कि अर्जुन हम से डर कर भाग गया। तेरी यह अपकीर्ति मृत्यु से भी

अधिक कष्ट दायक होगी। तू इस समय अपने धर्म को भूल रहा है। क्षत्रिय का धर्म अन्यायी को दण्ड देना है। यदि लड़ाई में तू जीतता है तो राज्य का उपभोग करेगा मर गया तो स्वर्ग को प्राप्त करेगा। अत: इस समय कायरता को छोड़ कर तू युद्ध कर।" गीता (2। 11, 18)

कर्त्तव्य बोध

उसे अपने कर्तव्य का ज्ञान कराने के लिए आत्मा की अमरता व शरीर की नश्वरता का बोध कराते हुए वे कहते है- हे अर्जुन! जिसका जन्म हुआ है उसकी मृत्यु निश्चित है। (गीता 2। 27, 28) तू यह मत समझ कि यदि तू इन्हें नही मारेगा तो ये कभी नहीं मरेंगे। सच तो यह है कि अन्यायी अत्याचारी तो मरे हुए के समान ही जीते हैं। इसलिए इन्हें मारकर तुझे पाप नहीं लगेगा। क्योंकि कहा है-

अधिकार खो कर बैठ रहना यह महादुष्कर्म है।
न्यायार्थ अपने बन्धु को भी दण्ड देना धर्म है।।

दूसरी बात यह है कि यह शरीर नाशवान है और इसके अन्दर जो ईश्वर का अंश है वह अजर अमर है उसे कोई नहीं मार सकता। और इस शरीर को तो मरना ही है इसलिए तू अपने धर्म का पालन कर।

एक बात यह भी है कि जो मरता है उसका जन्म अवश्य होगा। यह आत्मा एक शरीर को छोड़कर दूसरा शरीर धारण कर लेती है। तू नहीं जानता कि ये कौरव भीष्म आदि पहले जन्म में क्या थे, आगे चलकर क्या होंगे। तेरे और मेरे भी न जाने कितने जन्म हो चुके हैं इसलिए इन रिश्ते नातों की बात छोड़ कर तू

अपना कर्त्तव्य पालन कर। इस प्रकार शरीर की नश्वरता एवं आत्मा की अमरता का बोध कराकर भगवान ने अर्जुन के मोह को नष्ट किया और अर्जुन ने भी **"करिष्ये वचनं तव"** कह कर गांडीव उठा लिया।

आज भी इसी प्रकार मोहग्रस्त जनता को इसी सन्देश की आवश्यकता है। सच तो यह है कि जब मनुष्य को यह ज्ञान हो जाता है कि शरीर नष्ट होने वाला है और इस के अन्दर अमर आत्मा का वास है तो वह गलत काम कर ही नहीं सकता। उसमें स्वधर्म पालन की शक्ति आ जाती है।

पतन का कारण, मृत्यु का भय व मोह

एक छात्र ने पूछा- "आचार्यजी! इस बात को जान कर आदमी गलत काम न करे ऐसा कैसे हो सकता है?"

आचार्यजी ने कहा- "बेटे! एक बात तो यह है कि जब आदमी को यह पता चल जाता है कि यह शरीर और धन दौलत सब एक दिन साथ छोड़ देंगे, ये सब नश्वर हैं तो वह सोचता है इसे पाने के लिए मैं पाप क्यों करूँ, और दूसरी बात यह है कि कोई भी आदमी झूठ क्यों बोलता है, या किसी का अन्याय क्यों सहता है डर के कारण ही ना? उसे डर लगता है कि कि यदि मैं मालिक की बात नहीं मानूँगा तो ये मुझे और मेरे बच्चों को जान से मार डालेगा या मेरा धन छीन लेगा, ठीक है ना? लेकिन अगर वह यह सोच ले कि ये मेरा क्या कर लेगा? ज्यादा से ज्यादा मार डालेगा तो शरीर को तो एक न एक दिन मरना ही है और आत्मा को कोई मार नहीं सकता मैं अन्याय क्यों सहूँ? तो बस उसी दिन से अन्याय का विरोध करने की क्षमता आ जाती है और जालिम की सत्ता

समाप्त हो जाती है।

आत्मज्ञान **"अहं ब्रह्मास्मि"** अपने को पहचानो मृत्यु का भय समाप्त। इसे एक उदाहरण के माध्यम से समझो। किसी ने बहुत से लोगों के सामने एक आदमी को गोली मार दी और कहा- यदि तुम में से किसी ने भी मेरा नाम पुलिस को बताया तो उसके परिवार को भी खतम कर दूँगा तो जो मरने से डरेगा वह उसका नाम पता नहीं बताएगा पर जिसे मरने का भय नहीं होगा वह उस दुष्ट को पकड़वा कर दूसरों को उसके अत्याचार से बचा सकता है।

सच तो यह है कि इस आत्मा की अमरता के महत्त्व को समझ कर शूरवीर अपने प्राणों की बाजी लगा देते हैं। संसार में हमेशा उन्हीं लोगों के नाम अमर रहते हैं जो हँसते हँसते सत्य व धर्म की रक्षा के लिए अपने प्राणों का बलिदान कर देते हैं। हरिश्चन्द्र, राजा शिवि, महर्षि दधीचि अपने त्याग के लिए अमर हुए हैं।

इसी भावना से प्रेरित हो कर सुकरात ने जहर का प्याला अमृत समझ कर पी डाला। उसके शिष्यों ने उसे बचाने का प्रयास किया पर उसने कहा- चार दिन बाद जो देह छूटने वाली थी उसे मार कर कौन सी बहादुरी कर रहे हैं। मैं सब केा मार कर भी शेष रहूँगा। आत्मा अमर है उसे कोई नहीं मार सकता। और सचमुच आज दो ढाई हजार वर्षों के बाद भी महान् सुकरात सब के मर जाने पर भी जिन्दा है। अनहलक् **"अहं ब्रह्मास्मि"** कहकर मंसूर हंसते हंसते फांसी के तख्ते पर झूल गया। खून की धार उसे ऐसी लग रही थी कि उसके प्रियतम उसके साथ होली खेल रहे हैं। अन्तिम समय में भी उसने यही कहा-

बादशाह दुनिया के हैं मोहरे मेरे शतरंज के।
दिल्लगी की चाल है सब शर्त सुलहो जंग की।।

गंग कवि को हाथी से कुचलवाया तो उन्हें हाथी में भी गणेश का रूप दिखाई दिया। **"परमेश्वर को चाह भई, कवि गंग को लेन गणेश पठायो।"**

ईसा मसीह को फांसी हुई तो उन्होंने अपने दुश्मनों के लिए भी भगवान से प्रार्थना की कि इन्हें माफ करना क्योंकि ये नहीं जानते कि ये क्या कर रहे हैं? इगंलैड के क्रेन्मर को जलाया गया तो उसने कहा- तुम मुझे नहीं जला सकते, क्योंकि आत्मा अमर है। इस आत्मा को न शस्त्र काट सकता है न अग्नि जला सकती है। (2-23गीता) इसी प्रकार आत्मा की अमरता को समझते हुए लिड्ले व लटिमार ने कहा-तुम मुझे जलाओगे? लो मेरे हाथ को पहले जलाओ।

राणा प्रताप, राणा सांगा, शिवाजी, छत्रसाल, भामाशाह, गुरु गोविन्दसिंह, उनके दोनों बच्चे धर्म के नाम पर बलिदान हो गए पर ये सब शरीर से मर कर भी आज अमर हैं।" इसीलिए किसी कवि ने महापुरुषों की प्रशंसा करते हुए कहा है-

गीत

क्षुधार्थ रन्तिदेव ने दिया करस्थ थाल भी।
और दधीचि ने दिया परार्थ अस्थि जाल भी।। 1

उशीनर क्षितीज ने स्वमांस दान दे दिया।
सहर्ष वीर कर्ण ने शरीर चर्म भी दिया।।

चलो अभीष्ट मार्ग में सहर्ष खेलते हुए।
विपत्ति विघ्न जो पड़ें उन्हें धकेलते हुए।।

अनित्य देह के लिए अविनाशी जीव क्यों डरे।
वही मनुष्य है कि जो मनुष्य के लिए मरे।।

विनम्र स्वर में एक छात्र ने कहा- "आचार्यजी! मृत्यु कितना भयंकर शब्द है? मरने से कितना डर लगता है? और फिर दूसरों के लिए मरना तो बहुत ही मुश्किल है। हम ये शक्ति कैसे पैदा करें?" आचार्यजी ने कहा- "तुम सच कहते हो बेटे! पर मुश्किल काम करने वालों को ही तो दुनिया याद रखती है। देखो! रावण ने मारीच से कहा- तुम सोने का हिरन बन कर पंचवटी में जाओ और राम को कुटी से दूर ले जाओ जिससे मैं सीता का हरण कर सकूं नहीं तो मैं तुम्हें मार डालूँगा। मारीच ने डर के कारण ऐसा ही किया पर वह राम के हाथों मारा गया। इसके विपरीत जटायु ने वृद्ध और कमजोर पक्षी होने पर भी सीता को बचाने के लिए रावण से टक्कर ली और अपने प्राण दे दिए। अब तुम ही बताओ किस की मृत्यु श्रेष्ठ है मारीच की या जटायु की?"

सब ने एक स्वर से कहा- "सचमुच जटायु की मृत्यु ही श्रेष्ठ है।" आचार्य जी ने कहा- "सच तो यह है कि जब देश, जाति, धर्म, या परहित के लिए मर मिटने की भावना जागती है तो चमत्कार होता है। उस समय शिव का डमरू बजता है, शव शिव बन जाता है, पशु, पक्षी की तरह शव की भांति जीने वाले व्यक्ति शिव (कल्याण) की भावना से प्रेरित हो विषपान करते हैं, कृष्ण के पांचजन्य का शंखनाद होता है, और कायरता का बाना पहन कर दीन हीन वचन कहने वाला अर्जुन **"करिष्ये वचनं तव"** कहकर गांडीव उठा लेता है।"

माता पिता के नाम को गौरवान्वित करने वाले सपूत हँसते हँसते फाँसी के तख्ते पर झूल जाते हैं। आत्मा की अमरता की भावना से प्रेरित हो कर शूर वीर पुराने कपड़े की तरह पुराने शरीर को छोड़ कर नया शरीर रूपी वस्त्र धारण करते हैं। (2। 21) भगवान कृष्ण के **"संभवामि युगे युगे"** का आश्वासन पर विश्वास कर वे (इस जन्म में नहीं तो अगले जन्म में काम पूरा करेंगे, विश्वास कर के प्राणों का बलिदान कर देते हैं।

1857 ई.के स्वतंत्रता संग्राम में रानी लक्ष्मीबाई, तात्या टोपे, मंगल पाण्डेय, नाना साहब सब ने यही सोच कर प्राणों की आहुति दे दी और संभव है वे ही दिव्य आत्माएँ इस युग में श्री अरविन्द, महात्मा गांधी, सुभाषचन्द्र बोस, तिलक के रूप में अवतरित हुईं हों और इस अधूरे कार्य को पूरा किया हो। गीता के इस संदेश ने देश को स्वतंत्र कराने में बहुत सहायता की है। पिछले सौ वर्षों में सत्याग्रहियों को इससे वह शक्ति मिली कि वे गीता को सीने से लगा कर हँसते हँसते फाँसी के तख्ते पर झूल गए।

खुदीराम बोस, चन्द्रशेखर आजाद, राजगुरु, बिस्मिल, शहीद भगतसिंह, के बसन्ती चोले को कौन भूल सकता है? **"मेरा रंग दे बसन्ती चोला"** की झंकार आज भी इस देशकी दिशाओं में गूँज रही है। इन्हें कौन मार सका है? ये आज भी इतिहास के पृष्टों में अमर हैं तथा भारतीय जनता के हृदय सिहासन पर विराजमान हैं।

एक छात्र ने पूछा- "आचार्यजी! इन सब को गीता की प्रेरणा किस ने दी?"
आचार्यजी ने कहा- "यह युग महाक्रान्ति का युग था। इस समय एक के बाद

एक महापुरुष व सन्त अवतरित हुए। और वे सब गीता के भक्त थे। श्री अरविन्द की शिक्षा पाश्चात्य संस्कृति के अनुरूप हुई थी। परन्तु गीता पढ़ कर उन्हें दिव्य अनुभूतियाँ हुई। जब उन्हें एक वर्ष के लिए अलीपुर जेल में भेजा गया तो उनका विश्वास डगमगा गया। वे सोचते थे कि मुझे एक वर्ष का एकान्त वास क्यों हुआ? मेरा काम कौन करेगा? पर पेशी के समय उन्हें ऐसा अनुभव हुआ कि जज की कुर्सी पर वासुदेव मुस्करा रहे हैं। जेलर तथा जेल के अधिकारियों में भी उन्हें भगवान कृष्ण के दर्शन हुए।

यहाँ तक कि कैदी, चोर हत्यारों में भी उन्हें सन्त व भगवान ही दिखाई दिए उन्हें ऐसा लगा कि यही सब समझाने के लिए उन्हें जेल में भेजा गया है। उन्होंने गीता का गहन अध्ययन किया। वे महर्षि के पद पर प्रतिष्ठित हुए और उन्होंने देश के नौजवानों को जागरण का संदेश दिया।

छात्रों में एक अदम्य उत्साह भर रहा था। एक छात्र ने कहा- "आचार्यजी! हमें आपकी बातों में बहुत आनन्द आ रहा है। श्री अरविन्दजी के बाद किस किस को गीता माता ने प्रेरणा दी?" आचार्यजी ने कहा- "मुझे प्रसन्नता है कि तुम लोग मेरी बातों को ध्यान से सुन रहे हो। सच तो यह है कि यह सन्देश अब तुम्हें ही सब को सुनाना है। महर्षि अरविन्द के बाद लोकमान्य तिलक ने **"गीतारहस्य"** नामक पुस्तक लिखकर नई क्रान्ति पैदा कर दी और देशवासियों के सोए शौर्य को जगाया।"

उसके बाद महात्मा गांधी व विनोबा भावे ने तो गीता को माता ही मान कर उसे पूज्य ही बना दिया। वे अपनी सब समस्याओं का समाधान गीता से ही करते थे उन्होंने स्वयं अपनी आत्मकथा में लिखा है कि जब जब उनके सामने

कोई समस्या आती थी वे गीता माता से पूछते थे कि मैं क्या करूँ? उन्होंने अछूतोद्धार का बीड़ा उठाया तो सब ने उनका विरोध किया।

उन्होंने गीता माता से पूछा- "मैं क्या करूँ?" उत्तर मिला- "नवाँ अध्याय पढ़।" उन्होंने उसे पढ़ कर निर्णय लिया और वे अपने अभियान में सफल हुए। उन्होंने अनासक्ति योग नामक पुस्तक लिखकर सत्याग्रह आन्दोलन में नए प्राण फूँक दिए। सत्याग्रही इसे हमेशा अपने पास रखते थे। इसे सीने से लगा कर वे फाँसी पर झूल जाते थे। श्री बिनोबाजी ने गीता प्रवचन लिखकर जनता को नई दिशा दी। ये पुस्तकें इतनी प्रभावशाली सिद्ध हुईं कि गुप्तचरों ने सरकार को सूचना दी कि गीता सत्याग्रह को भड़का रही है तो उन्होंने गीता के नाम वारन्ट जारी कर दिया।

जब यह पता चला कि गीता तो एक पुस्तक का नाम है तो वारन्ट कैंसिल करना पड़ा। आज विश्व को फिर इसी शंखनाद की आवश्यकता है। यह काम राजनेता अभिनेता नहीं कर सकते। यह जागरण तुम लोगों को ही करना है। आगे बढ़ो और इस महान कार्य को करने का संकल्प लो। गीता का संदेश घर घर में पंहुचाओ, मानव मन में सोए देवत्व को जगाओ। तुम्हें भी संतोष होगा कि तुमने कोई शुभ कर्म किया है। यही आत्मकल्याण व विश्व कल्यण का मार्ग है।

मेरे देश के भावी सुधारको। जब तुम्हारी आत्मा जाग उठेगी तो तुम अपने अन्दर महान शक्ति का अनुभव करोगे। तुम में पवित्रता, महिमा व साधुता आएगी। संसार में एक ही ईश्वर है सन्त उसी का वर्णन अनेक रूपों में करते हैं। यह सत्य हिन्दू धर्म का मेरूदण्ड है। यह सिद्धान्त हमारे खून में मिल गया

है। विश्व सभ्यता के विकास के लिए इस सर्व धर्म समन्वय की भावना की आवश्यकता है। जब तक धर्म के नाम पर खून खराबा होता रहेगा सभ्यता का विकास कैसे होगा? इसी प्रेम भावना के द्वारा विश्वविजय प्राप्त करो। शारीरिक बल पशु बल है। प्रेम की शक्ति ही सबसे बड़ी शक्ति है।

हे अमृत सन्तानो। तुम अपने हृदय में अनुभव करो कि आज हम देव सन्तान पशुतुल्य हो गये हैं। हम गीता के संदेश को भूल गये हैं। (सर्वभूतहितेरता:) सब का कल्याण करने वालों को ही भगवान प्यार करते हैं। इसके लिए त्याग करना पड़ता है, अत्याचार से टक्कर लेनी पड़ती है। क्या तुम अत्याचार के विरुद्ध सारी दुनिया से लड़ने को तैयार हो? न्याय के लिए अपने बन्धुओं को भी दण्ड देना धर्म है यही गीता का संदेश है, यही उपदेश है, यही भगवान कृष्ण का आदेश है। यही महान शक्ति यही भावना लाखों लोगों को जीवन रूपी समुद्र से जहाज की भांति पार लगाती रही है। पर आज इस जहाज में छेद हो गए हैं। आओ इन्हें बंद करदें। हम देवताओं की सन्तान हैं, महिमाशाली पूर्वजों के वंशज हैं आओ! इस जहाज में बैठ कर भवसागर से पार होने व दूसरों को पार लगाने का संकल्प लें। हम आशावादी हैं। इस सघन रात्रि के बाद सुप्रभात आरहा है। रात जितनी ही संगीन होगी, सुबह उतनी ही रंगीन होगी। पतझड़ के बाद ही बसन्त आता है।

सुनिश्चित पतझड़ों के बाद मौसम है बहारों का।
उमस संकेत है कल की सुखद शीतल बहारों का।।

इसलिए हे भारत माता के सुपुत्रो! उठो, जागो, ओर जबतक लक्ष्य प्राप्त न हो निरन्तर बढ़ते रहो। वे प्रभु तुम्हारी सहायता करें।

जागृति गीत

जाग नौजवान जाग

भारती पुकारती, संस्कृति गुहारती।
जाग नौजवान जाग, राह पथ निहारती।। 1

माँ भारती है निराश, क्योंकि सामने विनाश।
और देश का तरुण इन क्षणों में भी उदास।।
सस्कृति की यह व्यथा तरुण को पुकारती।
जाग नौजवान जाग राह पथ निहारती।। 2

देश के जवान जाग, शौर्य स्वाभिमान जाग।
राष्ट्र संस्कृति समाज भाग्य के विधान जाग।।
जागी तरुणाई ही तो राष्ट्र को संवारती।। 3
जाग नौजवान जाग।।

परिवर्तन काल है, हवा में उछाल है।
जो चला प्रवाह संग हो गया निहाल है।।
महाकाल की उमंग प्रखरता उभारती।
जाग नौजवान जाग भारती पुकारती।। 4

आचार्यजी की ओजस्वी वाणी ने सब के हृदय में जोश भर दिया था। उन सब ने आचार्य जी के चरण स्पर्श करते हुए संकल्प लिया कि हम विश्व में गीता का संदेश सुनाएंगे और दूसरों को भी इस की प्रेरणा देंगे। आप हमें आशीर्वाद दें कि हम इस काम को पूरा कर सकें।

संकल्प गीत

मां की सेवा को निकले हम, गीता का संदेश सुनाएँ।
सादर सब का आमंत्रण है साथ हमारे आप भी आएँ।
यह जीवन भी कैसा जीवन, अपनी सुख सुविधा का चिन्तन।
समझें औरों का सुख दुख भी, ऐसा निर्मल हो अब यह मन।
चाँद सितारे भी कहते हैं हम मिल जुल कर ही मुस्काएँ।।1

मन्दिर मस्जिद या गुरुद्वारा, एक यही हम सब का नारा।।
अपने को इन्सान बनाओ उज्ज्वल हो कर्मों की धारा।
याद करें कल आने वाले जग में कुछ ऐसा कर जाएँ।।2

जन्म जहाँ पर हमने पाया, अन्न जहाँ का हमने खाया।
तन पर जिसके वस्त्र सजाए, ज्ञान मिला धन धान्य कमाया।।
जिसके हैं उपकार हजारों उसका भी कुछ कर्ज चुकाएँ।
सादर सब का आमंत्रण है साथ हमारे आप भी आएँ।।3

प्रश्न
(आत्मज्ञान)

(1) शरीर किन तत्त्वों से मिलकर बना है?
(1) शरीर प्रकृति के पांच तत्त्वों से मिलकर बना है। पृथ्वी, जल, अग्नि, वायु और आकाश।

(2) आत्मा के विषय में भारतीय दर्शन का क्या मत है?
(2 आत्मा परमात्मा का अंश है। वह अजर अमर है।

(3) शरीर की मृत्यु पर शोक क्यों नहीं करना चाहिए?

(3) पंच तत्त्वों से बना शरीर पंच तत्त्वों में मिल जाता है। वह नश्वर है। जैसे हम पुराना वस्त्र उतार कर नया पहन लेते हैं वैसे ही आत्मा रोगी व पुराने शरीर को छोड़ कर दूसरा शरीर धारण कर लेती है। उस के लिए शोक करना उचित नहीं।

(4) शिक्षा व विद्या में क्या अन्तर है?

(4) शिक्षा हमें सांसारिक सुख सुविधाओं का बोध कराती है और विद्या आत्मा की अमरता के बारे में बता कर अलौकिक आनन्द की अनुभूति कराती है।

(5) आत्मा का भोजन क्या है?

(5)आत्मा का भोजन शुभ कर्म व परोपकार है। जैसे शरीर को स्वयं भोजन कर के आनन्द मिलता है वैसे ही आत्मा दूसरों को भोजन करा के प्रसन्न होती है।

(6) बचपन में कैसी शिक्षा देनी चाहिए?

(6)बचपन से त्याग, प्रेम व मिल कर रहने की शिक्षा देनी चाहिए।

(7) प्रकृति से क्या शिक्षा लें?

(7)पेड़ अपने फल स्वयं नहीं खाते,नदियां अपना जल स्वयं नहीं पीतीं। प्रकृति से हमें परोपकार की शिक्षा लेनी चाहिए।

(8) याज्ञवल्क्य ने मैत्रेयी से क्या कहा?

(8) याज्ञवल्क्य ने मेत्रैयी से कहा कि इस आत्मा को प्रवचन से, कहने से और सुनने से नहीं जाना जा सकता।

(9) नचिकेता कौन था, उसने यम से क्या मांगा?

(9)नचिकेता मुनिपुत्र था। उसने यमराज से आत्मज्ञान मांगा।

(10)) आत्मबल से जीवन में कैसे सफलता मिलती है?

(10) आत्मबल पाकर मृत्यु का भय समाप्त हो जाता है। कर्त्तव्य पूरा करने की शक्ति मिलती है।

(11) आत्मा की आवाज क्यों सुनाई नहीं पड़ती?

(11) जब कोई स्वार्थ वश गलत काम करता है तो डर लगता है। वह आत्मा ही उसे रोकती है। पर बार बार उसे अनसुना करते रहने पर वह आवाज बन्द हो जाती है।

(12) इस पाठ से तुम्हें क्या शिक्षा मिलती है?

(12) इस पाठ से शिक्षा मिलती है कि सांसारिक सुखों को छोड़ कर आत्म ज्ञान पाने के लिए प्रयत्न करना चाहिए।

(13) गीता के दो श्लोक अर्थसहित याद करो।

(13) गीता के दो श्लोक याद करो।

पाँचवा दिवस

कर्मयोग

मन्दिर में श्रोताओं की भीड़ बढ़ती जा रही थी। पर छात्रों का उत्साह तो देखने योग्य था। न किसी को भूख थी न प्यास। न नींद का पता था न घूमने जाने की इच्छा ही थी। समय के अभाव व छात्रों के उत्साह को देखते हुए यह निश्चित किया गया कि प्रवचन दोनों समय सुबह को आठ से ग्यारह बजे तक तथा भोजन के बाद आराम कर के शाम को तीन बजे से छ: बजे तक रखा जाए जिससे शाम को दो घंटे के लिए घूमने भी जा सकें।

एक ओर तो छात्रों की रुचि व जिज्ञासा बढ़ती जा रही थी दूसरी ओर आचार्यजी एक साथ इतने होनहार छात्रों को पाकर बहुत प्रसन्न थे। वे चाहते थे कि इन सब के मन में गीता के प्रति अधिक से अधिक रुचि, जिज्ञासा, तथा आकर्षण पैदा करदें फिर तो वे स्वयं ही उसके मनन पठन, पाठन एवं स्वाध्याय से उसकी गहराई में पहुँचेंगे। इसलिए वे इस विषय को अधिक से अधिक सरस रोचक बनाकर समझाना चाहते थे। छात्रों की प्रगति पर वे संतुष्ट थे।

प्रवचन के लिए तीन बजे का समय रखा गया था परन्तु छात्रगण तो दो बजे से ही वहाँ इकट्ठे हो गए। सब के मन में एक ही इच्छा थी कि इस आत्मा का दर्शन कैसे हो? कैसे इसे प्राप्त करें? जब आचार्यजी ने देखा कि समय से पहले ही छात्र प्रवचन हाल में आ गए हैं तो वे भी आ गए। हंसकर उन्होंने पूछा- "अरे! अभी तो बहुत समय है। तुम लोगों ने विश्राम नहीं किया?" नीरज

ने कहा- "आचार्यजी! आराम तो हम लोगों के लिए हराम हो गया है। नींद, भूख प्यास सब खतम। अब तो बस आप किसी तरह आत्मा के दर्शन करा दीजिए।" नमन ने कहा- "आचार्यजी! यह तो हम समझ गए कि यह आत्मा कोई बहुमूल्य वस्तु है, परन्तु यह कैसे मिले? यह बताने की कृपा करें।"

यह सुनकर खिलखिलाकर हंस पड़े आचार्यजी। कहने लगे- "लगता है आज तुम पर देवताओं और महर्षियों की आत्मा ही सवार हो गई है। अच्छा चलो हाल में बैठो। सब को बुला लो। वहीं बैठकर बात करेंगे। मन्दिर में धंटी बजाकर घोषणा कर दी गई।" सब लोग हाल में आगए तो पंडितजी ने एक गीत गाया। फिर छात्रों ने गुरू वन्दना की----

गीत
गुरु वन्दना

हम लौह खण्ड ही हैं पारस हमें छुला दो।
हैं आप सिद्ध पारस सोना हमें बना दो।। 1

हम कल्पना जगत में रहे हैं सदा भटकते।
मिलती न शांति छाया, रहते हैं सिर पटकते।।
हे कल्पवृक्ष! अपनी छाया सुखद दिला दो।। 2

आशीष आपकी पा बढ़ते चलें निरन्तर।
सोपान साधना के चढ़ते चलें निरन्तर।
यह आत्म ज्ञान अमृत गुरुवर! हमें पिला दो।। 3

यह गीत सुनकर आचार्यजी भाव विभोर हो गए। भावुक स्वर में उन्होंने कहा—"मेरे प्यारे बच्चो! मुझे तुम पर गर्व है। भगवान कृष्ण की तुम पर कृपा हुई है। यह आत्मज्ञान उनकी कृपा से ही मिलता है।

सचमुच यह आत्मा बहुमूल्य ही नहीं बल्कि अनमोल वस्तु है जिसे पाने के बाद कुछ पाना शेष नहीं रह जाता परन्तु यह बलहीन को नहीं मिलती, इसे प्रवचन से, सुनने से, बताने से नहीं जाना जा सकता। केवल किताबें पढ़ कर भी इसे नहीं जाना जा सकता। एक लड़की बहुत पढ़ी लिखी थी पर उसे खाना बनाना नहीं आता था। एक दिन पतिदेव ने खाना बनाने के लिए कहा तो कहने लगी कि खाना बनाना कौन सा मुश्किल काम है। मेरे पास कई किताबें हैं मैं उन्हें देख कर खाना बना सकती हूँ।

पतिदेव ने कहा- चलो, आज आलू की सब्जी ही बना कर खिलाओ। उसने किताब में पढ़ा कि पहले आलू को काट लो फिर उसे अच्छी तरह धो लो, तो आलू तो काट लिए और फिर कुछ सोचने लगी। पतिदेव ने पूछा क्या हुआ? सब्जी बन गई? तो पत्नी ने कहा- "एक समस्या आ गई किताब में लिखा है कि सब्जी को अच्छी तरह धोलो पर यह नहीं लिखा कि साबुन से धोऊँ या सादे पानी से।" यह सुनकर सब हँस पड़े।

आत्मज्ञान---पुस्तकों से नहीं

आचार्यजी ने कहा- "केवल पुस्तकों के ज्ञान से कुछ नहीं होता। इसीलिए कबीर ने लिखा है कि--"

पोथी पढ़ पढ़ जग मुआ पंडित भया न कोय।
ढाई आखर प्रेम का पढ़े सो पंडित होय।।

"इस आत्मा को भी जानने के लिए बहुत कुछ करना पड़ता है।" "क्या करना पड़ता है? कृपया हमें बताएँ। हम सब कुछ करने को तैयार हैं।" सभी छात्र एक साथ बोल उठे। आचार्यजी ने उल्लास भरे स्वर में कहा- "हे अमृत सन्तानों सुनो। मैं भी यही चाहता हूँ कि तुम अपने स्वरूप को, इस नश्वर शरीर के अन्दर रहने वाले अविनाशी अंश आत्मा को पहचानो। पर इसे जानने के लिए त्याग, तपस्या, साधना, उपासना, आराधना, संयम सेवा मार्ग को अपनाना पड़ता है। इसे गीता में कर्मयोग कहा गया है।"

कर्मयोग - निष्काम कर्म

"आचार्यजी! कर्म और कर्म योग में क्या अन्तर है? यह हमें ठीक से समझा दीजिए-" एक छात्र ने कहा। आचार्यजी ने मुस्कराते हुए कहा- "वही मैं तुम्हें समझा रहा हूँ ध्यान से सुनो। कर्म का मतलब है काम करना और योग का मतलब है जोड़ना तो जो भी काम करते हो उसे भगवान का काम समझकर उसे समर्पित कर दो। उसे भगवान के साथ जोड़ दो। सन्त विनोबाजी के अनुसार जीवन के सिद्धान्तों को व्यवहार में लाने की कला को योग कहते हैं।

गीता में कर्मयोग शब्द कर्त्तव्य पालन के अर्थ में प्रयुक्त हुआ है। हमारा खाना सोना, चलना ये सब कर्म ही हैं, कर्म किए बिना कोई नहीं रह सकता। पर गीता में कर्मयोग से मतलब है कि किसी भी काम को करते समय मन की भावना क्या है? यह ही महत्त्वपूर्ण है। किसी भी काम को करते समय मन में

यह बात आती है कि इस काम को करने से हमें क्या लाभ होगा? यदि हमें कुछ लाभ नहीं तो हम वह काम क्यों करें?

मान लो तुम्हारे सामने एक दुखी आदमी खड़ा है वह तुमसे सहायता माँगता है तो मन में कई बातें आ सकतीं हैं। एक तो यह कि इस की मदद करने से हमें क्या लाभ होगा? हम अपना पैसा और समय क्यों खराब करें? पर यदि ये हमारे कुछ काम आ सकता है तो हम इसकी मदद कर दें। दूसरी बात यह है कि यदि तुम्हारा स्वभाव दयालु है तो तुम अपनी लाभ हानि की परवाह न करके भी उस की मदद करोगे। एक डूबते हुए को बचाने के लिए बचाने वाले को अपनी जान हथेली पर रखनी पड़ती है।

कहने का मतलब यह है कि स्वार्थ के वश जो काम किए जाते हैं वे सकाम कर्म कहलाते हैं और परमार्थ के लिए जो काम किए जाते हैं वे निष्काम कर्म कहलाते हैं। इसे ही गीता में कर्मयोग कहा गया है। निष्काम का मतलब है कि जिसके लिए कुछ कर रहे हैं उससे कुछ पाने की इच्छा न हो, यह निष्काम सेवा (फलत्याग) ही कर्मयोग है। गीता का यही संदेश है कि कर्म करते समय फल की आशा मत करो। कहावत है कि नेकी कर दरिया में डाल। तुम यह बिल्कुल भूल जाओ कि तुमने किसी के लिए कुछ किया है। तुम यह सोच कर काम करो कि मै यह सब ईश्वर के लिए कर रहा हूँ। अच्छे काम का फल तो अच्छा ही होगा पर तुम फल पर अधिकार मत समझो। गीता यही सिखाती है कि तुम्हारा अधिकार केवल कर्म करने में ही है, उसके फल में नहीं।"

कर्मण्येवाधिकारस्ते मा फलेषु कदाचन
(2।47 गीता)

निष्काम कर्म की शिक्षा प्रकृति से सीखो

"लेकिन आचार्यजी! जिस काम को करने से कुछ लाभ ही नहीं होगा उस काम को कोई भी क्यों करेगा?" एक छात्र ने अपनी जिज्ञासा प्रकट करते हुए कहा। आचार्यजी ने कहा- "इसकी शिक्षा प्रकृति से मिलती है।
**वृक्ष कबहुँ नहि फल भखैं, नदी न संचै नीर।
परमारथ के कारन ही सन्तन धरा सरीर।।**

पेड़ अपने फल स्वयं नहीं खाते, कोई पत्थर मारता है तो भी उसे फल दे देते हैं, नदी अपना पानी स्वयं नहीं पीती, बादल अपने लिए नहीं बरसते, धरती माता की फसल, उनके पेड़ों पर लगे हुए फल दूसरे लोग ही खाते हैं।

सन्तों का जीवन दूसरों के लिए ही होता है। यह कला सन्तों से सीखी जा सकती है। उनका यह स्वभाव होता है कि उन्हें दूसरों का दुख दूर करने में आनन्द आता है। उन्हें यह गुण बचपन में अपने माता पिता से ही मिलता है।"

एक बालक स्कूल जाता था। उसकी माँ उसे खाने के लिए नई नई चीजें बना कर देती थी। उसने देखा कि एक बालक इन्टरवल में चुपचाप सब को देखता रहता है। उसने पूछा- "भैया, सब इस समय खाना खाते हैं, तुम खाना लेकर क्यों नहीं आते?" उसने कहा- "मेरी माँ नही है ना, पिता सुबह काम पर चले जाते हैं तो मुझे खाना बना कर कौन दे?" यह सुनकर उस बालक की आँखों में आँसू आगए। उसने कहा- "आज से तुम मेरे साथ खाना खाओगे।"

घर जाकर उसने कहा- "माँ! मुझे बहुत भूख लगती है। कल से मुझे चार

पूरी दिया करो।" माँ समझ गई। उन्होंने पूछा- "सच सच बता कि क्या बात है?" उसने जब सब कुछ बताया तो माँ बहुत खुश हुई और कहा कि उसकी माँ नहीं है तो उसे स्कैल से अपने साथ ले आया करो। उसके पिताजी उसे शाम को यहाँ से ले जाया करेंगे। माँ ने उस बच्चे को अपने बच्चे की तरह पढ़ाया तथा उसी तरह पाला। और उसे एक नेक व अच्छा आदमी बनाया। वह दयालु बालक सुभाषचन्द्र बोस थे।

इसी प्रकार एक बार ईश्वरचन्द्र विद्यासागर से किसी भिखारी ने चाय के लिए चार आने मांगे। उन्होंने कहा- यदि मैं तुम्हें दस रुपये दूँ तो क्या तुम भीख मांगना छोड़ दोगे? उसने कहा- मैं सचमुच भीख मांगना छोड़ दूंगा। उन्होंने उसे दस रुपए दे दिए। उस आदमी ने उन रुपयों से चने मुरमुरे खरीदे और उन्हें एक थैले में भरकर बेचा। उससे जो लाभ हुआ उससे उसने और चीजें खरीदीं और धीरे धीरे वह व्यापारी बन गया।

एक दिन विद्यासागर कहीं जा रहे थे। एक आदमी ने उनके चरण छूकर उनसे अपने घर चलने की प्रार्थना की। पूछने पर उसने बताया कि मैं वही आदमी हूँ जिसको आपने दस रुपये दिए थे। आपने मुझे भिखारी से सेठ बना दिया। मैं आपकी सेवा करना चाहता हूँ। उन्होंने कहा- यदि तुम मेरी सेवा करना चाहते हो तो गरीबों की मदद करना, जिससे वे तुम्हारी तरह नेक आदमी बन सकें। पर यह ध्यान रखो कि आपके दान का वह दुरुपयोग न करे। उसे स्वावलम्बी बनाओ।

यह सुनकर संकल्प नामक एक छात्र ने कहा- "आचार्यजी! यह तो हमने कभी सोचा ही नहीं। मेरे घर एक भिखारी आता है मोटा व स्वस्थ। जब मम्मी

उसे कुछ देती है तो मुझे बहुत गुस्सा आता है। मैं तो उसे बाहर से भगा देता हूँ। क्या ऐसे लोगों को कुछ देना चाहिए?" आचार्यजी ने कहा --"बेटे !इस विषय में भगवान श्रीकृष्ण ने कहा है-

दातव्यमिति यद्दानं दीयतेऽनुपकारिणे।
देशे काले च पात्रे च तद्दानं सात्विकं स्मृतम्।।

(17-20)

अर्थात् दान देना कर्त्तव्य है,यह समझ कर दान देते समय देश, काल व पात्रता को देखकर ही दान देना चाहिए। यह सुन कर एक छात्र ने कहा-- आचार्यजी!कृपया इस बात को सरल तरीके से समझाइये। हमारी समझ में तो कुछ भी नहीं आया। देश काल व पात्रता से क्या तात्पर्य है?

आचार्यजी ने कहा--देखो, देश काल से तात्पर्य है कि आपत्ति काल में कहीं पर भी कोई समस्या आती है तो तन मन धन से उसकी सहायता करना प्रत्येक मानव का कर्त्तव्य है। तुम लोगों ने सुना होगा जब कहीं भूकम्प, तूफान, बाढ़ या कोई आपत्ति आती है तो सन्त सब को सहायता करने के लिए कहते हैं। उस समय यह नहीं सोचना चाहिए कि इससे हमारा क्या सम्बन्ध है। उस समय देश, जाति, धर्म की बात छोड़ कर सब की सहायता करना ही निष्काम कर्म है क्योंकि ज्ञानीजन तो मानव ही नहीं पशु पक्षियों मे भी भगवान के दर्शन करते हैं।" उन्होंने गीता में कहा है---सब में भगवान के दर्शन करो---

विद्याविनयसम्पन्ने ब्राह्मणे गवि हस्तिनि।
शुनि चैव श्वपाके च पण्डिताः समदर्शिनः।।

(गीता 5। 18)

ज्ञानियों की दृष्टि में पंडित, गौ गज श्वान सब एक समान हैं। पुराणों में इस तरह की बहुत सी कथाएँ हैं किन्तु पात्रता से मतलब है कि दान देते समय यह

ध्यान रखना चाहिये कि वह दान देने योग्य है या नहीं?जैसा तुमने कहा कि तुम्हारे घर कोई यदि स्वस्थ व्यक्ति भीख मांगता है तो क्या करें?तो उसे कुछ काम करने की प्रेरणा देकर किसी काम में लगा देना ही उचित है जैसा विद्यासागर ने किया। तुम्हें हमने सुनाया था,तुम्हें याद है ना?यदि कोई बालक भीख मांगता है तो उसके भोजन की व पढ़ने की व्यवस्था करा दो जैसे सुभाषचन्द्र बोस ने की थी। यदि भिखारी वृद्ध या बीमार है तो उसे भोजन आदि करा के किसी वृद्धाश्रम अस्पताल या अनाथालय तक पंहुचा दो। इस कार्य में अपने माता पिता या रिश्तेदारों से सहायता ले सकते हो। इस समय बहुत सी संस्थाएं इस शुभ कार्य में लगी हैं। इस के अतिरिक्त तुम खाली समय में अपने मित्रों के साथ किसी अस्पताल में जाकर बीमार व वृद्धों की सेवा कर सकते हो। आज कल भिक्षा को लोगों ने व्यवसाय बना लिया है। भीख मांगकर वे उस पैसे से सुलफा भांग व शराब आदि पीते हैं। इस से समाज की बहुत हानि होती है। ऐसे लोगों को भीख में पैसे नहीं देने चाहिए। अब तुम पात्रता का मतलब समझ गये ना?

यह सुनकर एक छात्र ने विनम्रता पूर्वक कहा-आचार्यजी!पात्रता की बात तो समझ में आगई किन्तु एक बात समझ में नहीं आई कि गीता में भगवान ने सभी को समान भाव से देख कर सब के प्रति प्रेम भाव से व्यवहार करने की प्रेरणा दी है और यहां वे कहते हैं कि पात्रता देखकर दान दो तो ये बात तो अलग अलग हो गईं। इसे समझाने की कृपा करें।

आचार्यजी ने समझाते हुए कहा-देखो बेटे! ये बातें देखने में अलग लगतीं हैं किन्तु अलग अलग नहीं हैं। तुम मुझे यह बताओ कि तुम्हारे मम्मी पापा तुम्हें, तुम्हारे भाइयों को कितना प्यार करते हैं? करते हैं ना? तुम्हारी हर

सुविधाओं का ध्यान रखते हैं किन्तु यदि तुम शराब पीने में या जुआ खेलने में पैसा बरबाद करोगे तो क्या वे तुम्हें इस के लिए कुछ देंगे? बस यही बात इन सब के लिये भी समझो। बात समझ में आगई ना?

छात्रों की समस्याओं का समाधान हो गया था। एक छात्र ने कहा- आचार्यजी! आपकी सब बातें हमारी समझ में आरही हैं। सच तो यह है कि इतनी अच्छी तरह तो आज तक किसी ने समझाया ही नहीं, न इतनी अच्छी बातें किसी ने बताईं।

आचार्य जी अपनी सफलता पर संतुष्ट थे। उन्होंने कहा-सच तो यह है कि मुझे भी इतने होनहार छात्र कभी नहीं मिले लेकिन यह बात ध्यान में रखना कि जो कुछ समझ रहे हो उसे आचरण में लाने की कोशिश करना। इसी को कर्म की कुशलता कहा गया है। एक छात्र ने कहा–– कर्म की कुशलता क्या है? हमें इस विषय में बताने की कृपा करें। हम कर्म की कुशलता को कैसे समझें?"

सन्तों से इस कला को सीखो

आचार्यजी ने हँसते हुए कहा- "बेटे! तुम लोग इसे सरल भाषा में इतना समझ लो कि कर्म करते समय उससे कुछ पाने की आशा मत करो। जिस के लिए तुम कुछ कर रहे हो उस के लिये मन में प्रेम की भावना का होना आवश्यक है। मान लो तुम एक बीमार की सेवा करते हो तो यदि मन में प्यार होगा तो सेवा करना अच्छा लगेगा जैसे माँ बच्चे की सेवा करती है तो उसे अपने कष्ट की चिन्ता नहीं होती बस बच्चे के कष्ट को देख कर वह दुखी होती

है पर यदि रोगी के लिए मन में प्यार न हो वह सेवा बोझ बन जाती है।

यदि मन में प्यार नहीं है तो मन में बुरी भावनाएँ आने लगती हैं। रात भर रोता रहता है सोने भी नहीं देता आदि आदि। तो जब मन की प्यार की व ममत्व की भावना कर्म के साथ जुड़ती है तो सरल भाषा में उसे स्वधर्म पालन कहा जा सकता है। काम करने वाले को यह पता ही नहीं चलता कि वह किसी के लिए कुछ कर रहा है। गीता में इसी को निष्काम कर्म कहा गया है। समस्त कर्म ब्रह्म को अर्पित करने वाले व्यक्ति को कोई पाप नहीं लगता। वह कींचड़ में खिले कमल के पत्ते के समान निर्लिप्त रहता है।

ब्रह्मण्याधाय कर्माणि सङ्गं त्यक्त्वा करोति यः।
लिप्यते न स पापेन पद्मपत्रमिवाम्भसा।।

(5। 10 गीता)

इस प्रकार गीता में निष्काम कर्म का संदेश दिया गया है पर दुख की बात यह है कि इस समय सकाम कर्म व प्रदर्शन की होड़ लगी है। समाज सेवक भी चाहते हैं कि अखबारों में नाम व फोटो ही छप जाए। दान देने वाला चाहता है कि उसकी सब प्रशंसा करें। भले ही उसका धन किसी गलत तरीके से कमाया हुआ हो। वह यह नहीं सोचता जो जैसा कर्म करता है उसे वैसा फल भोगना ही पड़ता है।" जैसी करनी वैसा फल। आज नहीं तो निश्चय कल।।

शरणागति अंहकार का त्याग

आचार्यजी की बातें सुनकर अभिनव नामक एक छात्र ने कहा- "आचार्यजी! एक बात बताएँ कि एक तरफ तो भगवान कहते हैं कि कर्मफल से नहीं बच

सकते दूसरी तरफ कहते हैं कि तू मेरी शरण में आ, मैं तुझे सब पापों से मुक्त कर दूंगा तो ये दोनों बातें तो अलग अलग हो गईं, हम किसे ठीक समझें?"

आचार्यजी ने हँसते हुए कहा- "ये दोनों बातें अलग अलग दिखाई देतीं हैं पर अलग नहीं हैं। जब भगवान कहते हैं कि मेरी शरण में आ तो इसका मतलब है कि काम क्रोध, लोभ, मोह, व अहंकार को छोड़ कर ही मनुष्य उनकी शरण में जा सकता है।" सन्तों ने इसका अनुभव किया है-कबीर लिखते हैं--

जब मैं था तब हरि नहीं। अब हरि हैं मैं नाहिं।
प्रेम गली अति साँकरि, ता में दो न समाहिं।।

तो जब भक्त ने पूर्ण समर्पण कर दिया और भक्त भगवान मिलकर एक हो गए तो पाप कौन करेगा? भगवान ने स्वयं भी कहा है- निरमल मन जन सोई मोहि भावा, मोहि सपनेहु छल छिद्र न भावा। तो भगवान का सच्चा भक्त तो पाप कर्म करेगा ही नहीं। वह तो हमेशा दूसरों के सुख की बात सोचेगा। इसलिए उन्होंने गीता में कहा है ---जो पुरुष संतुष्ट, योगी, स्वार्थरहित, मन और इन्द्रियों को वश में किये हुए है वही मुझे प्रिय है।--

सन्तुष्टः सततं योगी यतात्मा दृढनिश्चयः।
मय्यर्पितमनोबुद्धिर्यो मद्भक्तः स मे प्रियः।।

(गीता 12। 14)

इस के विपरीत जो व्यक्ति केवल आडम्बर रच कर भगवान को पाना चाहते हैं वे मूर्ख पाखण्डी हैं। उन्हें तो अपने दुष्कर्मों का फल भोगना ही पड़ेगा। इस समय इस आडम्बर की भरमार हो गई है।

माथे चौड़ा तिलक लगा कर कहता है इन्सान।
बिना भक्ति के बिना साधना मिल जाएँ भगवान।।
मन्दिर में दो फूल चढ़ा कर कहता है नादान। मुझको मिल जाएँ भगवान।।

तो ऐसा कैसे हो सकता है। तुम्हीं बताओ? एक बात और, मान लो दो भाई हैं एक सीधा, सरल, भोला भाला है, दूसरा चालाक, स्वार्थी व दुष्ट प्रकृति का है। वह दुष्ट अपने भाई को हमेशा परेशान करता रहता है तो माता पिता उसे दण्ड देंगे या नहीं तुम ही बताओ?

वह परम पिता परमात्मा अपने सरल चित्त पुत्रों को अपने भक्तों को कष्ट देने वालों को कभी माफ नहीं कर सकता। तुम्हीं बताओ ऐसे दुष्कर्म करने वालों को दण्ड मिलना चाहिए या नहीं? कुछ देर सब चुप रहे। कुछ देर बाद समीर ने कहा- "आप सच कह रहे हैं आचार्यजी! पर ये समझ में नहीं आता कि आदमी इतना पाप क्यों करता है?"

माया महाठगिनी हम जानी

आचार्यजी ने कहा- "बेटे! बात यह है कि मानव परमात्मा का अंश होने के कारण पवित्र व निष्पाप होता है पर संसार में आकर माया के वशीभूत हो कर वह काम क्रोध, मोह के वश में हो कर पतित हो जाता है। एक बात और है भगवान ने मनुष्य को कर्म करने की स्वतन्त्रता तो दे दी पर उसका फल अपने हाथ में रखा है। यही कारण है कि कर्म करते समय आदमी मोह माया के वश हो कर दुष्कर्म कर बैठता है और जब फल भोगना पड़ता है तो रोता है।"

गीत
कर्म फल
उस मायापति की लीला ने, कैसा सब को भरमाया है?।
उस भूल भुलैया में भटका मानव कुछ समझ न पाया है।। 1

है आँख-मिचौली खेल रहा वह कैसा चतुर विधाता है।
जग की यह रीत सदा से है, हर व्यक्ति कर्म फल पाता है।। 2

अधिकार उसे निज शक्ति का जैसा चाहे उपयोग करे।
चाहे कल्याण करे जग का, चाहे उस का उपभोग करे।। 3

है छूट कर्म की उसे मगर, फल अपने हाथ में रखता है।
जो जैसा कर्म करे जग में वह वैसा ही फल चखता है।। 4

जो जैसी करनी करे, वैसा ही फल पाय।
बोए पेड़ बबूल का आम कहाँ से खाय।। 5

सभी आचार्य जी बातें ध्यानपूर्वक सुन रहे थे। पर मन में कुछ शंकाँए भी थीं। एक छात्र ने पूछा-"आचार्यजी! एक बात बताएँ! इस समय हम देखते हैं कि दुष्ट आदमी तो बहुत सुखी जीवन बिता रहे है और सज्जन कष्ट उठा रहे हैं, ऐसा क्यों होता है?" आचार्यजी ने कहा- "बेटे! कर्म का फल तो सभी को भोगना पड़ता है। कुछ लोग ऐसे होते हैं जिन्होंने पहले जन्म में अच्छे कर्म किए हैं अब कुकर्म कर रहे हैं। उन्हें सम्पन्न देखकर लगता है कि ये बुरा आदमी सुखी क्यों है, कुछ लोग इस समय अच्छे कर्म कर रहे हैं पर पहले जन्म में बुरे काम किये थे उसका फल भोग रहे हैं पर हम इस बात को समझ नहीं पाते इसलिए ऐसा समझते हैं कि बुरे आदमी सुखी हैं और भले लोग दुखी हैं।"

एक बार अकबर बादशाह ने कहा- छः आदमी लेकर आओ, दो अब के, दो

तब के और दो न अबके न तब के। किसी की समझ में कुछ भी नहीं आया। तब बीरबल को बुलाया गया। उसने कहा- मुझे एक सप्ताह का समय दीजिए। एक सप्ताह बाद वह छ: आदमियों को ले कर आया और बोला- ये दो आदमी अब के हैं इन्होंने पहले जन्म में अच्छे कर्म नहीं किए थे इसलिए दुख पा रहे हैं पर इस समय शुभ कर्म कर के अपना अगला जन्म सुधार रहे हैं। ये दो तब के है। इन्होंने पहले जन्म में शुभ कर्म किए थे जिसके कारण अभी सुख भोग रहे हैं पर इस समय नीच कर्म कर के अपना अगला जन्म बिगाड़ रहे हैं। और ये दो ऐसे हैं कि न तो इन्होंने पहले जन्म में कुछ शुभ कर्म किए थे न इस जन्म में ही कुछ कर रहे हैं। ये न अब के हैं न तब के हैं। तो अब तुम समझ गए ना?

पाप की सजा

सब लोग तन्मय हो कर सुन रहे थे। एक छात्र ने पूछा- "आचार्यजी! कर्मों का फल तुरन्त ही क्यों नहीं मिलता कि जिससे सब की समझ में यह बात आजाए कि कौन सा काम अच्छा है और कौन सा बुरा?" आचार्यजी ने कहा- "तुम ठीक कहते हो बेटे! यदि चोरी करते ही हाथ कट जाते, यदि झूठ बोलते ही जीभ गल जाती तो सब की समझ में बात आजाती। पर कुछ कर्म ऐसे होते हैं जिनका फल तुरन्त मिल जाता है और कुछ कर्मों का फल कई कई जन्मो तक भोगना पड़ता है।

इसे ऐसे समझो कि एक आदमी ने जहर खा लिया और उसकी मृत्यु हो गई तो उसे उसके दुष्कर्म का फल उसे उसी समय मिल गया। पर किसी आदमी ने किसी को जहर दे दिया और वह मर गया तो यदि जहर देने वाला पकड़ा गया तो सरकार उसे सजा दे देगी, यदि किसी को पता नहीं चला तो अपने ही मन में

छिप कर बैठा हुआ परमात्मा जिसे पुराणों में चित्रगुप्त कहते हैं सब के कर्मों का हिसाब किताब लिखता रहता है। उसे एक न एक दिन अपने कुकर्म की सजा अवश्य मिलेगी।

पुराणों में इस तरह की बहुत सी कहानियाँ हैं। रमेश नामक किसी आदमी ने अपने मित्र सुरेश के साथ व्यापार शुरु किया। उसे व्यापार में बहुत लाभ हुआ। उन दोनों ने सोचा कि अब अपना अपना हिस्सा बाँट लें और वापस चलें। रमेश के मन में बेईमानी आगई। उसने सोचा कि सुरेश के हिस्से में दो लाख रुपये आ रहे हैं यदि यह मर जाए तो इस के घर के लोगों को कुछ रुपया दे दूँगा।

यह सोचकर उसने उसे दूध में जहर मिला कर दे दिया। उसी रात उसकी मृत्यु हो गई। रमेश ने अपने शहर में आकर सुरेश के घर के लोगों को 25 हजार रुपये दे कर बनावटी शोक प्रकट किया। सुरेश के घरवालों ने उसकी बात का विश्वास कर लिया। संयोग की बात। एक वर्ष बाद उसके एक बहुत सुन्दर पुत्र ने जन्म लिया। धीरे धीरे बारह वर्ष बीत गए। इस बीच में उसे व्यापार में भी बहुत लाभ हुआ। अब वह बहुत खुश था।

परन्तु कुछ दिन बाद लडके को चक्कर आने लगे। एक दिन स्कूल में ही बेहोश हो गया। डा0 को दिखाया तो पता चला कि उसे कैंसर है। दवा में लाखों रुपया पानी की तरह बहा दिया तो भी कुछ लाभ न हुआ। एक दिन हालत ज्यादा खराब हुई तो बेहोशी में कुछ बड़बड़ा रहा था। रमेश ने कहा- "होश में आओ बेटा! मुझे पहचानते हो मैं कौन हूँ?" उसने कहा- "हाँ, तुम रमेश हो मेरे साझीदार।" सुनकर रमेश के होश उड़ गए। उसने पूछा- "तुम कौन हो?" उसने कहा- "मैं सुरेश हूँ जिसे तुमने जहर दिया था। मेरा कर्ज खतम हो गया, अब मैं

जा रहा हूँ।" यह कहकर उसकी मृत्यु हो गई। रमेश सिर पकड़ कर रोता ही रह गया। कहने का मतलब यह है जैसी करनी वैसा फल, आज नहीं तो निश्चय कल। कर्म फल भोगना ही पड़ेगा।

आचार्यजी की अमृतवाणी को सुन कर सब सोच विचार में पड़ गये। एक छात्र ने पूछा-"आचार्यजी! कर्म फल की कहानी को सुनकर तो मन में बहुत सारी शंकाएं पैदा हो गईं हैं। कृपा करके कोई आसान तरीका बताएँ। हम लोग इस कर्म फल से कैसे बच सकते हैं?" आचार्यजी ने कहा- "बेटे! इसको समझाना बहुत कठिन है।"

तुम इसे आसान तरीके से ऐसे समझो कि जब तुम स्कूल में पहली कक्षा में दाखिला लेते हो तो तुम्हारे पास समय भी है, साधन भी हैं, और पैसा भी है। अब तुम स्वतंत्र हो कि तुम अपना समय पढ़ने लिखने में बिताते हो या खेल कूद और मनोरंजन में खो देते हो। अपने पैसे से किसी की फीस देकर या किताबें खरीद कर अच्छे काम में लगाते हो या शराब पीने में या जुए में या और किसी गलत काम में खर्च करते हो।

अब यदि तुमने समय और धन का सदुपयोग किया है तो तुम बहुत अच्छे नम्बरों से पास हो जाओगे, सब तुम्हारी तारीफ करेंगे और तुम्हें पुरस्कार भी मिलेगा। लेकिन अगर तुमने समय और धन का दुरुपयोग किया है तो फेल हो जाओगे सबसे अपमान मिलेगा और आत्मग्लानि के कारण बहुत से छात्र आत्महत्या भी कर लेते हैं -जानते हो ना? पर तुम कितना भी रोओ पीटो, तुम्हें अपने दुष्कर्मों का फल तो भोगना ही पड़ेगा। गया हुआ समय कभी वापस नहीं आ सकता।

संसार एक स्कूल,
मनुष्य अपने भाग्य का निर्माता स्वयं है

इसी प्रकार यह संसार भी एक बहुत बड़ा स्कूल है जिसमें परम पिता परमात्मा ने हमें कुछ सीखने व आत्मज्ञान को प्राप्त करने के लिए भेजा है। यदि हम कुछ सीखते हैं तो आत्मशांति, दूसरों से सम्मान तथा ईशकृपा प्राप्त होगी। लेकिन यदि हम सीखने के बजाय उस सबक को भी भुला देंगे जिसे हमने पहले दर्जे में सीखा था तो हम पशुवत जीवन बिताकर कर्मों के जाल में फँसकर भटकते रहेंगे।

जैसे एक अच्छा विद्यार्थी पेपर देते समय यह नहीं देखता कि दूसरे छात्र कैसे पेपर दे रहे हैं। वह अपना काम करता है और उसकी यह कोशिश रहती है कि वह अच्छे नम्बरों से पास हो जाए उसी तरह हम सब के भी पेपर हो रहे हैं। हम भी दूसरो को न देख कर अपनी जांच पड़ताल करते रहें कि कहीं हमारे मन में कोई दुर्भावना तो नहीं आ रही है, हमसे कोई दुष्कर्म तो हो रहा है। यदि हर कर्म करते समय इस बात का ध्यान रखें कि यह काम प्रभु को पसंद है या नहीं तो हम इस संसार से अच्छे नम्बर ले कर जाएँगे।

"आचार्यजी! भगवान हमें गलत काम करने से रोकते क्यों नहीं। और सब लोग कहते हैं कि जो भाग्य में होता है वही मिलता है यह कहाँ तक सच है।" एक छात्र ने पूछा। आचार्यजी ने हँसते हुए कहा- "भगवान तो सब को रोकते हैं, पर कोई उनकी बात न सुने तो वे क्या करें? हमने तुम्हें बताया था ना, कि जब कोई आदमी गलत काम करता है तो उसे कितना डर लगता है और जब अच्छा

काम करता है तो उसे कितनी खुशी होती है? तो ये ईश्वर की ही आवाज है।

ये गीता का उपदेश भी केवल अर्जुन के लिए ही नहीं सब के लिए है। जो अर्जुन की तरह उनकी बात मान लेता है तो वह भवसागर से तर जाता है, जो नहीं मानता वह चौरासी लाख योनियों में भटकता रहता है। रही भाग्य की बात, तो मनुष्य अपने भाग्य का निर्माता स्वयं है। भगवान हमें कर्म करने की छूट देते हैं हम जो कर्म करते हैं उनका नतीजा ही हमारा भाग्य बन जाता है। हम उससे बच नहीं सकते। जब हम दुबारा कर्म करते हैं तो हमारी स्वतंत्र इच्छा पर पुराने कर्मों का असर पड़ता है और हमारे कर्म पिछले कर्मों से प्रभावित होते हैं। इस प्रकार हम लाखों वर्षों से कर्म करके उनके फलों का अम्बार लगाते जा रहे हैं। उन कर्मों के फल प्रतिफल की कड़ी हमारा अमिट प्रारब्ध बन गई है। हमारा शरीर, मन बुद्धि इनके द्वारा बनते हैं तथा ये हमें एक खास मार्ग पर चलने के लिए मजबूर करते हैं। हमारे पिछले कर्मों से हमारी आज की जिन्दगी बनती है और हमारे आज के कर्मों से आगे की जिन्दगी बनेगी।

इसलिए मनुष्य अपने भाग्य को स्वयं बनाता है। क्योंकि कर्म करने में वह स्वतंत्र है अच्छा करे या बुरा करे, पर फल भोगने के समय उसके हाथ बँध जाते हैं। उसका कोई वश नहीं चलता। यदि सुख उसने कमाए हैं तो दुख भी उसने ही कमाए हैं। प्रत्येक क्रिया की प्रतिक्रिया होती है। परिणाम को समझकर जो आदमी अपने मन को, वचन को, कर्म को किसी भी परिस्थिति में बिगड़ने नहीं देगा वही आदमी सुखी रहेगा। इस लिए भाग्य को दोष देना बेकार है। इसलिए गीता में कहा है कि यह संसार धर्मक्षेत्र व कुरुक्षेत्र है। इसमें बाहर के तथा अन्दर के शत्रुओं से निरन्तर लड़ाई करते हुए ऐसे काम करो कि युग युग तक सब तुम्हें याद करें।"

युग युग तक जग याद करे तुम ऐसे कर्म करो।

कुछ देर के लिए वातावरण शान्त हो गया। सब मौन थे। थोड़ी देर बाद मनु ने पूछा- "आचार्यजी! एक बात समझ में नहीं आई। एक ओर तो भगवान कहते हैं कि सब में ब्रह्म को देखो। गाय, हाथी, घोड़े, ब्राह्मण तथा चाण्डाल सब को एक समान समझ कर सबसे प्रेम पूर्ण व्यवहार करो। दूसरी ओर कहते हैं कि लड़ाई करो। अपने भाइयों को व गुरुजनों को भी मार डालो, तो ये क्या बात हुई? वे एक बात क्यों नहीं बताते।"

आचार्यजी यह सुनकर खिलखिलाकर हँस पड़े। बोले- "आज तो सचमुच तुम लोग अर्जुन की भाषा में बोल रहे हो। उसने भी भगवान से यही प्रश्न पूछा था।"

> ज्यायसी चेत्कर्मणस्ते मता बुद्धिर्जनार्दन।
> तत्किं कर्मणि घोरे मां नियोजयसि केशव।।
> व्यामिश्रेणेव वाक्येन बुद्धिं मोहयसीव मे।
> तदेकं वद निश्चित्य येन श्रेयोऽहमाप्नुयाम्।।
>
> (गीता 3। 1, 2)

यदि ज्ञान कर्मों से श्रेष्ठ है जैसा कि आपने बतलाया है तो फिर मुझे इस घोर कर्म करने के लिए क्यों प्रेरित करते हो?

यह प्रश्न था अर्जुन का---अब इसका उत्तर सुनो-गीता का प्रारम्भ ही हुआ है धर्मक्षेत्रे कुरुक्षेत्रे अर्थात् धर्म व कर्म से, जिसे स्वधर्म व कर्मयोग कह सकते हैं। उसकी पहली शिक्षा है स्वधर्म का पालन अर्थात् कर्त्तव्य की पूर्ति। जिसे अब

तक तुम्हें समझाया है। दूसरी शिक्षा है हर प्राणी में परमात्मा का दर्शन, अर्थात् आत्मज्ञान। यह ठीक है कि प्रत्येक प्राणी से प्यार करो, पर जो व्यक्ति उस परमात्मा की बनाई हुई इस सुन्दर बगिया को उजाड़ना चाहता है जो भोले भाले, सरल चित्त भक्तों को कष्ट पहुँचाता है, क्या उसे माफ किया जा सकता है? यदि कोई किसी निरीह प्राणी को मार रहा है, किसी स्त्री के साथ दुर्व्यवहार कर रहा है तो क्या उसे चुपचाप देखते रहोगे? क्या यह तुम्हारा स्वधर्म पालन होगा?

यदि तुम ऐसा करते हो तो तुम से तो वे पशु भी अच्छे हैं जो अपने स्वामी की रक्षा के लिए अपने प्राण भी दे देते हैं। जटायु ने सीता की रक्षा के लिए अपने प्राण दे दिए तो उस का नाम आज भी सब लोग कितने सम्मान से लेते हैं। महाराणा प्रताप के घोड़े चेतक ने अपने स्वामी की रक्षा में अपने प्राण दे दिए थे तो वह अमर हो गया। इतिहास साक्षी है कि जिन लोगों ने स्वधर्म पालन के लिए अपना बलिदान किया है उनका नाम स्वर्णाक्षरों मे अंकित है।

भगवान की प्रतिज्ञा है कि अपने भक्तों की व सन्तों की रक्षा के लिए तथा दुष्टों का विनाश करने के लिए वे स्वयं धरती पर अवतार लेते हैं तो तुम इस शुभ कार्य में उनके सहयोगी बनोगे या नहीं? भगवान राम का साथ देने वाले रीछ वानर, कृष्ण के सहयोगी गोप ग्वाले, महात्मा बुद्ध के बौद्ध भिक्षुक मर कर भी अमर हो गए हैं।

जहाँ तक भाई-बन्धु व सम्बधियों की बात है तो बताओ कि यदि तुम्हारा कोई सम्बन्धी दुष्कर्म करता है तो क्या तुम उसे इसलिए माफ कर दोगे कि वह तुम्हारा भाई, भतीजा या बेटा है? मान लो तुम टीचर हो सभी अनुशासन हीन छात्रों को दण्ड देते हो क्या अपने भाई व बेटे को दण्ड नहीं दोगे?

यदि तुम एक गलती के लिए एक छात्र को सजा देते हो और अपने भाई या बेटे को उसी अपराध के लिए कुछ नहीं कहते तो क्या सब लोग तुम्हारी निन्दा नहीं करेंगे? वही स्थिति इस समय अर्जुन की है। उसने न जाने कितने युद्ध किए थे तब उसे कभी भी यह ध्यान नहीं आया कि दूसरों को मारना पाप है? इस प्रकार मोहग्रस्त अर्जुन को स्वधर्म की शिक्षा देने वाला गीता का यह संदेश सारे विश्व के प्रत्येक मानव के लिए प्रेरणाप्रद बन गया है।

इसीलिए गीता देश काल की सीमा से मुक्त होकर समस्त विश्व के विद्वानों के लिए आदरणीय हो गई है क्योंकि इसमें केवल बाहर के शत्रुओं से ही नहीं मन के अन्दर बैठे हुए काम, क्रोध लोभ, मोह व अंहकार जैसे शत्रुओं से भी लड़ने की प्रेरणा दी है। अब बात समझ में आगई ना।

आचार्यजी की प्रेरक वाणी सुनकर सब के मन में कुछ करने की तरंगे उठ रही थीं। एक छात्र ने खड़े हो कर विनम्र स्वर में कहा- "आचार्यजी! आपकी बातें सुन कर मन में कुछ करने का उत्साह उमड़ रहा है। इतनी अच्छी बातें तो हमें आजतक किसी ने भी नहीं बताईं। कृपया हमें बताएँ कि वर्तमान परिस्थिति में हमें कैसे काम करना चाहिए?" आचार्य जी ने मुस्कराते हुए कहा- "बेटे! गीता एक महान ग्रन्थ है मैं इतने कम समय में उसका पूर्ण ज्ञान तो नहीं दे सकता पर तुम्हारी मनोभूमि में कर्म व धर्म का बीज बोना चाहता हूँ इसके बाद तुम जितना इसे श्रद्धा व प्रेम रूपी जल से सींचोगे उतना ही अमृत फल पाओगे। मैं चाहता हूँ कि तुम इसका गहन अध्ययन करो और सूर्य नहीं तो दीपक बनकर ही इसका प्रकाश सारे जग में फैलाओ। निष्काम भाव से दीन दुखियों की सेवा भगवान की सबसे बड़ी पूजा है। तुमने पूछा है कि तुम्हें क्या

करना चाहिए तो पहले यह बताओ कि पढ़ाई के बाद तुम अपना समय कैसे बिताते हो?"

यह सुनकर पहले तो सब मौन हो गए फिर संकोच के साथ कहा- "आचार्यजी! हमारा अधिकांश समय तो टी.वी. पर ही बीतता है पर इस सम्मय तो कम्प्यूटर के होने से इन्टरनेट पर ही सब कुछ एक जगह पर ही मिल जाता है। गाने सुनो, पिक्चर देखो, दोस्तों से बातें करो, और गेम भी खेल सकते है, और किसी की जरूरत ही नहीं पड़ती।" आचार्यजी ने कहा- "इसमें कोई सन्देह नहीं कि ये सब साधन शिक्षा के लिए बहुत ही उपयुक्त हैं, पर दुख की बात यह है कि इनमें जो अच्छी बातें बताई जाती हैं उनकी तरफ कोई ध्यान नहीं देता। इनका दुरुपयोग ही अधिक होता है। गीता में जीवन जीने की जो कला बताई गई है उसमें त्याग, तपस्या, संयम तथा सद्‌बुद्धि को महत्त्व दिया है, कर्मयोगी के लिए इन सब की जरूरत होती है।"

तुमने पूछा है कि तुम्हें क्या करना चाहिए तो तुम अभी केवल इस बात पर ध्यान दो कि किसी भी दीन दुखी की सहायता कैसे कर सकते हो? इसके लिए दो बातें आवश्यक हैं एक समयदान, दूसरा अंशदान। तुम अपने कुछ साथियों की एक टीम बनााओ। तीन, चार, पाँच जितने साथी मिल जाएँ। नियम बनालो कि तुम्हें कुछ समय सेवा के लिए देना है। इसके लिए किसी अस्पताल में जाकर बीमारों की सेवा कर सकते हो। तुम्हें बहुत से दुखी, गरीब व वृद्धरोगी ऐसे मिलेंगे जिनको पूछने वाला भी कोई नहीं है।

एक अस्पताल के पास एक मन्दिर था। वहाँ कुछ लोगों ने एक नियम बनाया था कि मन्दिर में पूजा करने के बाद तुलसीदल व गंगाजल लेकर अस्पताल

आते थे और हर मरीज के पास जाकर कहते थे आज का दिन आपके लिए शुभ हो_ कितनी छोटी सी बात? मुश्किल से 15 मिनट उन्हें लगते होंगे पर सब मरीज उनकी प्रतीक्षा करते थे। किसी दिन न आएँ तो कहते थे कि आज वे भक्त क्यों नहीं आए?

तुम किसी बीमार के सिर पर हाथ रख कर सहला दो, किसी को दवा पिलादो, किसी को पानी ही पिला दो किसी से पूछ ही लो दादा जी! मैं आपके लिए क्या लेकर आऊँ? मैं आपकी क्या सेवा करूँ तो देखो उनकी कितनी दुआएँ तुम्हें मिलेंगी? इससे तुम्हारे मन को जो खुशी होगी वही इस निष्काम सेवा का मधुर फल है और यही कर्मयोगी का पहला कदम। इसके लिए कहा है-

"प्रसादे सर्वदुःखानां हानिरस्योपजायते"
(गीता 2। 65)

मन की प्रसन्नता ही सब दुखों का नाश करने वाली है। और यह प्रसन्नता मिलती है दूसरों का दुख दूर करने से। भगवान की सच्ची पूजा यही है।

पर पीड़ा से छलकें अश्रु, ये अश्रु ही गंगाजल है।
दुख हरने को पुलक उठे मन, यह पुलकन ही तुलसीदल है।।

सब लोग आत्मविभोर हो कर इस रसामृत का पान कर रहे थे। सोच रहे थे सचमुच इतनी छोटी छोटी बातें भी कितना महत्त्व रखती हैं ये तो हमने कभी सोचा ही नहीं। राजीव ने कहा- "आचार्यजी! आपकी बातें सुनकर मन को बहुत शांति मिल रही है कुछ और बताएँ।"

सत्प्रेरणा

आचार्यजी ने कहा- "मुझे बहुत खुशी है कि मेरी बातें तुम्हारी समझ में आरही हैं। देखो, और बहुत से काम हैं जिन्हे तुम बड़ी आसानी से कर सकते हो। इस समय वृद्धों की हालत बहुत शोचनीय है। उन्होंने जीवन भर रूखा सूखा खाकर, न जाने कितने कष्ट उठाकर बच्चों को सुयोग्य बनाया है वे ही उनकी बात नहीं पूछते। तुम कभी कभी अपना समय निकाल उनकी सेवा कर सको तो उनका आशीर्वाद मिलेगा और तुम्हारे समय का सदुपयोग होगा।"

एक सेठ का बेटा बहुत दुष्ट स्वभाव का था। एक दिन उसने किसी वृद्ध के साथ बहुत बुरा व्यवहार किया तो उसे जेल हो गई। सेठ जी के प्रार्थना करने से जज ने उसकी सजा को कम करते हुए कहा- इसे वृद्धाश्रम में रहकर छः महीने तक वृद्धों की सेवा करनी पड़ेगी। यदि वे इसे माफ कर देंगे तो इसकी सजा माफ कर देंगे। वह वहाँ रहकर भी सबको परेशान करता था। एक दिन उसे किसी की दवा लाने शहर भेजा तो वह शाम तक घूमघाम कर वापस आया और दवा लेकर भी नहीं आया। उसी रात को उस वृद्ध की मृत्यु हो गई। सब ने उसे कुछ नहीं कहा, पर उसे अपने ऊपर बहुत ग्लानि हुई। उस दिन से वह उन सब की सेवा करने लगा।

इसी समय पता चला कि वह आश्रम खाली करा के बेचा जा रहा है। उसने अपने पिता से कहा--आप उस आश्रम को खरीद लो। मैं उन सब की सेवा करूंगा। यह सुन कर पिता की आंखों में आंसू भर आए। उनके बेटे का मन बदल गया था। इस लिए गीता में कहा है कि देवता , ब्राह्मण, गुरु व ज्ञानीजनों का पूजन शरीर का तप है क्योंकि इस से मन के विचार बदल जाते हैं।

देवद्विजगुरुप्राज्ञपूजनं शौचमार्जवम्।
ब्रह्मचर्यमहिंसा च शारीरं तप उच्यते।।

(गीता 17।14)

कुछ देर रुक कर आचार्यजी ने ओजस्वी स्वर में कहा- "भारत माता के वीर सपूतो! अब आँखे खोलो और अपने स्वरूप को पहचानो। आत्मज्ञान उसे ही होता है जो कर्मवीर होता है। कर्महीन की कीर्ति व सभी सुख नष्ट हो जाते हैं। जो भगवान को सब कुछ सौंप कर जो अपनी कामना व कल्पना वृत्ति उसे अर्पित कर देता है उसमें कर्म की कुशलता आती है। कर्म का मार्ग बाधाओं भरा पड़ा है पर ईश कृपा से ये बाधाएँ दूर होती हैं। कर्म में प्रसन्नता भगवान का वरदान है। निराशा, उदासी, मलिनता संसार में भरी पड़ी है, पर उत्साह, सावधानी, प्रेम व प्रसन्नता से अँधेरे में भी उजाला हो जाता है और जीवन सुखमय हो जाता है।

आलसी भगवान को नहीं पा सकता। कर्म से बचने का विचार कायरता और अपराध है। कर्म से ही जीवन है। बिना मन की भावना के कर्म मिथ्याचार ढोंग है। कर्म हमारे जीवन का नारा हो, कर्म का सूर्य निकलते ही दुर्भाग्य की घटाएँ छिन्न भिन्न हो जाँएगी, हृदय कमल खिल जाएगा और भाग्योदय की बेला द्वार खटखटाएगी। आओ कर्मयोगी बनकर देश में अलख जगा दो।"

उद्बोधन

नौजवानों भारत की तकदीर बना दो।
फूलों के इस गुलशन से कांटों को हटा दो।।
तोड़ के माया मोह के बन्धन, समझो फर्ज तुम अपना।
आगे बढ़ो, रहे न कोई भी अब अधूरा सपना।

घर घर में अब ज्ञान की ज्योति को जगा दो।
साथ तुम्हारे कैसे कैसे बलवानों की शक्ति।
अभिमन्यु सी शूरवीरता, ध्रुव प्रह्लाद सी भक्ति।
जय जय हिन्द के नारों से धरती को गुँजा दो।।

आचार्यजी की ओजस्वी वाणी छात्रों के मन में नव चेतना का संचार कर रही थी। उन्होंने आचार्यजी के चरण स्पर्श करते हुए कहा---"आचार्यजी! आपने हमें कर्मयोग की प्रेरणा दे कर एक संकल्प शक्ति जगा दी है। हम आपको विश्वास दिलाते हैं कि अब हम महाक्रान्ति का बिगुल बजाकर भारत माता के प्रति अपना कर्त्तव्य निबाहेंगे। आप आशीर्वाद दें कि हम इसे निभा सकें।" यह कह कर वे संकल्प गीत गाते हुए चल दिए। आइए हम सब भी उनके साथ संकल्प लेकर गाते हुए चलें--

संकल्प गीत

बिगुल बज गया महाक्रान्ति का हमें कर्त्तव्य निभाना है।
असमंजस में समय गँवाकर कायर नहीं कहाना है।। 1

जाने कितने शुभकर्मों ने यह सुयोग दिलवाया है।
महाकाल से कदम मिला चलने का अवसर आया है।
हम सच्चे साथी हैं प्रभु के यह विश्वास दिलाना है।। 2

शौर्य शहीदों जैसा अपनी नस नस में भरना होगा।
प्रभु के निर्देशों पर चलकर प्रखर कर्म करना होगा।
बाधाओं को चीर चीर कर अपना मार्ग बनाना है।। 3

कवच हमारा गुरु अनुशासन शस्त्र अनूठे श्रम प्रतिभा।
सैनिक हैं हम महाकाल के, अस्त्र सबल श्रद्धा निष्ठा।
बलिदानी संकल्प जगा कर आगे बढ़ते जाना है।। 4

प्रश्न

(1) कर्म से क्या समझते हो? कर्म व कर्मयोग में क्या अन्तर है?

(1) कर्म का मतलब काम करना। हम दिन भर जो काम करते हैं वे कर्म हैं। योग का मतलब है जोड़ना। अपने कर्म भगवान को अर्पित कर दो। गीता में कर्मयोग का अर्थ है फल की इच्छा के बिना कर्त्तव्य पालन।

(2) कर्म के फल से क्यों नहीं बच सकते?

(2) कर्म के फल से नहीं बच सकते। जैसा बीज बोते हैं वैसा ही फल मिलता है। आम का बीज बोने से आम तथा कांटे बोने पर कांटे ही मिलेंगे। जो जैसी करनी करे, वैसा ही फल पाए। बोए पेड़ बबूल का आम कहां से खाए।।

(3) भक्त गलत काम क्यों नहीं करेगा?

(3) जैसी करनी वैसा फल, आज नहीं तो निश्चय कल। भक्त को इस बात पर विश्वास होता है इसलिए वह गलत काम नहीं करता। एक बात और यह भी है कि भक्त को यह विश्वास होता है कि भगवान सब जगह है और वह सब कुछ देख रहा है। वह हमारे पाप की सजा जरूर देगा, इस लिए वह गलत काम करते हुए डरता है।

(4) मनुष्य पाप क्यों करता है?

(4) मनुष्य काम, क्रोध, लोभ, मोह के वशीभूत हो कर गलत काम करता है।

(5) कभी कभी सज्जन दुखी और दुष्ट सुखी क्यों दिखाई देते हैं?

(5) कभी कभी पूर्व जन्म के बुरे कर्मों के फल भुगतने के कारण सज्जन दुखी दिखाई देते हैं व पूर्व जन्म के अच्छे कर्मो के फलस्वरूप दुष्ट सुखी दिखाई देते हैं।

(6) कर्मो का फल तुरन्त क्यों नहीं मिलता?

(6) कुछ कर्मो का फल तुरन्त मिल जाता है। जैसे जहर खाया मर गये। कुछ कर्मों का कुछ दिन बाद फल मिलता है। शराब पी, सिग्रेट पी कैंसर हो गया। कुछ का अगले जन्म में मिलता है।

(7) कर्मफल कैसे कटते है?

(7) कर्म फल साधना द्वारा कटते हैं।

(8) गीता के दो श्लोक याद करो।

(8) गीता के दो श्लोक याद करो।

छठा दिवस

आत्मसंयम

प्रात:काल स्नानादि से निवृत हो कर सभी लोग मन्दिर के प्रवचन हाल में पहुँच गए। कुछ छात्रों को तो रात में नींद भी नहीं आई। आचार्यजी ने हाल में पदार्पण किया तो सब ने खड़े होकर उनका सम्मान किया और उन्हें प्रणाम किया। मन्दिर में भीड़ बढ़ती ही जा रही थी। आचार्यजी ने सब को यथास्थान बैठने का आदेश दिया। पुजारीजी ने भक्ति गीत गाया उसके बाद छात्रों ने गुरु वन्दना की।

गीत
गुरु वन्दना

शत शत तुम्हें प्रणाम सद्गुरु शत शत तुम्हें प्रणाम।

हम आए हैं शरण तुम्हारी, शक्ति जाग्रत करो हमारी।
परम शक्ति के धाम, सद्गुरु शत शत तुम्हें प्रणाम।। 1

माया तम को दूर भगा दो, मन में ज्ञान की ज्योति जगा दो।
निशदिन आठों याम सद्गुरु शत शत तुम्हें प्रणाम।। 2

जन कल्याण हो कर्म हमारा, मानव सेवा कर्म हमारा।
सेवा हो निष्काम सद्गुरु शत शत तुम्हें प्रणाम।। 3

आचार्यजी अपनी सफलता पर संतुष्ट थे। आचार्यजी ने सबको कमर सीधी करके बैठने के लिए कहा, और एक बार गायत्री मंत्र का उच्चारण करके उन्होंने कहा- "आत्मीय परिजनो! आज तुम्हारे उत्साह व लगन को देखकर मुझे जो प्रसन्नता हो रही है उसे कहने में मैं असमर्थ हूँ तुम्हारे लिए मेरी यही शुभकामना है कि तुम सब स्वधर्म का पालन करते हुए सच्चे कर्मयोगी व स्थितप्रज्ञ बनो। बताओ आज तुम क्या जानना चाहते हो?"

"आचार्यजी! स्थितप्रज्ञ से क्या मतलब है यह शब्द तो हम सब के लिए बिलकुल ही नया है। इसका मतलब हमें ठीक प्रकार समझा दीजिए।" विनम्र स्वर में एक छात्र ने कहा। आचार्यजी ने कहा- "बेटे! इस शब्द का मतलब है जिसकी बुद्धि स्थिर है, जो दृढ़ संकल्प वाला है जो सोच विचार कर दूसरों की भलाई के लिए काम करता हो वही स्थितप्रज्ञ है। जो करना है उसे करने का निश्चय करलो। यह करूँ या न करूँ डबल माइन्ड मत रहो।

अल्पज्ञ बाधाओं के डर से किसी काम को शुरु ही नहीं करते, मध्यम श्रेणी के लोग बाधा आने पर छोड़ देते हैं परन्तु दृढ़ संकल्प वाले व्यक्ति बार बार बाधा आने पर भी अपने काम को पूरा करके छोड़ते हैं संसार में भी अनेक सिद्धान्तो को सुन कर विचलित नहीं होना चाहिए। श्रद्धा व निष्ठा से काम करना चाहिए।

बुद्धि को परमात्मा के स्वरूप में स्थिर करना चाहिए। इससे ऊहापोह की स्थिति समाप्त हो जाती है। मन में ज्ञान की अखंड ज्योति जलने लगती है। जो मुसीबतों में रास्ता दिखाती है। इसे ही शास्त्रों में महाप्रज्ञा सद्प्रज्ञा सद्बुद्धि व विमल विवेक कहा है। जिसके पास सद्बुद्धि नहीं है उसे शास्त्रों के पढ़ने से भी कुछ लाभ नहीं होसकता। जिसके पास नेत्र ही नहीं हैं उसे दर्पण से क्या लाभ?

सद्बुद्धि द्वारा किए गए काम सत्कर्म बन जाते हैं, इसके द्वारा मनुष्य बड़ी से बडी मुसीबतों से भी निकल जाता है।

तुम सब ने खरगोश व शेर की कहानी सुनी होगी। एक छोटे से खरगोश ने शेर को कुएँ में कुदवा कर मार डाला। इसके विपरीत भटकाने वाली दुर्बुद्धि से किए हुए काम दुष्कर्म बन जाते हैं और मनुष्य का विनाश कर देते हैं। इसीलिए गीता में कहा है- **बुद्धिनाशात् प्रणश्यति** (2। 63, 2। 41) और सन्मार्ग पर चलने वाले निष्काम कर्मयोगी को गीता में स्थितप्रज्ञ कहा है।"

स्थितप्रज्ञ के लक्षण

यह सुनकर एक छात्र ने कहा- "आचार्यजी! गीता में भगवान ने कैसे कैसे मुश्किल शब्दों का प्रयोग किया है? उसके क्या लक्षण हैं? वह कैसे बोलता है, कैसे चलता है, और कैसे काम करता है?" यह सुनकर आचार्यजी ने हँसते हुए कहा- "अरे! कितने आश्चर्य की बात है कि बिल्कुल यही प्रश्न अर्जुन ने भगवान से पूछे थे। उन्होंने जो उत्तर दिया वही मैं तुम्हें बताता हूँ।"

उन्होंने कहा- "हे अर्जुन! जब व्यक्ति मन से सम्पूर्ण कामनाओं को त्याग देता है, और अन्तरात्मा में ही संतुष्ट रहता है वह स्थिर बुद्धि वाला कहा जाता है। वह सुख-दुख, राग द्वेष व क्रोध से मुक्त हो जाता है। ऐसा व्यक्ति शुभ व इच्छित वस्तुओं को प्राप्त करके न सुखी होता हैऔर उनके न मिलने से दुखी भी नहीं होता। स्थितप्रज्ञ सन्त होते हैं। वे निर्विकार, निस्पृह, मान अपमान व सुख दुख में समान, और कामना रहित होते हैं। (2। 55-56-57-58) गीता

गीता का स्थितप्रज्ञ जीवन्मुक्त लौह पुरुष है। उसका मन आत्मा के अखण्ड आनन्द की तरंगों पर खेलता है। कामना के खिलौने उसे मोहित नहीं कर पाते। राग द्वेष काम क्रोध उसके सामने नत मस्तक हो जाते हैं। जैसे नदियाँ समुद्र में विलीन हो जातीं हैं उसी प्रकार संसार के सारे विषय उसमे समा जाते है। वह असीम शान्ति, तथा अखण्ड आनन्द सागर में निवास करता है।" गीता (2।70)

कुछ देर के लिए सब चुप हो गए। थोड़ी देर बाद एक छात्र ने कहा- "आचार्यजी! स्थितप्रज्ञ बनने के लिए क्या करना पड़ता है? कृपया आप हमारा मार्गदर्शन कीजिए।"

आचार्यजी ने कहा- "बेटे! यह मार्ग बड़ा कठिन है। यह कला सन्तों से सीखी जा सकती है। सन्तों ने इसे तलवार की धार पर चलने समान बताया हे। इसके लिए सत्संग, साधना, सेवा स्वाध्याय की आवश्यकता है और इन सब कामों के लिए पहली सीढ़ी है आत्म-संयम। गीता में आत्मसंयम पर इतना बल दिया है कि छठे अध्याय का नाम ही आत्म संयम योग रख दिया है।"
एक छात्र ने पूछा- "आचार्यजी! आत्म संयम से क्या मतलब है?" आचार्यजी ने कहा--- "इसका साधारण अर्थ तो है अपने ऊपर नियंत्रण। पर इसका मुख्य प्रयोजन है अपनी शक्तियों को बरबादी से रोकना। ईश्वर ने मनुष्य को जो अनुपम संपदा और शक्तियां दी हैं, उन्हें गलत धारा से बचा कर उनका सही उपयोग करना।" "आचार्यजी! ईश्वर ने हमें कौन सी संपदा और शक्ति दी है? कृपा करके हमें ठीक से समझायें।" एक जिज्ञासु छात्र ने पूछा।

ईश्वर की दी हुई शक्तियों का सदुपयोग
आत्मसंयम

आचार्यजी ने कहा-- "देखो बेटे! सर्वप्रथम ईश्वर ने मनुष्य को मानव शरीर दिया है जो उसकी सब से सुन्दर संरचना है। कितना प्यारा चांद सा मुखड़ा, कितनी प्यारी दो आंखें, नाक, दो कान, दो हाथ, दो पैर कितना सुन्दर शरीर बनाया है विधाता ने, जिन्हें हम इन्द्रियां कहते हैं। और यह मानव जन्म बड़े भाग्य से मिलता है। यह ईश्वर की दी हुई अनमोल संपदा है," कहा भी है--

"बड़े भाग मानुष तन पावा, सुर दुर्लभ सद्ग्रंथहि गावा।"

मानव शरीर, विचार शक्ति, समय व साधन संपदा ईश्वर प्रदत्त शक्ति

"मानव जन्म को सुर दुर्लभ क्यों कहा है?" एक जिज्ञासु ने पूछा? आचार्यजी ने शंका समाधान करते हुए कहा---- "बेटे! चौरासी लाख योनियों में भटकने के बाद जब मनुष्य के पुण्य फल जागते हैं तब मानव जन्म मिलता है। इसका कारण यह है कि शरीर की सुन्दरता के साथ साथ ईश्वर ने मनुष्य को जो विवेक संपदा दी है, सोच विचार कर काम करने की जो शक्ति दी है वह संसार में किसी भी प्राणी के पास नहीं है।

जरा सोचो, शेर, हाथी, चीता, भालू आदि जानवर शारीरिक शक्ति में आदमी से कहीं अधिक ताकतवर हैं पर मनुष्य अपने बुद्धिबल से उन्हें पिंजरे में बन्द कर उन पर सवारी कर सकता है। मछली की तरह पानी में तैर सकता है, हवाई

जहाज में बैठ कर आकाश में उड़ सकता है। यह विमल विवेक, यह सद्बुद्धि केवल मानव के पास है। जब मानव इस का सदुपयोग करता है तो वह महात्मा व देवता बन जाता है, जब इस का दुरुपयोग करता है तो दानव व राक्षस कहलाता है।" एक छात्र ने पूछा- "आचार्यजी, ईश्वर ने हमें और कौन सी शक्ति दी है?" आचार्यजी ने कहा-- "बेटे! ईश्वर ने मनुष्य को निश्चित आयु दी है मनुष्यों को जीवन के एक एक क्षण का सदुपयोग करना चाहिए धन सम्पत्ति को अर्जित करने के लिए और खर्च करने के लिए भी सद्बद्धि का होना आवश्यक है। इस प्रकार ईश्वर ने मानव को चार विशेष संपत्ति या शक्तियां दी हैं, विमल विवेक, इन्द्रिय शक्ति, समय संपदा और धन कमाने की क्षमता।

विचार संयम

"इन सब में सबसे अधिक महत्व पूर्ण शक्ति कौन सी है आचार्यजी?" एक जिज्ञासु ने पूछा। आचार्यजी ने कहा- "देखो बेटे! इन सब से अधिक आवश्यक है विवेक शक्ति जिसे गीता में प्रज्ञा कहा गया है। इसका मतलब है सोच विचार कर काम करना, क्योंकि विद्या, धन, शारीरिक बल, समय, ये सभी अनमोल वस्तु हैं पर इनका सदुपयोग सद्बुद्धि के द्धारा ही किया जा सकता है।

एक बात सोचो, जिसके पास विद्या है, धन दौलत है, शारीरिक शक्ति भी है पर सद्बुद्धि नहीं है वह उस विद्या का दुरुपयोग ही करेगा। रावण को ही देखो, उसके पास क्या नहीं था पर अपनी दुर्बुद्धि के कारण सोने की लंका खाक में मिला दी।

इसी तरह महाभारत की लड़ाई भी दुर्योधन की दुर्बुद्धिका ही दुष्परिणाम था।

अब तक संसार की जितनी भी उन्नति हुई है वह मानव की सद्बुद्धि का ही परिणाम है और जो विनाश हो रहा है वह उसकी दुर्बुद्धि के कारण हो रहा है। संसार को लाभ पहुंचाने वाले हवाई जहाज, टेलीफोन, टेलीविजन, कम्प्यूटर आदि आविष्कार करने वालों का नाम कितने आदर से लिया जाता है और सृष्टि का विनाश करने वाले एटम बम, लेसर बम आदि बनाने वालों से सब कितनी नफरत करते हैं। जरा सोचो किसी वस्तु को तोड़ना कितना आसान है पर बनाना कितना मुश्किल है?

एक छोटी सी कील जहाज में छेद कर दे तो जहाज को डुबो सकती है, एक छोटी सी चिनगारी बड़े बड़े जंगलों और भवनों को जला कर भस्म कर सकती है पर उनका बनाना कितना मुश्किल काम है? मलिन विचार आत्मिक उन्नति में बाधा डालते हैं। बुरे विचार पतन की ओर ले जाते हैं, और अच्छे विचार महान बनाते हैं इसीलिए गीता में कहा है— अपने द्वारा ही मनुष्य अपना संसार सागर से उद्धार करे क्योंकि यह मनुष्य आप ही अपना दोस्त है और आप ही अपना दुश्मन है। जिसने मन को जीत लिया उसका वह दोस्त है जिस ने उसे नहीं जीता उसका वह दुश्मन है।"

उद्धरेदात्मनात्मानं नात्मानमवसादयेत्।
आत्मैव ह्यात्मनो बन्धुरात्मैव रिपुरात्मनः।।
बन्धुरात्मात्मनस्तस्य येनात्मैवात्मना जितः।
अनात्मनस्तु शत्रुत्वे वर्तेतात्मैव शत्रुवत्।।

(गीता 6। 5, 6)

प्यारे साथियों! इस समय विश्व विनाश के कगार पर खड़ा है, तुम्हें अपनी सद्बुद्धि से काम लेकर विश्व निर्माण करना है संहार नहीं। यह संसार भगवान

की सुन्दर बगिया है तुम सब उस के सहयोगी बन कर इसे सत्कर्मों की सुगन्धि से भर दो भगवान उन्हीं को प्यार करते हैं जो उनके बनाए हुए सब जीवों से प्यार करते हैं। तुम सब उच्च शिक्षा पा रहे हो। तुम धन के लालच में आकर गलत काम भी कर सकते हो और विश्व कल्याण के लिए अच्छे काम भी कर सकते हो। अब तुम ही सोचो तुम क्या करना पसन्द करोगे? पर इस विश्व निर्माण के लिए विचारों पर संयम रखना सबसे अधिक आवश्यक है।"

सब लोग ध्यान पूर्वक आचार्यजी की बातें सुन रहे थे। एक जिज्ञासु ने पूछा- "आचार्यजी! हम विचारों पर संयम कैसे रखें?" आचार्यजी ने कहा- "प्रिय जिज्ञासुओं! विचारों पर संयम रखने के लिए स्वार्थ भावना को छोड़ कर दूसरों के हित की बात सोचनी होगी। गीता में भगवान ने कहा है कि रागद्वेष की भावना को छोड़ने वाला ही दूसरों का भला कर के स्वयं भी प्रसन्न रहता है और दूसरों को भी सुखी बनाता है। मन के प्रसन्न होने पर सारे दुख समाप्त हो जाते हैं।

रागद्वेषवियुक्तैस्तु विषयानिन्द्रियैश्चरन्।
आत्मवश्यैर्विधेयात्मा प्रसादमधिगच्छति।।
प्रसादे सर्वदुःखानां हानिरस्योपजायते।
प्रसन्नचेतसो ह्याशु बुद्धिः पर्यवतिष्ठते।।

(गीता 2। -64, 65)

इस समय व्यक्ति के मन में राग द्वेष, अंहकार, भरा पड़ा है। वह अपने दुख से इतना दुखी नहीं है जितना दूसरे केा सुखी देखकर दुखी होता है।

एक आदमी की पूजा से प्रसन्न हो कर शिव जी व पार्वतीजी ने उससे वर मांगने को कहा। वह कहना चाहता था कि मुझे पड़ोसियों से दुगुनी वस्तु मिले पर जल्दी में कह गया कि पड़ोसी को हमसे दुगुनी वस्तु मिले। शिव व

पार्वतीजी बहुत खुश हुए। पर जब घर जाकर उस आदमी ने एक घर मांगा तो उसे एक घर मिला और पडोसियों को दो दो। उसे एक हजार रुपये मिले तो पड़ोसी दो हजार। अब तो वह और उसकी पत्नी बहुत दुखी हुए।

पूजा तो की हमने और लाभ मिले पड़ोसियों को, भला ये भी कोई बात हुई। सोचने लगे अब क्या करें? थोड़ी देर में पति ने कहा -- मेरी समझ में एक बात आगई। मैं शिवजी से कहता हूं कि मेरी एक आंख फोड़ दो, एक हाथ और एक पैर तोड़ दो फिर देखो पड़ोसियों को क्या मिलता है? उसने ऐसा ही किया ओर पड़ोसियों की दुर्दशा देखकर बहुत खुश हुए।

कहने का मतलब यह है कि इस समय मानव का चिन्तन ही बदल गया है। उसे अपनी सुख सुविधाओं के सिवाय कुछ सूझता ही नहीं। अत:विश्व कल्याण के लिए ईर्ष्या द्वेष को छोड़कर मन को वश में रखकर इन्द्रियों पर संयम रखना जरूरी है। भगवान कृष्ण ने गीता में इन्द्रिय संयम को बहुत महत्व दिया है।"

इन्द्रिय संयम का महत्व

आचार्यजी की वाणी सब के ह्रदय को मथ रही थी पर विषय गंभीर था। सब के मन में बहुत से प्रश्न उठ रहे थे। एक जिज्ञासु ने पूछा --- "आचार्यजी! इन्द्रियों को कैसे वश में करें? कभी कभी तो हम न चाहते हुए भी इच्छाओं के वश में हो कर गलत काम कर बैठते हैं। आचार्यजी ने हंसते हुए कहा-- "बेटे! तुम यह बात सच कह रहे हो। भगवान कृष्ण ने भी गीता में कहा है कि जैसे जल में चलने वाली नाव को हवा के झोंके कहीं से कहीं ले जाते हैं वैसे ही चंचल मन के साथ मिल कर ये इन्द्रियां मनुष्य की बुद्धि को हर लेती हैं।"

इन्द्रियाणां हि चरतां यन्मनोऽनुविधीयते।
तदस्य हरति प्रज्ञां वायुर्नावमिवाम्भसि।।

(गीता 2-67)

ये इन्द्रियां बहुत शक्तिशाली होतीं हैं ये बुद्धिमान व विद्वान के मन को भी बलात् हर लेती हैं।

यततो ह्यपि कौन्तेय पुरुषस्य विपश्चितः।
इन्द्रियाणि प्रमाथीनि हरन्ति प्रसभं मनः।।

(गीता 2।60)

"आचार्यजी! मन का इन्द्रियों के साथ क्या सम्बन्ध है? मन इन के वश में क्यों हो जाता है?" एक छात्र ने पूछा। आचार्यजी ने समझाते हुए कहा---"मन इन्द्रियों का स्वामी है। इस की उपमा घुड़सवार से दी जा सकती है। जैसे घोड़े पर सवार यदि घोड़े की लगाम को खींच कर रखता है तो घोड़ा उसे सैकड़ों मील ले जा सकता है पर लगाम ढीली छोड़ देने पर वह उसे कहीं भी गिरा सकता है इसी तरह इन्द्रियों को वश में रखने वाले जितेन्द्रिय बन कर विश्वविजयी होते हैं और इन के वश में होने वाले पशुओं की तरह जीवन बिताकर नारकीय कष्टों को सहते हैं अतः यदि जीवन सफल बनाना चाहते हो तो इन्द्रियों को वश में करो।"

एक जिज्ञासु ने विनम्र स्वर में पूछा--- "ये इन्द्रियां कितनी हैं? इन्हें कैसे वश में करें? कृपया इस विषय में कुछ समझायें।" आचार्य जी ने कहा--- "यह तुमने बहुत अच्छी बात पूछी है बेटे! इन्द्रियां दस हैं। पांच ज्ञानेन्द्रियां हैं पांच कर्मेन्द्रियां हाथ, पैर, तथा शौचादि से निवृत कराने वाली इन्द्रियां हैं ये केवल आदेश का पालन कर शरीर को सक्रिय रखती हैं।

आंख, जीभ, नाक, कान, और त्वचा। ये ज्ञानेन्द्रियां हैं आंख से हम देखते हैं, नाक से सूंघते हैं, कान से सुनते हैं, त्वचा से स्पर्श करते हैं और जीभ एक है पर उसके दो काम हैं, एक भोजन का स्वाद लेना तथा बोलना ये दोनों काम ही बहुत महत्वपूर्ण हैं। रूप, रस, गंध, शब्द और स्पर्श पांच इनके गुण हैं इन में से एक के वश में होने से भी प्राणी का विनाश हो जाता है गीता (2। 67)

देखो, पतंगा दीपक के रूप पर मोहित हो कर उसके पास जाता है और जल कर भस्म हो जाता है, मछली चारे के लालच में जाल में फंस जाती है, भौंरा फूल की सुगंधि के कारण फूल में बन्द होकर मर जाता है, हिरन वीणा के स्वर को सुन कर शिकारी के जाल में फंस जाता है और हाथी स्पर्श के लोभ में बंध जाता है। इसीलिए भगवान कृष्ण ने इन्द्रिय संयम पर बहुत बल दिया है।"

सभी श्रोता बड़े ध्यान से आचार्यजी की बातें सुन रहे थे। एक छात्र ने कहा– "आचार्यजी! जब ये इन्द्रियां विद्वानों को भी वश में कर लेती हैं तो हमारे लिए तो ये बहुत मुश्किल काम है। कृपा करके आप बताएं कि हम इसकी शुरुआत कैसे करें?" आचार्यजी ने गंभीर स्वर में कहा- "देखो बेटे! अगर तुम मन में अच्छा काम करने का निश्चय कर लोगे तो कोई काम मुश्किल नहीं होगा।"

जिह्वा के दो महत्व पूर्ण काम

"तुम इसकी शुरुआत जीभ से करो। हमारे कान, आंख, हाथ पैर दो दो हैं पर उनका काम एक ही है। लेकिन जीभ एक है और उस के काम दो हैं–बोलना और भोजन का स्वाद लेना। ये दोनों ही काम बहुत महत्व पूर्ण हैं। अगर भोजन

पर संयम न हो तो शरीर बीमार हो जाएगा और बोलने पर संयम न होतो लड़ाई झगड़े शुरु हो जायेंगे इसलिए सबसे पहले खाने पीने और बोलने पर नियंत्रण करो।"

यह सुनकर थोड़ी देर के लिए सब चुप हो गए। कुछ देर के बाद संकोच के साथ एक छात्र ने कहा--- "आप की बात तो ठीक है आचार्यजी! पर पता नहीं क्यों मेरे इस मित्र रमेश को तो घर का खाना अच्छा ही नहीं लगता।"

यह सुनकर रमेश ने कहा-- "अच्छा मेरा नाम ले रहे हो और तुम ही तो रोज कहते हो कि चलो आज खाना बाहर खायेंगे। अपनी बात नहीं कहते। यह सुन कर सब हंस पड़े। आचार्यजी ने भी हंसते हुए कहा--"अच्छा, एक बात बताओ, तुम्हें यहां का खाना अच्छा लगता है या नहीं?" सब ने एक साथ कहा, "यहां तो हमें खाना बहुत अच्छा लगता है। भूख भी बहुत लगती है। घर पर तो मम्मी खाने के लिए कहते कहते थक जाती थी खाने का मन ही नहीं करता था। सच बात तो यह है कि यहां तो हमें ना खाने की भूख का पता ना सोने का, यहां तो हम आपसे अधिक से अधिक जानना चाहते हैं। आज आप हमें खाने के विषय में ही बतायें। भगवान कृष्ण ने गीता में भोजन के विषय में क्या लिखा है?"

जिह्वा संयम भोजन पर नियंत्रण

आचार्यजी ने मुस्कराते हुए कहा---- "गीता में भगवान ने भोजन पर संयम रखने पर बहुत जोर दिया है। वे कहते हैं कि आहार विहार में, सोने जागने में संतुलन रखने वाले को योग आसानी से सिद्ध हो जाता है, अर्थात् सात्विक भोजन करने वाले को कर्मयोगी बनने में आसानी होती है। (गीता 6। 17)

क्योंकि भोजन का प्रभाव मन के विचारों पर होता है यदि तुम कर्मयोगी बनना चाहते हो तो खाने पर संयम रखना होगा।"

यह सुनकर संकोच के साथ एक व्यक्ति ने कहा—— "बात तो आपकी ठीक है, पर एक बात समझ में नहीं आती कि ये नुकसान देने वाली चीजें इतनी अच्छी क्यों लगती हैं। खास तौर पर बुखार खांसी में तो चटपटी चीज खाने की इच्छा होती है। बताइये क्या करें?" हंसते हुए आचार्यजी ने कहा—— "बात तुम्हारी भी ठीक है फिर तो तुम ऐसा करो कि खाओ चाट और पकड़ो खाट। पड़े रहो चारपाई पर इसके भी कई लाभ हैं। न कुछ करना पड़ेगा न पढ़ना लिखना।"

"वो कैसे?" एक छात्र ने पूछा। आचार्यजी ने कहा- "एक सेठजी की कहानी सुनो। एक थे सेठजी। खाने पीने के शौकीन। उन्हें बुखार व खांसी हो गई। कई डाक्टरों को दिखाया पर कोई लाभ न हुआ क्योंकि वे परहेज नहीं करते थे। एक वैद्यजी को दिखाया तो उन्होंने कहा——क्यों दवा में पैसे बरबाद करते हो। खूब चाट पकौड़ी खाओ और आराम से बिस्तर पर लेटे रहो। क्योंकि इस के भी तीन लाभ तो हैं ही। सेठजी बहुत खुश हुए। बोले——कौन कौन से लाभ हैं? वैद्य जी ने कहा- जब तुम रात भर खांसते रहोगे तो चोर कैसे आएंगे। दूसरी बात कुत्ते नहीं काटेंगे क्योंकि तुम इतने कमजोर हो जाओगे कि बिना लाठी के चल नहीं पाओगे। तीसरी बात यह कि बुढ़ापा नहीं आएगा, क्योंकि बूढ़े होने से पहले ही रामजी को प्यारे हो जाओगे। सेठजी की समझ में बात आगई और उन्होंने परहेज करना शुरु कर दिया। अब तुम बताओ कि तुम्हारी समझ में बात आई कि नहीं।"

"आपकी सब बातें हमारी समझ में आरही हैं। कृपया हमें भोजन के नियम

बताएं।" एक जिज्ञासु साधक ने पूछा। आचार्यजी ने कहा- "गीता में भगवान ने इस विषय को बहुत गंभीरता से लिया है वे कहते हैं कि योगी को न बहुत अधिक खाना चाहिए न अधिक उपवास करना चाहिए। (6। 16)। बहुत खाने वाले पहलवान दूसरों को गिरा कर जशन मनाते हैं। वे गिरे को उठा नहीं सकते क्योंकि उनमें वह सद्भावना ही नहीं होती। इस समय विवाह शादियों की तो बात ही क्या घर में भी बहुत सी तली, बासी और अनमेल चीजें एक साथ खाई जाती हैं जो स्वास्थ्य के लिए बहुत हाानिकारक हैं।"

एक पंडित जी एक शादी में गए। वहां खूब तरह तरह का भोजन किया घर आए तो पेट में दर्द हुआ पत्नी ने चूरन की गोली दी तो बोले कि पगली! यदि गोली की जगह होती तो एक रसगुल्ला ही न खा लेता। कहने का मतलब है कि जो लोग खाने के लिए ही जीते हैं वे पशुओं की तरह जीते और मरते हैं।

भोजन के नियम

यह सुनकर एक साधक ने पूछा---"आचार्यजी! आप हमें यह बताने की कृपा करें कि हमें कब और क्या खाना चाहिए?" आचार्यजी ने कहा--- "इस विषय में वैद्यक में नियम है-हितभुक्, मित्भुक्, ऋतुभुक्- अर्थात् शरीर के लिए हितकारी, भूख से कम तथा समय के अनुसार भोजन करना चाहिए। भगवान कृष्ण ने इस विषय को विस्तार से समझाया है। वे कहते हैं कि भोजन तीन प्रकार का है- सात्विक, राजसी व तामसिक। गीता (17। 7)

आयु बुद्धि, बल, आरोग्य, सुख देने वाला भोजन सन्तों व सज्जनों को अच्छा लगता है। (17। 8) कड़वे, खट्टे, बहुत गरम, चटपटे, तीखे, रोगों को

बढ़ाने वाले भोजन राजसी प्रवृत्ति वाले लोगों को अच्छे लगते हैं। (17 । 9) बासी, झूठा, अधपका, अपवित्र भोजन तामस पुरुष को प्रिय होता है। (17 । 10) एक बात और ध्यान रखो कि भोजन का मन के विचारों पर बहुत प्रभाव पड़ता है। जैसा होगा अन्न वैसा होगा मन।"

"आचार्यजी! अन्न का प्रभाव मन कैसे पड़ता है? इसे समझाने की कृपा करें।" एक छात्र ने पूछा। आचार्यजी ने समझाते हुए कहा--- "देखो बेटे! भोजन का मन पर बहुत प्रभाव पड़ता है। जो लोग सात्विक भोजन करते हैं वे स्वभाव से दयालु व उदार होते हैं, जो तामसिक भोजन करते हैं वे कठोर व हिंसक स्वभाव के हो जाते हैं। जो लोग शाकाहारी भोजन करते हैं उन्हें मांस, मछली, शराब आदि दुर्गन्ध युक्त वस्तुओं से घृणा होती है। जो व्यक्ति सब पशु पक्षियों पर भी दया करता ह, जो उन्हें दुखी व घायल भी नहीं देख सकता, वह उन्हें मारकर कैसे खाएगा? तुमने गौतम बुद्ध की बचपन की कथा सुनी है?"

"नहीं आचार्य जी! आप हमें सुनाएं।" सब ने एक स्वर से कहा। आचार्यजी ने कहा--- "गौतम बुद्ध बचपन से ही बहुत दयालु थे। उनका बचपन का नाम सिद्धार्थ था। उनके एक भाई का नाम देवदत्त था। उसे शिकार का शौक था। एक दिन उसने एक हंस को तीर से घायल कर दिया। सिद्धार्थ ने उसे उठा लिया उसके घाव को धोकर उस पर दवा लगाई देवदत्त ने कहा---यह मेरा शिकार है मुझे दो। पर सिद्धार्थ ने देने से मना कर दिया- उसने राजा से शिकायत की। राजा ने कहा--- हंस को छोड़ दो और तुम दोनों इधर उधर खड़े हो जाओ। हंस जिसके पास जाएगा उसी का है। हंस को छोड़ दिया गया और वह भागकर सिद्धार्थ की गोद में छिप गया। पशु पक्षी भी प्यार की भाषा समझते हैं ना?"

यह सुनकर एक छात्र ने संकोच के साथ कहा--"आचार्यजी! यह तो आप सच कहते हैं -मेरी दादी मां जब चिड़ियों व कबूतरों को खाना खिलाती हैं तो वे उनके हाथ पर रखे हुए दाने चुगते रहते हैंपर मुझे देखते ही वे उड़ जाते हैं।" आचार्यजी ने पूछा--- "तुम क्या खाते हो?" शर्माते हुए उसने कहा-- "हमारे घर में दादी मां को छोड़कर सब मांसाहारी है। मुझे यह कहने में शर्म आ रही है कि हमारे यहां मांस मछली ही नहीं, बीफ (गोमांस) ही सबसे अधिक खाया जाता है। आप बताएं कि मुझे क्या करना चाहिए?"

गौरक्षा का संकल्प

यह सुनकर आचार्यजी की आंखें भर आईं। उन्होने दुखी स्वर में कहा---- "बेटे! यह इस देश का दुर्भाग्य ही है कि माता के समान पूजी जाने वाली गौमाता को लोग मारकर खा रहे हैं। यही कारण है कि ईर्ष्या, द्वेष की भावना बढ़ रही है, लोग एक दूसरे के खून के प्यासे हो रहे हैं। बेटे! तुम लोग तो इस समय उन कृष्ण की गीता सुन रहे हो जो गौमाता की रक्षा करने कारण गोविन्द गोपाल कहाए। उन्होंने बचपन में गाय चराईं और महाभारत में घोड़ों के सारथी बनकर घोड़ों को सहलाया। तुम ही सोचो उनकी गीता का संदेश सुनकर तुम्हें क्या करना चाहिए?"

सभी श्रोता भावुक हो गए। उन्होंने एक साथ कहा--- "आचार्यजी! आज हम सब गीता को हाथ में ले कर आप के सामने शपथ लेकर गौमाता की रक्षा का संकल्प लेते हैं-और आज से हम मांस, मछली की तो बात ही क्या लहसुन, प्याज व अण्डा भी नहीं खाएंगे। हम मम्मी से कह देंगे कि यदि ये चीजें घर में बनेंगी तो हम भूख हड़ताल कर देंगे। इतना ही नहीं हम आपको विश्वास

दिलाते हैं कि हम देश विदेश में गोरक्षा का आन्दोलन करेंगे। हम अपने मित्रों व घर के सदस्यों को भी शाकाहारी भोजन के लाभ बताकर मांसाहारी भोजन का वहिष्कार करेंगे। आप हमें आशीर्वाद दें कि हम अपने संकल्प को पूरा कर सकें।"

आचार्यजी अपनी सफलता पर बहुत प्रसन्न थे। उन्होंने भाव भरे शब्दों में कहा—"मेरे देश के नौनिहालो! भारत माता व गौमाता तुम्हारी तरफ आशा भरी दृष्टि से देख रही है। मेरा आशीर्वाद है कि मां सरस्वती, मां गायत्री और वे स्वयं गिरधर गोपाल तुम्हारे संकल्प को पूरा करने में तुम्हारे सहायक हों। तुम अपना संकल्प पूरा कर के इस देश को फिर से स्वर्ग बना दो।"

वातावरण कुछ देर के लिए गम्भीर हो गया। थोड़ी देर के बाद एक छात्र ने पूछा—"आचार्यजी! भोजन के अतिरिक्त हमें किस किस पर संयम रखना चाहिए?" आचार्यजी ने हंसते हुए कहा—"बेटे! अभी तो जीभ का ही एक काम बाकी है जो सबसे अधिक महत्वपूर्ण है, वह है बोलना, वाणी पर संयम। वाणी मानव के लिए ईश्वर का दिया वरदान है जो अन्य किसी भी प्राणी के पास नहीं है। सद्बुद्धि के आधार पर विचारो के आदान प्रदान से ही संसार की उन्नति हो सकी है और ये विचार वाणी के माध्यम से ही दिये जाते हैं।"

जिह्वा संयम वाणी संयम

वाणी मां सरस्वती को कहते हैं और इस वाग्देवी की पूजा वाणी संयम से ही हो सकती है। "आचार्यजी! क्या भगवान कृष्ण ने गीता में इस विषय पर भी कुछ संदेश दिया है?" एक जिज्ञासु ने पूछा। आचार्यजी ने कहा—"हां बेटे!

गीता में मानव को जीने की कला सिखाई है और वाणी तो सबसे अधिक महत्वपूर्ण अंश है।" गीता में भगवान कहते हैं---

अनुद्वेगकरं वाक्यं सत्यं प्रियहितं च यत्।
स्वाध्यायाभ्यसनं चैव वाङ्मयं तप उच्यते।।

(गीता 17। 15)

दूसरों को उत्तेजित न करने वाले, सत्य किन्तु प्रिय लगने वाले हितकारी वाक्य बोलने चाहिए। वेद, शास्त्रों और सद्ग्रंथों का अध्ययन करना चाहिए। यह वाणी का तप है। अर्थात् इससे वाणी में संयम आता है बोलने का तरीका आता है। बोलने में मिठास हो तो शत्रु भी मित्र बन जाते हैं कटु वाणी अपनों को भी दुश्मन बना देती है। लड़ाई की शुरुआत बोलने से ही होती है। किसी ने एक गाली दी दूसरे ने दो। फिर लाठियां व गोली चलीं और कभी कभी तो ये दुश्मनी पीढ़ियों तक चलती रहती है। इसीलिए कहा है----

जिह्व्या मेरी बावरी कह गई सरग पताल।
आपुन कह भीतर गई जूते खात कपाल।।

लड़ाई शुरु होती है कठोर बोलने से, पर जीभ तो कह कर मुंह में छिप कर बैठ जाती है और जूते पड़ते हैं सिर पर। यह कोई नहीं कहता कि इस की जीभ काट दो सब यही कहते हैं कि इस का सिर फोड़ दो या गोली मार दो। इस लिए शास्त्र कहते हैं सत्यं वद, प्रियं वद। सत्य बोलो मगर प्रिय बोलो। अन्धे को अन्धा न कहकर सूरदास कह दो तो क्या नुकसान है। वाणी का सदुपयोग करो।

बिना वजह दूसरों की निन्दा या चापलूसी मत करो। सच तो यह है कि जितना अपराध हम हाथों से करते हैं उससे अधिक हम कटु शब्द बोल कर दूसरों को दुख दे कर करते हैं। ये कहा भी है कि तलवार का घाव भर जाता है

पर कठोर बातों का घाव कभी नहीं भरता। बोलते समय इस बात का भी ध्यान रखो कि थोड़ा कड़वा बोलने के कारण ज्यादा कड़वा सुनना न पड़ जाए। दूसरों से ऐसी बात मत कहो जो तुम्हें अपने लिए पसन्द नहीं।

अंग्रेजी में एक शब्द आता है (सौरी) बस अपनी गलती को मान लो और क्षमा कीजिए, गलती हो गई। यह कह दो तुम भी खुश और दूसरे भी खुश। यह कहने में क्या जाता है। संस्कृत में भी श्लोक है- **"वचने का दरिद्रता"** -प्रिय बात कहने से सब प्रसन्न हो जाते हैं तो ऐसी ही बात कहो बोलने में क्या कंजूसी? सन्तों ने भी कहा है-

ऐसी बानी बोलिए मन का आपा खोय।
औरन को सीतल करे आपुन सीतल होय।।

कहावत भी है कि एक चुप सौ को हरावे। एक गांव में एक नई बहू आई। बहुत अच्छे संस्कार वाली और पढ़ी लिखी- सब उसकी तारीफ करते थे। उनके घर के पास एक लड़ाका व कर्कशा रहती थी। वह किसी की तारीफ नहीं सुन सकती थी बहू की तारीफ सुनकर उनके घर पहुंच गई लड़ने के लिए। सास ने कहा--- बहू! अन्दर चली जा। लड़ाका आरही है। बहू ने कहा--- मांजी! आप अन्दर जाइये उन्हें मैं देखती हूं। आप कुछ मत बोलना। लड़ाका आई और बोलना शुरु कर दिया। जब बोलते बोलते थक गई तो बोली आज इस घर में सब मर गए हैं क्या? कोई जबाब ही नहीं दे रहा।

बहू धीरे से आई। हाथ में मिठाई की तश्तरी और पानी का गिलास था। पैर छू कर बोली--- मांजी! आप बोलते बोलते थक गईं होंगी पहले कुछ खा लीजिए फिर मुझे बोलना सिखाइयेगा। असल में मेरी मां बचपन में ही मर गई

थी इसलिए मुझे बोलना नहीं आता। आप खड़े खड़े थक गई होंगी बैठिए, मैं आपके पैर दबाती हूं। लड़ाका के लिए यह बिलकुल नया अनुभव था।

उसका गुस्सा शांत हो गया और वह चली गई। इस प्रकार मधुर वाणी सब को अपने वश में कर लेती है-

> तुलसी मीठे वचन से सुख उपजत चहुं और।
> वशीकरन एक मंत्र है तज दे वचन कठोर।

"सचमुच आचार्यजी! चुप रहने से इतना लाभ है ये तो हमने कभी सोचा ही नहीं। पर आप ही बताएं जब कोई गुस्से में बोलता है तो चुप रहना कितना मुश्किल काम है?" आचार्यजी ने कहा---- "तुम सच कहते हो बेटे! पर मौन रहना भी एक तप है।"

"जब दूसरा आदमी गुस्से में हो तो चुप रहने में बहुत लाभ है। दो सहेलियां थीं रमा व उमा। रमा ने उमा से कहा---- मेरे पति को बहुत क्रोध आता है गुस्से में न जाने क्या क्या बोलते रहते हैं। मुझसे अब सहन नहीं होता। उमा ने कहा---मैं तुझे जादू की गोली देती हूं, जब वे गुस्सा करें तो इसे मुंह में रख लेना और बोलना मत। उसने ऐसा ही किया। जब पतिदेव कुछ बोलते तो वह मुंह में गोली रख लेती और चुप रहती। पतिदेव कुछ देर बोलते जब वह चुप रहती तो वेभी शान्त हो जाते।

कुछ दिन बाद रमा ने कहा---- उमा, तेरी गोली तो बहुत अच्छी थी। अब हमारे घर की लड़ाई खतम हो गई। क्या नाम था उसका? उमा ने कहा--- प्यारी बहन! वह तो मिठाई की गोली थी। काम तो तुम्हारे चुप रहने ने किया गोली ने

नहीं। यह सुनकर रमा हैरान रह गई।"

एक छात्र ने कहा--- "यह सुनकर तो हम भी हैरान हो रहे हैं कि इतनी छोटी छोटी बातों पर हमने कभी विचार ही नहीं किया। हमें तो मम्मी पापा भी कुछ कह देते हैं तो हम उन्हें भी उल्टा सीधा बोल देते हैं। अब हम आपको विश्वास दिलाते हैं कि बोलते समय वाणी पर संयम रखेंगे ऐसी बात नहीं कहेंगे जिससे दूसरों को कष्ट हो। किसी से झगड़ा भी नहीं करेंगे पर एक बात बताइये कि कभी कभी न चाहते हुए भी हम गलत काम क्यों कर बैठते हैं?"

कामना व वासना पर संयम

आचार्यजी ने हंसते हुए कहा--- "गीताकार ने तुम्हारी सब शंकाओं का समाधान किया है। हमें अर्जुन के प्रति कृतज्ञ होना चाहिए कि उसने वही प्रश्न पूछे हैं जो हम सब के हैं। गीता के तीसरे अध्याय में उसने यही पूछा है कि मनुष्य न चाहते हुए भी पाप का आचरण क्यों करता है?"

अथ केन प्रयुक्तोऽयं पापं चरति पूरुषः।
अनिच्छन्नपि वार्ष्णेय बलादिव नियोजितः।।

(गीता 3।36)

उसका उत्तर देते हुए भगवान कहते है---

काम एष क्रोध एष रजोगुणसमुद्भवः।
महाशनो महापाप्मा विद्ध्येनमिह वैरिणम्।।

(गीता 3।37)

भोगों से कभी सन्तुष्ट न होने वाला यह काम ही सबसे बड़ा बैरी है यही पाप कराता है। इसलिये हे अर्जुन! तू इन इन्द्रियों को वश में कर के ज्ञान को नष्ट करने वाले इस पापी काम को मार।

तस्मात्त्वमिन्द्रियाण्यादौ नियम्य भरतर्षभ।
पाप्मानं प्रजहि ह्येनं ज्ञानविज्ञाननाशनम्।।

(गीता 3। 41, 43)

क्योंकि यह काम वासना की कींचड मनुष्य को ऐसी दलदल में फंसा देती है जहां से निकलना मुश्किल होता है। इसलिए भगवान ने कहा है कि आसक्ति का नाश न होने पर ये इन्द्रियां बुद्धिमान पुरुष के मन को भी वश में कर लेतीं हैं।

यततो ह्यपि कौन्तेय पुरुषस्य विपश्चित:।
इन्द्रियाणि प्रमाथीनि हरन्ति प्रसभं मन:।।

(गीता 2। 60)

इन को वश में रखना बहुत आवश्यक है।

एक बार व्यास जी ने लिखा कि ये इन्द्रियां बहुत बलवान होतीं हैं, ये विद्वानों के मन को भी आकर्षित कर लेती हैं। उनके शिष्य जैमिनीजी ने कहा --- ये आपने गलत लिखा है। यह लिखिये कि ये विद्वानों के मन को वश में नहीं कर सकती। व्यास जी ने कहा-- मैंने जो लिखा है ठीक लिखा है। वे समझ गए थे कि शिष्य को अभिमान हो गया है। एक रात्रि में किसी स्त्री के रोने की आवाज आई तो व्यासजी ने परीक्षा लेने हेतु जैमिनीजी को भेजा। वहां उन्होंने देखा कि एक सुन्दर स्त्री रो रही है। बारिश हो रही थी बिजली की चमक में वह स्त्री बहुत सुन्दर दिखाई दे रही थी जैमिनी ने उससे रोने का कारण पूछा तो उसने कहा मेरे पति पानी पीने गए थे बहुत देर हो गई अब तक वापस नहीं आए रात हो गई मैं क्या करूं? जैमिनी ने एक शिष्य को वहां बिठाकर उससे कहा---- तुम मेरे साथ मेरे आश्रम में चलो। तुम्हारे पति को ये शिष्य आश्रम में ले आएगा। आश्रम में ला कर उन्होंने उसे कमरे में सुला दिया और उस स्त्री ने दरवाजा बन्द कर लिया।

वह तो सो गई पर जैमिनी को नींद नहीं आरही थी। बार बार उसका सुन्दर चेहरा सामने आरहा था। उन्होंने दरवाजा खटखटाया पर उसने दरवाजा खोलने से मना कर दिया। जैमिनीजी ने दरवाजा तोड़ दिया। अन्दर देखा तो सामने व्यासजी बैठे थे और उनके हाथ में वही श्लोक था। जैमिनीजी ने लज्जित हो कर उनके पैर पकड़ लिए और उनसे क्षमा मांगी। कहने का मतलब यह है कि ये काम वासना बड़ी प्रबल होती है। संसार में समस्याओं की जड़ यही है। क्योंकि कामनाओं के पूरी न होने पर क्रोध उत्पन्न होता है क्रोधावेश में आने से बुद्घि नष्ट हो जाती है, बुद्घि नष्ट होने से मनुष्य का पतन हो जाता है। (2। 62, 63) इसलिए इन्द्रिय सयंम में भोजन और वाणी के साथ साथ काम वासना पर नियंत्रण रखना बहुत जरूरीहै। क्योंकि वासना के वश में होकर बड़े बड़े महर्षि व तपस्वी भी तप नष्ट कर बैठते हैं।

"आचार्यजी! जब मन इतना चंचल है कि तपस्वी भी इसे वश में नहीं कर पाते तो हम इसे कैसे वश में कर सकते हैं?" एक छात्र ने पूछा। आचार्यजी ने समझाते हुए कहा--- "तुम सच कहते हो। यही प्रश्न अर्जुन ने भी भगवान से पूछा था।"

चञ्चलं हि मनः कृष्ण प्रमाथि बलवद्दृढम्।
तस्याहं निग्रहं मन्ये वायोरिव सुदुष्करम्।

(गीता (6। 34)

उन्होंने उसका उत्तर देते हुए कहा है---- "हे अर्जुन! निश्चित ही मन चंचल और कठिनता से वश में होने वाला है पर इसे अभ्यास और वैराग्य से वश में करना चाहिए।"

असंशयं महाबाहो मनो दुर्निग्रहं चलम्।
अभ्यासेन तु कौन्तेय वैराग्येण च गृह्यते।।

(गीता 6। 35)

**अथ चित्तं समाधातुं न शक्नोषि मयि स्थिरम्।
अभ्यासयोगेन ततो मामिच्छाप्तुं धनञ्जय।।**

(गीता 12। 9)

"हम इसका अभ्यास कैसे करें?" एक जिज्ञासु ने पूछा। आचार्यजी ने कहा---"तुम्हारे इस प्रश्न का उत्तर भी गीता में है-जैसे कछुआ आपत्ति आने पर अपने सब अंगों को अपनी पीठ में समेट लेता है वैसे ही संयमी पुरुष को अपनी इन्द्रियों को विषयों की ओर से हटा लेना चाहिए।"

**यदा संहरते चायं कूर्मोऽङ्गानीव सर्वशः।
इन्द्रियाणीन्द्रियार्थेभ्यस्तस्य प्रज्ञा प्रतिष्ठिता।।**

(गीता 2। 58)

एक छात्र ने संकोच के साथ पूछा---- "आचार्यजी! गीता में कहीं कहीं बहुत मुश्किल शब्दों का प्रयोग किया गया है। हमने तो कछुआ कभी देखा भी नहीं, वह अपने अंगों को कैसे समेटता है हमें समझाने की कृपा करें।" आचार्यजी ने कहा----"देखो, कछुए की पीठ बहुत मजबूत होती है। जब वह चलता है तो अपने सब पैरों को बाहर निकाल लेता है और यदि कोई भय उपस्थित होता है तो सब को पीठ में छिपा लेता है इसी तरह संयमी को चाहिए कि वह विनाश की ओर ले जाने वाली विषय वासनाओं से अपनी इन्द्रियों को बचाए रखे। रही अभ्यास की बात तो इस के लिए वे कहते हैं कि यह चंचल मन जिस विषय भोग की तरफ जाए उसे वहां से हटा कर भगवान के चरणों में लगाने का अभ्यास करो।"

**यतो यतो निश्चरति मनश्चञ्चलमस्थिरम्।
ततस्ततो नियम्यैतदात्मन्येव वशं नयेत्।।**

(गीता 6। 26)

राग द्वेष व समस्त कामनाओं को छोड़ कर काम की भावना को भगवत्प्रेम में बदल दो। कामना, ममता, अहंकार, व ईर्ष्या द्वेष को छोड़कर ही सुख, शान्ति व सच्चे आनन्द को पा सकोगे। (2। 71) काम को हरि चरणों में समर्पित कर दो। तुलसीदास पत्नी के प्रेम में पागल हो कर सांप को रस्सी और मुर्दे को नाव समझ रहे थे। जब उनकी पत्नी रत्ना ने कहा---

अस्थिचर्म मय देह मम तामें ऐती प्रीति।
होती जो श्री राम में होति न तब भय भीति।।

अस्थियों और चमड़े से बने मेरे शरीर से तुम्हें जितना प्रेम है यदि उतना प्यार भगवान से करते तो भव सागर से तर जाते तो सन्त बन गए। उन्होंने स्वयं कहा है--- **"हम तो चाखा प्रेम रस पत्नी के उपदेस,"** सूरदास ने किसी के प्रेम में पागल हो कर अपनी आंखें फोड़ लीं थी जब उन्होंने अपनी वासना और मोह को भगवत्चरणों में समर्पित कर दिया, अपने जीवन की नैया प्रभु के हाथों में सौप दी तो वे अमर हो गए।

इन्द्रियों पर संयम रखने का, कामनाओं से छुटकारा पाने का तथा जीवन को सफल बनाने का यही उपाय है जो गीता में बताया गया है। कामी, क्रोधी, लोभी और अहंकारी को यदि कुबेर का खजाना भी मिल जाए तो भी उसे सुख व शान्ति नहीं मिल सकती।

साधन संयम

एक शिष्य ने सकुचाते हुए कहा--- "आचार्यजी, यदि कुबेर का खजाना मिल जाए तो सारी मुश्किलें ही खत्म हो जायें। फिर तो बस खाओ, पियो मौज उड़ाओ। फिर कुछ करने की जरूरत ही नहीं पड़ेगी। " आचार्यजी ने मुस्कराते हुए कहा- "ठीक कहते हो बेटे! यही मैं तुमसे जानना चाहता था। तुम पढ़ाई किस लिए कर रहे हो?"

इंजीनियर डाक्टर बन कर पैसा कमाकर खाने पीने मौज उड़ाने के लिए या एक अच्छा इन्सान बनकर जीवन को सफल बनाने के लिए? असल में इसमें तुम्हारा दोष नहीं। इस समय शिक्षा ही ऐसी दी जा रही है। त्याग तपस्या की बातें सिखाकर बच्चों को चरित्र निर्माण की शिक्षा नहीं दी जाती।

तुम लोग गीता सुन रहे हो ना। बताओ, महाभारत का युद्व किस लिए हुआ? राज्य के लोभ ने दुर्योधन की बुद्वि नष्ट कर दी। वह पांडवों को पांच गांव देने को भी तैयार नहीं हुआ। सारे राज्य का स्वामी बन कर भी वह जीवन भर काम, क्रोध, ईर्ष्या द्वेष व लोभ की आग में जलता रहा। इसके विपरीत पांडव जंगल जंगल भटककर भी प्रसन्न रहे। और विदुर, वे भी धृतराष्ट्र व पांडव के भाई थे चाहते तो वे भी राज्य के लिए झगड़ा कर सकते थे पर वे तो साग पात खाकर भी सबसे ज्यादा खुश थे। अब तुम ही बताओ कि खुशी मन में है या धन में।

कुछ देर के लिए सब चुप हो गए। थोड़ी देर बाद एक जिज्ञासु ने विनम्रता पूर्वक कहा---"आचार्यजी! आपकी सब बातें समझ में आरही हैं हम आपको विश्वास दिलाते हैं कि हम खाने पीने व बोलने का पूरा ध्यान रखेंगे, पर हमें

आप यह बताइये कि धन के बिना इस दुनिया में कैसे काम चल सकता है?" आचार्यजी ने कहा----"तुम यह बात सच कहते हो बेटे! धन के बिना किसी का काम नहीं चलता, इसलिए शास्त्रों में धन की निन्दा नही की। धन के संग्रह की निन्दा की है, माया व लोभ की निन्दा की है।

शास्त्र कहते हैं **"तेन त्यक्तेन भुंजीथा:"** दूसरों को खिला कर खाओ। गीता में भी कहा है कि जो केवल अपने लिए पकाता है वह पापी है। काम क्रोध व लोभ ये तीन नरक के द्वार मनुष्य को पतन की ओर ले जाते हैं।

त्रिविधं नरकस्येदं द्वारं नाशनमात्मनः।
कामः क्रोधस्तथा लोभस्तस्मादेतत्त्रयं त्यजेत्।।

(गीता 16। 21)

धन कमाओ ईमानदारी और मेहनत से, उसका लोभ मत करो और उसे अपने लिए ही नहीं परोपकार में खर्च करो। धन को इकट्ठा न करके मनुष्य यदि सत्कमों में खर्च करता है तो संसार उसे दानी कह कर उस की पूजा करता है। सत्य हरिश्चन्द्र, दानवीर कर्ण, राजा रन्तिदेव, राजा शिवि की गाथाएं इतिहास में स्वर्णाक्षरों में अंकित हैं। सोने की लंका वाले रावण व हिरण्याक्ष का कोई नाम भी लेना पसन्द नही करता इसलिए धन कमाओ मगर उसका संग्रह मत करो क्योंकि लोभ के कारण मनुष्य बहुत गलत काम कर डालता है लोभ पाप की जड़ है।

इस समय सब को एक ही धुन है कि अधिक धन कैसे इकट्ठा करें? धनके लालच में चोर बाजारी, लूट खसोट, अपहरण, आदि अनेक अनैतिक काम हो रहे हैं। दीन ईमान, मां बाप सब कुछ पैसा ही है। बाप बड़ा ना भैया, भैया सब

से बड़ा रुपैया। इस के लिए मां बाप, पति पत्नी भाई बहन के रिश्ते खतम हो रहे हैं। रोटी कपड़ा मकान की चाह में दौड़ते दौड़ते अपना दम तोड़ रहे हैं।

एक आदमी से राजा ने कहा कि सूरज डूबने तक तुम जहां तक दौड़ सको वहां तक की जमीन तुम्हें दे दूंगा। वह आदमी शाम तक भूखा प्यासा दौड़ता रहा शाम को ठोकर खाकर गिरा और मर गया। केवल पांच हाथ जमीन मिली और वह भी यहीं रह गई। सब जानते हैं कि यह धन किसी के साथ नहीं जाता पर तो भी इकट्ठा करते जाते हैं।

इस समय धन की लालसा इतनी बढ़ गई है कि स्वर्ग नरक की भी परवाह नहीं है। एक सेठ जी मर कर स्वर्ग गए तो यमराज ने कहा--- सेठजी! तुम्हारे कुछ अच्छे कर्म भी है कुछ बुरे भी तुम पहले कहां जाना पसन्द करोगे? सेठजी ने कहा---महाराज! स्वर्ग हो या नरक मुझे तो वहां भेज दो जहां चार पैसे की आमदनी हो। यह सुनकर सब को हंसी आगई। " एक व्यक्ति ने कहा--"गुरुजी! सच बात तो यह है कि इस समय खर्चे इतने बढ़ गए हैं कि काम चलाना ही मुश्किल हो रहा है।"

आचार्यजी ने कहा---"पहले तो ये बताओ कि इसके लिए कौन जिम्मेदार है? खाने पीने में दस दस चीजें खाकर बिमारियों को निमंत्रण देते हो फिर डाक्टरों की दवाओं में पैसे खर्च करते हो। शरीर पर तो एक ही जोड़ी कपड़े पहने जाते हैं पर उन पर कितना फिजूल खर्च करते हो? और विवाह शादियों में आतिशबाजी छप्पन तरह के अनमेल भोजन शराब की बोतलों पर कितना धन बरबाद करते हो, बेटे! धन का संयम इसी का नाम है कि सादगी से रहो। फिर देखो कितने कम में भी कितने खुश रह सकते हो?"

दूसरी बात यह है कि बेईमानी से कमाये हुए धन का मन के विचारों पर भी प्रभाव पड़ता है। जिस घर में बेईमानी या दूसरों का दिल दुखाकर धन आता है वहां बच्चे बिगड़ जाते हैं। एक साधु को राजा अपने महल में ले गए। कुछ दिन रहने के बाद एक दिन साधु ने देखा कि राजा का हार गिरा है तो उसने उसे चुरा लिया और लेकर जंगल में चला गया कुछ दिन बाद बीमार हुआ तो राजा के भोजन का प्रभाव समाप्त होगया। तब उसे अपने नीच कर्म पर पश्चाताप हुआ। जब वह उसे वापिस करने गया तो राजा ने पूछा---आपने चोरी क्यों की? साधु ने कहा---महाराज! आपके घर का अन्न खाकर मेरे विचार दूषित हो गए। अब उस का प्रभाव समाप्त हो गया है अब उसे वापिस करने आया हूं। कहने का मतलब यह है कि मेहनत और ईमानदारी से कमाओ और अपनी इच्छाओं पर संयम रखकर धन का सदुपयोग करो।

एक साधक ने पूछा--- "आचार्यजी! धन का सदुपयोग कैसे करें?" आचार्यजी ने कहा- "अपने पास उतना ही धन रखो जितनी जरूरत है बाकी धन समाज हित में लगा दो। दान कर दो। दान देने में स्वार्थ की भावना नहीं होनी चाहिए। गीता में भगवान कृष्ण ने तीन तरह के दान बताए हैं ---सात्विक, राजसी तथा तामसिक।

दान देना कर्त्तव्य है यह सोच कर दान देना चाहिए। भूखे, अनाथ, दुखी, रोगी और असमर्थ को भोजन, वस्त्र, औषधि आदि देकर उनकी सहायता के लिए जो दान दिया जाता है वह सात्त्विक दान कहलाता है। (17 । 20) गीता। जो दान अनिच्छा से चन्दे आदि के लिए या बदले की भावना से दिया जाता है, मान, बड़ाई, प्रतिष्ठा, स्वर्ग की प्राप्ति या रोगों से छुटकारा पाने के लिए दिया जाता है

वह दान राजस है। (17।21) जो दान तिरस्कार पूर्वक अपमानित करके दिया जाता है या कुपात्र को दिया जाता है वह दान तामसिक है।" (17।22) गीता

एक साधक ने पूछा--- "कुपात्र से क्या मतलब? आचार्यजी!" आचार्यजी ने कहा---"इसे इस तरह समझो कि एक आदमी को तुमने दस रुपये दिए उसने जाकर शराब पी ली। दूसरे को तुमने दस रुपये दिये उसने उससे हवन सामग्री खरीद कर सब को प्रसाद बांटा तो तुम ही बताओ किस को दिया गया दान सार्थक है। इसे हमने तुम्हें पहले भी विद्यासागर के उदाहरण द्वारा समझाया था ना? दान देकर किसी को भिखारी मत बनाओ स्वावलम्बी बनाओ।

इस समय ऐसे लोगों की संख्या बहुत अधिक है जो भिक्षा में धन मांग कर उसका दुरुपयोग करते हैं। उचित पात्र को दिया गया दान ही सात्त्विक दान है। इस समय भी दान देने वालों की कमी नहीं है धार्मिक स्थलों में धर्मशाला, गौशाला, अनाथालय, औषधालय आदि अभी बनवाए जाते हैं पर अधिकतर दान देने वालों की यही भावना रहती है कि अखबारों में नाम व फोटो छप जाए, उन स्थानों पर उनका नाम लिखा जाए यह भावना त्याग की नहीं अहंभाव को प्रदर्शित करती है। दान परोपकार की भावना से होना चाहिए और सुपात्र को ही देना चाहिए तभी दान की सार्थकता है।"

समय संपदा

"आचार्यजी! यदि किसी के पास धन न हो तो वह क्या करे?" एक जिज्ञासु ने पूछा। आचार्यजी ने कहा---"देखो बेटे! ईश्वर ने मानव को बहुत सी अनमोल वस्तुएं दी हैं उनमें समय संपदा भी बहुत महत्त्वपूर्ण है। तुम अपना

समय भी दान कर सकते हो।" "समय दान कैसे कर सकते हैं?" उस साधक ने आश्चर्य से पूछा।

आचार्यजी ने हंसते हुए कहा --- "समय दान का मतलब है अपने समय को किसी की सेवा में लगा दो। थोड़ा समय किसी बीमार की सेवा में लगा दो, किसी गरीब बच्चे की पढ़ाने में मदद कर दो। तुम्हारे पास जो भी प्रतिभा है उसके द्वारा किसी की सहायता करने के लिए यदि तुम कुछ समय दे दो तो वह तुम्हारा समय दान होगा। इस समय बहुत सी जगह हैं चिकित्सालय, अनाथालय, वृद्धाश्रम, कुष्टाश्रम, आदि जहां जाकर तुम समय का सदुपयोग कर सकते हो पर इस के लिए भी अपने पर संयम करना होगा। तुम बताओ खाली समय में तुम क्या करते हो?"

पढ़ाई के समय तो कुछ करने का समय ही नहीं मिलता छुट्टी के दिन तो बस खाना पीना सोना, दोस्तों के साथ घूमना, पिक्चर या टी. वी. देखना यही सब करते हैं, संकोच के साथ एक छात्र ने कहा। आचार्यजी ने कहा--- "प्यारे बच्चों! समय भगवान की दी हुई अनमोल निधि है। इसे काल कहते हैं। जो समय को नष्ट करता है महाकाल उसे नष्ट कर देता है। गीता में भगवान ने कहा है कि समय पर सोने समय पर जागने, व समय पर सब काम करने वाले ही जीवन में सफल होते हैं। तुम ऐसा करो कि अपने साथियों की एक टीम बना लो और खाली समय में जाओ उन बीमार, अनपढ़, असहाय वृद्धों के पास जिन्हें तुम्हारी जरूरत है। उनकी सेवा भगवान की सेवा है।"

समय का सदुपयोग करके जीवन को सफल बनाओ- प्रत्येक मनुष्य को निश्चित आयु मिली है। बुद्धिमानों का समय काव्य शास्त्र के पढ़ने पढ़ाने में

तथा परोपकार में बीतता है और मूर्खों का समय लड़ाई, झगड़े, व्यसनों और सोने में बीतता है। महापुरुष जीवन के एक एक क्षण का उपयोग करते हैं।

आज का काम कभी कल पर मत छोड़ो।
अच्छे कामों को शीघ्र ही कर डालो।
काल करन्ते आज कर आज करन्ते अब।
पल में परलय होयगी फेरि करोगे कब।।

रावण कितना शक्तिशाली था। लंका विजय के बाद जब वह मृत्यु शैया पर पड़ा था तो राम ने लक्ष्मण से कहा--- जाओ, रावण से कुछ शिक्षा ले कर आओ- लक्ष्मण वहां गए तो रावण ने दुखी होकर कहा--- तुम मेरे जीवन से यही शिक्षा लो कि आज का काम कभी कल पर मत छोड़ो। मैं मृत्युलोक से स्वर्ग तक सीढ़ी बनाना चाहता था, मेरे लिए यह काम बहुत सरल था पर आजकल करते करते समय बीत गया और मेरा अन्त समय आ पहुंचा।

अत: जो करना है उसे तुरन्त कर डालो। कल पर मत छोड़ो समय बहुत बलवान है वह किसी को नहीं छोड़ता। इसलिए जो विवेक से काम लेते हैं, इन्द्रियों को वश में कर के धन व समय का सदुपयोग करते हैं भगवान अपने उन्हीं भक्तों को सब से अधिक प्यार करते हैं। "भक्तों के क्या लक्षण हैं आचार्यजी!" एक साधक ने पूछा। आचार्यजी ने कहा---"आज अब समय अधिक हो गया है भक्ति के विषय में कल बतायेंगे आज जो बताया है उस पर विचार करना। गीता के उपदेश पर आचरण करने की आवश्यकता है।"

उद्‌बोधन

अन्त में आचार्य जी ने गंभीर स्वर में कहा ----- "नवयुग के सृजन सैनिको! युग की पुकार को सुनो। यदि तुम सचमुच महान बनना चाहते हो तो अपने कर्त्तव्य को समझकर कर्मक्षेत्र में उतर पड़ो। कर्मयोगी बनने के लिए आत्मसंयम की आवश्यकता है। सद्‌बुद्धि का सहारा लेकर धन व समय का सदुपयोग करके इन्द्रियों की दासता तोड़ने से मनुष्य महामानव बनता है। जब से देश स्वतंत्र हुआ है तब से समय का दुरुपयोग, धन की लालसा व इन्द्रियों की आधीनता बढ़ गई है। रेडियो, टी.वी., अश्लील फिल्में, संगीत की महफिलें अधिक हो गईं हैं। सांस्कृतिक कार्यक्रम के नाम पर नाच रंग शराब मांसाहार खाने पीने की खपत बढ़ गई है। कम्प्यूटर के परिणाम तो और भी आश्चर्यजनक हैं।"

पहले लोग गरीबी में भी खुश थे अब सब सुविधाओं के होने पर भी दुखी व अशान्त हैं। कारण यही है कि पहले इन्द्र की पूजा होती थी अब इन्द्रियों की पूजा होती है। विश्वास करो कि संयम से ही धरती पर स्वर्ग अवतरण होगा।

सच तो यह है कि सारी सृष्टि संयम व अनुशासन के बल पर ही चल रही है। सूर्य चन्द्रमा तारे संयम छोड़ दें तो प्रलय हो जायेगी। नदी दो किनारों के बीच बहती है तो खेतों को सींचकर मां की तरह भरण पोषण करती है यदि असंयमित हो जाये तो बाढ़ आजायेगी, खेत, गांव, पशु, मनुष्य सब को डुबो देगी। स्वयं भी अपने लक्ष्य सागर तक नहीं पहुंच सकेगी। वीणा के तार ढीले पड़ जाएं तो संगीत की तान लड़खड़ा जायेगी, जिस प्रकार कार चलाने वाला यह जानता है कि कब ब्रेक पर पैर रखना चाहिए कब स्टीयरिंग घुमाना चाहिये उसी तरह मन का स्टीयरिंग अपने हाथ में रखो तभी जीवन रूपी गाड़ी को

चला सकोगे।

अपने जीवन के उद्देश्य को पूरा करने के लिए इन्द्रियों पर नियंत्रण रखो, मन को इधर उधर मत भटकने दो धन का सदुपयोग करो सद्‌बुद्धि का सहारा लेकर सत्कर्मों की सुगन्धि से सारे जगत को महका दो। सारे संसार को बदल डालो। आने वाली पीढ़ियां तुम पर गर्व करेंगी।

नवयुग के सृजन सैनिको! जाओ, धूम मचा दो। समय की पुकार को सुनो। भगवान का काम करने का संकल्प लो। हनुमान की तरह समुद्र पर छलांग लगाकर पाप की लंका को भस्म कर दो। सीता रूपी शान्ति की खोज करो। काम क्रोध, लोभ मोह के राक्षसों का संहार करने के लिए अर्जुन की तरह गांडीव उठाओ।

गीता में भगवान कहते हैं कल कभी नहीं आता। कल की चिन्ता मत करो। जो बीत गया बुद्धिमान उस की चिन्ता नहीं करते। कितना लम्बा जीवन जिया यह महत्वपूर्ण नहीं है, महत्त्वपूर्ण है कितना काम किया। झांसी की रानी केवल तेईस वर्ष की थी। भगतसिंह भी तेईस वर्ष की उम्र में ही शहीद हो कर अमर हो गए। इसलिए सुखद भविष्य का निर्माण करने के लिए वर्तमान को सजाओ। आलस्य दुर्व्यसनों को छोड़ कर, इन्द्रिय संयम, समय संयम, साधन संयम व विमल विवेक का सहारा लेकर आगे बढ़ो। विजयलक्ष्मी तुम्हारा स्वागत करने को उत्सुक है।

तुम जीवन में कुछ भी बनो पर मनुष्य बनो। तुम कहोगे क्या हम मनुष्य नहीं है? देखो, मानव शरीर पाकर ही कोई मनुष्य नहीं बन जाता। जरा सोचो, डाकै,

चोर, लुटेरे, हत्यारे, क्रूर, आतंकवादी, अन्यायी, कसाई, जरा जरा से बालकों का अपहरण करने वाले, उन्हें अपंग बना कर उनसे भीख मंगवाने वाले, अपंगों व विधवा आश्रम खोलकर उन का शोषण करने वाले, फूल जैसी नन्हीं नन्हीं बलिकाओं से बलात्कार करने वाले क्या मनुष्य कहलाने के अधिकारी हैं?

थोड़े से धन के लिए देशद्रोही बनने वालो, भाई बहन, माता पिता, पड़ोसी से जमीन जायदाद के लिए झगड़ने वालों, भेड़ियों की तरह एक दूसरे के खून के प्यासे और सांप की भांति डंक मारने वालों को मनुष्य कहना मानवता का अपमान करना है। उनसे तो पशु भी अच्छे हैं जो भूख के कारण या अपने प्राणोंकी रक्षा करने के लिए किसी की हत्या करते हैं। मनुष्य बनने के लिए त्याग, संयम, सेवा, साधना को अपनाना पड़ता है, तभी कर्मयोगी, स्थितप्रज्ञ, ज्ञानी व भक्त बनकर जीवन सफल बना सकते हो।

यह शक्ति व प्रकाश हरिकृपा और गुरुकृपा से मिलता है, अभ्यास व वैराग्य से मिलता है। तुम उस प्रकाश तक पहुंचो जिसकी ज्योति से संसार प्रकाशित है। तुम जिसकी तलाश कर रहे हो वह तुम्हारी प्रतीक्षा कर रहा है।

इस पथ का उद्देश्य नहीं है श्रान्त भवन में टिक रहना।
किन्तु पहुंचना उस सीमा तक जिसके आगे राह नहीं।
इसलिए निरन्तर आगे बढ़ते चलो। चरेवैति, चरेवैति—
हिमाद्रि तुंग श्रृंग से प्रबुद्ध शुद्ध भारती।
स्वयं प्रभा समुज्ज्वला स्वतंत्रता पुकारती।
अमृत्य वीर पुत्र हो न मृत्यु से डरो कभी।
प्रशस्त पुण्य पंथ है बढ़े चलो बढ़े चलो।।

भारत माता के वीर सुपुत्रो! जब तुम आत्मसंयम को अपनाकर सेवा मार्ग पर चलोगे तो सच्चे कर्मवीर कहलाओगे और नवयुग का निर्माण कर सकोगे।

आचार्यजी की बातें सुन कर कुछ करने की उमंग मन में उठ रही थी पर बहुत सी शंकाएं भी थीं। इस आत्मसंयम के कठोर नियम को कैसे निभा सकेंगे? फिर तो जीवन ही नीरस हो जाएगा। फिर हम कोई संकल्प लेकर भी क्या करेंगे। शाम को उन से ही इन शंकाओं का समाधान करेंगे। यह सोचकर आचार्यजी को प्रणाम कर भोजनालय की ओर चले गये।

प्रश्न

आत्म संयम

(1) आत्म संयम से क्या समझते हो?

(1) आत्म संयम का मतलब है कि मन ,इन्द्रियों,विचारों व अन्त;प्रवृतियों को अनुशासित रखना चाहिये।

(2) आत्म संयम के चार सूत्र बताओ।

(2) मनुष्य को इन्द्रिय संयम, समय संयम, धन को खर्च करने में तथा विचारों पर संयम रखना चाहिए।

(3) विचारों पर संयम क्यों जरूरी है? बिना सोचे समझे काम करने से क्या हानि है?

(3) विचार संयम के बिना हम न भोजन पर संयम रख सकते हैं न समय और धन का सदुपयोग कर सकते हैं। इसलिये विचार संयम आवश्यक है। नेवले व ब्राह्मणी की कहानी याद करो।

(4) इन्द्रियां कितनी हैं?

(4) इन्द्रियां दस हैं। पांच ज्ञानेन्द्रियां, पांच कर्मेन्द्रियां।

(5) दो मुख्य इन्द्रियों के नाम बताओ जिन पर नियंत्रण जरूरी है।

(5) दो महत्त्वपूर्ण इन्द्रियां जिह्वा तथा वासना से सम्बन्धित है। इन दोनों पर नियंत्रण आवश्यक है।

(6) जीभ के दो काम कौन से हैं?
(6) जिह्वा के दो काम हैं बोलना व भोजन करना। दोनों ही महत्त्वपूर्ण हैं।

(7) भोजन पर नियंत्रण न रखने से क्या हानि है?
(7) भोजन पर नियंत्रण न रखने से बीमार हो जाते हैं।

(8) बोलने पर संयम न रखने से क्या होता है?
(8) वाणी पर नियन्त्रण न रखने से लड़ाई झगड़े शुरु हो जाते हैं।
    तुलसी मीठे वचन से सुख उपजत चहुं ओर।
    वशीकरण एक मंत्र है तज दे वचन कठोर।। याद करो

(9) जैसा होगा अन्न, वैसा होगा मन। कहानी सुनाओ। चोर का कुआं। साधु ने हार चुराया।
(9) हम जैसा भोजन करते हैं वैसे ही मन के विचार हो जाते हैं। कहानी सुनाओ। चोर का कुआं। साधु ने हार चुराया।

(10) भोजन के नियम बताओ। कब, क्या और कितना भोजन करना चाहिए?
(10) भोजन के नियम हितभुक, मितभुक, रितुभुक अर्थात् स्वास्थ के लिए लाभदायक, भूख से कम व रितु के अनुसार भोजन करना चाहिए। मौसम के अनुसार, स्वास्थ्य के लिए हितकारी, भूख से कम खाओ।

(11) समय का महत्त्व बताओ।
(11) गया हुआ धन व खोया हुआ स्वास्थ वापिस आ सकता है पर गया हुआ समय वापिस नहीं आ सकता इसलिए व्यर्थ समय नहीं खोना चाहिए। कहा भी है ——

"काल करन्ते आज कर, आज करन्ते अब्ब। पल में प्रलय होयेगी फेरि करोगे कब्ब।"

कहानी सुनाओ रावण का लक्ष्मण को उपदेश।

तन्वी गोयल
6 साल

TANVI GOEL
7 Yrs

सातवां दिवस

भक्तियोग

आत्मसंयम के विषय में आचार्य जी से गीता का उपदेश सुनकर सभी छात्रों का मन उदास हो गया था। आज भोजन भी अच्छा नहीं लग रहा था। सब अपने अपने मन में सोच रहे थे इस संयम को वे कैसे अपनायेंगे। न मन का खाना न पीना। न पिक्चर, न पोप म्यूजिक सुनना। बीड़ी, सिग्रेट, चाय काफी कोल्ड ड्रिंक सब बन्द।

समय का ध्यान रखेंगे तो इन्टरनेट पर दोस्तों से बातें भी खतम। फिर जीने मजा ही क्या रह जायेगा आज आचार्यजी से इसी के बारे में पूछेंगे। यही सोच कर भोजन के पश्चात् वे प्रवचन हाल में पहुंच गए। निश्चित समय पर आचार्यजी आए, सब ने उन्हें प्रणाम किया। पुजारी जी ने भक्ति गीत गाया तथा छात्रों ने गुरु वन्दना की---

गीत
गुरु वन्दना

गुरुवर तुम्हीं बता दो किस की शरण में जाएं?
हम अपने मन की पीड़ा जा कर किसे सुनाएं?
अज्ञान के तिमिर ने चारों तरफ से घेरा।
क्या रात है प्रलय की होगा नहीं सबेरा।
पथ औ प्रकाश दो तो चलने की शक्ति पाएं।। गुरुवर तुम्हीं..

और चुपचाप बैठ गए। सब को खामोश देख कर आचार्यजी ने सब से पहले कमर सीधी कर के बैठने को कहा फिर गायत्री मंत्र पढ़ कर सब से पूछा - "प्रिय परिजनो, आज तुम सब इतने उदास क्यों हो? बताओ तो तुम्हारे मन में क्या बात है?" यह सुनकर एक छात्र ने संकोच के साथ कहा --- "आचार्यजी! एक तो घर जाने का समय निकट आगया है, दूसरे आपने जो संयम शीलता की बातें बताई हैं उन्हें सुनकर हम सब का मन उदास हो गया है। खाने पीने पर तो हम खैर नियंत्रण कर लेंगे पर मनोरंजन के लिए हमें जो भी काम अच्छे लगते हैं उन सब पर इतना बन्धन लगाने के बाद जीवन बिलकुल नीरस हो जाएगा। जब किसी काम को करने में आनन्द ही नहीं आएगा तो फिर तो जीना ही बेकार है। लगता है कि गीता के इस उपदेश को हम नहीं मान सकेंगे। यही सोच कर हमारा मन उदास हो रहा है।"

आचार्यजी ने मुस्कराते हुए कहा--- "अरे! बस इतनी सी बात के लिए तुम इतने उदास हो गए। आज तो तुमने अर्जुन की तरह निराश हो कर हथियार डाल दिए। (1 | 29--- 32) अर्जुन ने कहा था कि अपने बन्धुओं को मारकर मैं राज्य लेकर व जीकर क्या करूंगा तुम कहते हो कि कामनाओं को मारकर हम जीकर क्या करेंगे। कामनाओं को मारकर ही जीवन का सच्चा आनन्द पा सकते हो यही तो गीता सब को सिखाती है इसीलिए यह संसार के प्रत्येक मनुष्य के लिए मार्ग दर्शक बन गई है। अब मेरी बात को ध्यान से सुनो।"

आनन्द व सुख में अन्तर

पहले तो ये बताओ कि आनन्द से तुम्हारा मतलब क्या है? देखो आनन्द व सुख में अन्तर है। इन्द्रियों के भोग से जो सुख मिलता है वह तो पशु स्तर का

सुख है। खाना, पीना, सोना और अपने परिवार के पालन मे तो पशु पक्षी भी सुख का अनुभव करते हैं। उसे यदि तुम आनन्द समझते हो तो यह तुम्हारी भूल है क्योंकि वह सुख थोड़ी ही देर में दुख में बदल जाता है।

इसे तुम ऐसे समझो कि तुम किसी दावत में गए वहां तुमने बहुत सी मनपसन्द चीजें खाईं। खाने में बहुत मजा आया पर घर आकर जी मिचलाया, पेट में दर्द हुआ रात में डाक्टर को बुलाना पड़ा, न खुद सोए न रात भर किसी को सोने दिया तो थोड़ी देर का खाने का असंयम मुसीबत बन गया। इसी प्रकार धन का, समय का असंयम थोड़ी देर का सुख है।

पहले बेईमानी से पैसा कमाया कोठी कार खरीदी खूब शराब पी, ऐशो आराम में जीवन बिताया परिणाम क्या हुआ? असंयम के कारण बीमार हो गए तो खाना पीना सब बन्द। आग लग गई तो सब जलकर भस्म हो गया, या एक्सीडेंट में सब परिवार खतम हो गया या भूचाल आगया तो दर दर के भिखारी हो गए। तुम ये सब बातें पढ़ते, देखते सुनते हो ना। तो ये क्षणभंगुर सुख जरा सी देर में ही दुख में बदल जाते हैं इसके लिए सन्त कबीर कहते हैं---

झूठे सुख को सुख कहैं मानत हैं मन मोद।
जगत चबैना काल का कुछ मुख मे कुछ गोद।

अभी तक तुम्हें यही बताया है कि संसार की सब वस्तुएं यहां तक कि यह शरीर भी नश्वर है तो इन नाश होने वाली वस्तुओं में सुख कैसे मिल सकता है? गीता में भगवान ने तीन प्रकार के सुखों का वर्णन किया है---

सात्त्विक सुख उसे कहते हैं जिसमें साधक सब कुछ ईश्वर को समर्पित करके

ईश्वर के भजन, ध्यान और दूसरों की सेवा में ही सुख का अनुभव करता है। यह सुख शुरु में विष के समान लगता है पर बाद में भगवत्प्रेम का अमृत पान कर व्यक्ति अमर हो जाता है। गीता (18।36-37) दूसरे प्रकार का राजस सुख है जो विषय और इन्द्रियों के संयोग से मिलता है यह पहले अमृत के समान प्रतीत होता है पर वह क्षणिक होता है। बल, बुद्धि, धन, उत्साह का नाश करने वाला यह सुख बाद में विष के समान हो जाता है। (18।38) गीता

तीसरी प्रकार का सुख तामस कहलाता है वह निद्रा, आलस्य और प्रमाद से उत्पन्न हो के कारण भोग के समय भी और बाद में भी मनुष्य को विनाश की तरफ ले जाता है। (18।39) इसलिए इन शारीरिक सुखों की, भोगों की सुविधाओं को छोड़कर उस अविनाशी अंश आत्मा को सुखी बनाने का प्रयत्न करो। उसे संतुष्ट करने के लिए कामनाओं के त्याग की आवश्यकता है ममता रहित, अहंकार रहित हो कर ही उस अखण्ड आनन्द को पा सकोगे जो कभी समाप्त नहीं होता, जिसे गीता में (ब्राह्मी स्थिति) ब्रह्मानन्द कहा है (2।71-72) जिसके लिए कबीर ने कहा है-

कबिरा हरि रस यों पिया बाकी रही न थाकि।
पाका कलश कुम्हार का बहुरि न चढ़िये चाकि।

इस ब्रह्मानन्द को पाकर जीव आवागमन के बन्धनों से छूट जाता है। मानव जीवन पा कर इस आनन्द को पाने की कोशिश करो। यही समझाने के लिए तुम्हें गीता का संदेश देने की कोशिश कर रहे हैं। आचार्यजी! ब्रह्मानन्द से क्या मतलब है? एक जिज्ञासु छात्र ने पूछा।

ब्रह्मानन्द आत्मा परमात्मा का मिलन

आचार्यजी ने कहा- "बेटे! ब्रह्मानन्द कहते हैं उस अविनाशी परब्रह्म में विलीन हो जाना। यह जीवात्मा सच्चिदानन्द प्रभु का अंश है जो सत् चित् आनन्दस्वरुप है, यह जीव भी सत् है चेतन है और आनन्द की खोज में भटकता रहता है सब जीव आनन्द से उत्पन्न होते हैं, आनन्द में ही रहना चाहते हैं और आनन्द में विलीन होजाना ही ब्रह्मानन्द है यही जीवन की सार्थकता है। समस्या तब आती है जब जीव इस आनन्द को सांसारिक सुखों में खोजने लगता है। नश्वर वस्तुओं में अखंड आनन्द की प्राप्ति कैसे हो सकती है?

उस आनन्द को पाने लिए अपने सुखों को छोड़कर अपनी इन्द्रियों पर संयम रखकर दूसरों के हित के लिए काम करना है। गीता में भगवान कृष्ण कहते हैं— जो प्राणिमात्र के हित में रत होगा वह मेरे को प्राप्त हो जाएगा इस में सन्देह नहीं।"

> सन्नियम्येन्द्रियग्रामं सर्वत्र समबुद्धयः।
> ते प्राप्नुवन्ति मामेव सर्वभूतहिते रताः॥
> (गीता 12। 4)
> लभन्ते ब्रह्मनिर्वाणमृषयः क्षीणकल्मषाः।
> छिन्नद्वैधा यतात्मानः सर्वभूतहिते रताः॥
> (गीता 5। 25)

"हम उस ब्रह्मानन्द को कैसे पा सकते हैं?" एक साधक ने पूछा। आचार्यजी ने कहा— "इस आनन्द को आत्मसंयमी, ज्ञानी, कर्मयोगी व ईश्वर के सच्चे भक्त ही पा सकते हैं। मैंने तुम्हें बताया था कि भारतीय दर्शन में ज्ञान कर्म व

भक्ति तीन प्रकार की साधना पद्धति है। अब तक मैंने तुम्हें ज्ञानयोग व कर्मयोग के विषय में बताया है आज मैं स्वयं ही भक्ति योग केा बतानेवाला था जिसमें भक्त को त्याग तपस्या में ही खुशी मिलती है भोग में नहीं। भगवान अपने भक्तों को ही सबसे अधिक प्यार करते हैं।" (11। 55)

"आचार्यजी! भगवान भक्तों को क्यों प्यार करते हैं उनमें क्या विशेषताएं होती हैं?" आचार्यजी ने कहा--- "प्रिय जिज्ञासुओ! मैंने तुम्हें बताया है ना कि भगवान उन्हीं को सबसे ज्यादा प्यार करते हैं जो सब का उपकार करते हैं। (सर्वभूतहिते रता:।) गीता के बारहवें अध्याय में अपने भक्त के लक्षण बताते हुए वे कहते हैं---- जो ईर्ष्या द्वेष, मोहमाया, अहंकार से रहित है, शत्रु से भी प्यार करता है, मान अपमान, निन्दा-स्तुति, सुख दुख में एक समान है, मननशील, जितेन्द्रिय और स्थिरबुद्धि है वही भक्त मुझे प्रिय है। (12। 13---20) असल में भगवान को मन की सरलता एवं पवित्रता ही प्रिय है वे अर्न्तयामी हैं मन की भावनाओं को जानते है जो केवल पूजा का ढोंग रचते हैं वे उनसे दूर रहते हैं।"

"निरमल मन जन सोई मोहि भावा। मोहि सपनेहु छल छिद्र न भावा"

एक कहानी के माध्यम से समझो-- एक सेठ को भगवान ने स्वप्न में दर्शन दिए कि आज मैं तुम्हारे घर आऊंगा। सेठ ने छप्पन भोग बनवाए और भगवान की प्रतीक्षा करने लगा। थोड़ी देर में एक बूढ़ा भिखारी आया तो सेठ ने उसे भगा दिया। फिर एक बालक आया सेठ ने डांट कर भगा दिया एक बुढ़िया आई तो सेठ बहुत गुस्से में था एक तो भगवान जी नहीं आए दूसरे ये लोग परेशान कर रहे थे। सेठ ने उसे धक्का दे कर निकलवा दिया। शाम हो गई। थककर लेटा तो आंख लग गई। स्वप्न में भगवान आए। उसने कहा--- प्रभु! आपने आने के

लिए कहा था आप आए नहीं। ? भगवान ने कहा--- सेठ! मैं तो तीन बार तेरे द्वार पर आया पर तूने मुझे धक्का देकर निकाल दिया तो मैं क्या करूं? भगवान के सच्चे भक्त हर प्राणी में उनके दर्शन करते हैं उनकी सेवा करते हैं इसीलिए भगवान अपने भक्तों को प्यार करते हैं। सन्त तुलसी ने भी कहा है----

तुलसी जग में आनकर सबसे मिलिए धाय।
ना जाने किस वेष में नारायन मिल जाएं।।

एक छात्र ने दुखित स्वर में पूछा----- "लेकिन आचार्यजी! इस समय भगवान भी पैसे वालों की तिजौरी में दिखाई देते है हम लोग तीर्थयात्रा को गए थे। वहां हमने देखा कि जिन लोगों ने अधिक पैसे दे कर टिकट खरीदा था उन्हें भगवान के दर्शन जल्दी करा दिए और हम लोग कई घण्टे लाईन में खड़े रहे।" आचार्यजी ने लम्बी सांस ले कर कहा--- "बेटे! यह इस देश का दुर्भाग्य है कि धन के घमंड में चूर हो कर लोग समझते हैं कि वे भगवान को भी खरीद लेंगे। वे यह नहीं जानते कि धनसे नींद की गोली खरीदी जा सकती है नींद नही। धन से भोजन की सामग्री खरीद सकते हैं भूख नहीं। सुख सुविधाओं का सामान खरीद सकते हैं पर सुख शान्ति नहीं।"

सुख शान्ति का अनुभव तो भक्त व सन्त ही करते हैं। एक बार एक सन्त एक सेठ के यहां गए। जब भोजन का समय आया तो सन्त सामने तो कई तरह के भोजन थे और सेठजी के सामने मूंग की दाल का पानी और डबलरोटी का एक पीस। सन्त ने पूछा--- आपका भोजन कहां है? उन्होंने कहा----बस मैं तो यही खाता हूं। डायबटीज, ब्लडप्रेशर और हार्ट का मरीज हूं ना, इसलिए चीनी, नमक व तली चीजें सब बन्द हैं। अब तुम ही बताओ इस धन के कमाने से क्या लाभ है?

सच तो यह है कि इस समय मानव ने पूजा को भी व्यापार बना लिया है वह पूजा भी करता है तो कुछ पाने के लिए। भगवान उसकी बीमारी दूर कर दें, मुकदमा जिता दें, नौकरी लगवा दें, बेटा दे दें व्यापार में लाभ करा दें तो वह कथा करा देगा, हवन करा देगा या प्रसाद चढ़ा देगा। गीता में भगवान ने कहा हैं—हे अर्जुन! चार प्रकार के लोग मुझे भजते हैं--आर्त, अर्थार्थी, जिज्ञासु और ज्ञानी।

चतुर्विधा भजन्ते मां जनाः सुकृतिनोऽर्जुन।
आर्त्तो जिज्ञासुरर्थार्थी ज्ञानी च भरतर्षभ।।

(गीता 7। 16)

चार तरह के भक्त
आर्त, धनके इच्छुक, जिज्ञासु व ज्ञानी

"आचार्यजी! आप इन सब के बारे में हमें बताने की कृपा करें।" एक जिज्ञासु ने विनम्र स्वर में कहा। आचार्य जी ने कहा---"देखो बेटे! आर्त का मतलब है दुखी, अर्थात् संकट निवारण के लिए भजने वाला जैसे द्रोपदी ने चीरहरण के समय भगवान को पुकारा तो वे नंगे पैर दौड़कर आए और द्रोपदी की साड़ी को इतना बढ़ा दिया कि दस हजार हाथियों का बल रखने वाला दुशासन भी थक गया। इसी तरह जब गज ने पुकारा तो वे गरुड़ को छोड़ कर आए और उसकी रक्षा की वेभक्तवत्सल भगवान दुखियों की पुकार सुन कर दौड़े चले आते हैं और भक्तों की रक्षा करते हैं।"

"लेकिन आचार्यजी! इस समय तो न जाने कितने दुखी लोग उन्हें पुकारते हैं

तो वे क्यों नहीं आते?" एक छात्र ने पूछा। आचार्यजी ने कहा---"मैंने तुम्हें अभी बताया है ना कि इस समय भगवान को कोई नहीं चाहता सब अर्थार्थी हैं सब धन चाहते हैं। एक बार लक्ष्मीजी ने भगवान से यही पूछा था कि इस समय मृत्युलोक में न जाने कितने दुखी जन तरह तरह से तुम्हारी पूजा कर रहे हैं फिर भी तुम उनका दुख दूर क्यों नहीं करते?"

भगवान ने यही कहा कि लक्ष्मीजी! इस समय मुझे कोई नहीं चाहता सब तुम्हारे चक्कर में फंसे हैं। लक्ष्मीजी ने कहा—मैं यह बात नहीं मानती। विष्णुजी ने कहा --- चलो परीक्षा कर लो। भगवान विष्णु बने कथावाचक और एक नगर में पहुंच गए, कीर्तन करते हुए। एक व्यापारी ने देखा, इतना सुन्दर रूप इतना मधुर कंठ। उनके पास जाकर कहा- पंडितजी! कुछ दिन मेरे मन्दिर में कथा करके मुझे कृतार्थ करें। भगवान सहमत हो गए। कथा शुरु हुई। खूब भीड़ होने लगी चढ़ावा भी आने लगा व्यापारी बहुत खुश था।

अब लक्ष्मीजी ने सोचा --- चलूं, देखूं भगवानजी क्या कर रहे हैं? वे एक बुढ़िया का वेश बनाकर उसी नगर में पहुंच गईं। एक स्त्री कथा सुनने जा रही थी। उसके पास जाकर कहा- बेटी! बहुत भूख लगी है कुछ खिला दे। उसने कहा----मुझे तो वैसे ही कथा सुनने जाने को देर होगई है, तुम कल आना।

बुढ़िया ने कहा- बेटी! पानी ही पिला दे भगवान तेरा भला करे। गुस्से में आकर उसने पानी लाकर दिया। पानी पीकर गिलास वापिस किया तो वह स्त्री चकित रह गई। गिलास सोने का हो गया था। बोली---मां जी! गिलास सोने का कैसे हो गया? लक्ष्मीजी ने कहा--- मैं जिस वस्तु को छूती हूं वह सोने की हो जाती है, अब तू जा, तुझे देर हो रही है ना। कहकर वे तो चली गईं पर वह स्त्री

मन में पछताने लगी खाना खिलाती तो पांच बर्तन सोने के हो जाते। कथा में जाकर सब को यह बात बताई तो सब कथा में आना तो भूल गए।

उस मां की प्रतीक्षा करते। धीरे धीरे भीड़ कम हो गई। उस व्यापारी को पता चला तो वह भी उनके पास जाकर बोला मां जी! एक दिन मेरा घर भी पवित्र कर दीजिए। लक्ष्मीजी ने कहा--- मैं तेरे घर आ तो सकती हूं पर जब तक वह पंडित तेरे घर है तब तक नहीं आ सकती। व्यापारी ने कहा-- उसे भगाना कौन मुश्किल काम है। घर आकर उसने पंडित जी से कहा--- पंडित जी! अपना बिस्तर बोरिया उठाओ और चलते बनो। कोई आ भी रहा है तुम्हारी कथा सुनने और ये मांजी कहती हैं कि जब तक तुम यहां हो ये मेरे घर नहीं आयेंगी। भगवान मुस्कराये और लक्ष्मीजी के पास आकर खड़े हो गये। दोनों अपने असली रूप में प्रकट हो गए और अन्तर्धान हो गए। वह व्यापारी पछताता ही रह गया।

तो बेटे! स्वार्थी की पुकार भगवान नहीं सुनते जो उत्तम कर्म करने वाले (**सुकृतिनो जना:**) हैं उनकी पुकार वे अभी भी सुनते हैं। (7। 16) भाव संवेदनाओं को जगाकर परोपकार के लिए जिन्हें धन की आवश्यकता होती है उन्हें कभी कमी नहीं होती।

सब श्रोता बड़े ध्यान से सुन रहे थे। एक छात्र ने पूछा --- "आचार्यजी! जिज्ञासु भक्त किसे कहते हैं?" आचार्यजी ने कहा--- "भगवान के असली रूप को जानने की इच्छा रखने वाले को जिज्ञासु कहते हैं। जैसे तुम लोग इस समय भगवान के विषय में जानने को उत्सुक हो। भारतीय दर्शन में जिज्ञासु की तीन स्थिति बताई गईं हैं-- (1) जानने की इच्छा, (2) उसे पाने की लालसा (3) विराट

रूप में उसके दर्शन कर ब्रह्मानन्द की अनुभूति। जानने की इच्छा, वह ईश्वर कैसा है? क्या करता है? कहां रहता है? अर्जुन की तरह उत्सुकता होती है, जानने की मुझे अपना रूप दिखाओ। (11।3-4) पर वह रूप इन चर्म चक्षुओं से नहीं देख सकते तब कृपा करके भगवान भक्त को दिव्य दृष्टि प्रदान करते हैं (11।8-9) उसपर कृपा करके अपना अलौकिक रूप दिखाते हैं जिसे देखकर भक्त धन्य हो जाता है।" (11।13-14) (11।13-31-46।)

फिर वह उन्हें प्रणाम कर कर्त्तव्य पथ पर अग्रसर होता है। इसी प्रकार इस संसार में भी सामान्य जन के मन में जब प्रभु को जानने की जिज्ञासा होती है तो वह सोचता है कि ये सारी सृष्टि किसका गुणगान कर रही है? सूर्य चन्द्र तारे किसके प्रकाश से प्रकाशित हैं----

न जाने नक्षत्रों से कौन संदेशा मुझे भेजता मौन।
हे विराट, हे विश्वदेव, तुम कुछ हो ऐसा होता भान।
धीर गंभीर मन्द मन्द स्वर में यही कर रहा सागर गान।।

फिर उसे पाने की लालसा मन में जाग उठती है। सारा भक्ति साहित्य भक्तों की इसी वेदना से भरा हुआ है--

"दरशन देंगे कब श्याम सखी री।"
"दूखन लागे नैन दरश बिनु।"
"निसदिन बरसत नैन हमारे।
"दरशन दो घनश्याम नाथ मोरी अंखियां प्यासी रे।"
"अंखड़ियां झाईं पड़ी पंथ निहारि निहारि।"
"जिह्वा तो छाले पड़े राम पुकारि पुकारि आदि।"

जब यह विरह वेदना चरम सीमा तक पहुंचती है तो उनका दर्शन होता है। फिर भक्त को सुखद अनुभूति होती है --

"पायो जी मैंने राम रतन धन पायो।"

उसे सारे संसार की संपत्ति मिल जाती है। उसे कण कण में उस प्रभु का दर्शन होता है। वह समझ लेता है कि जिसकी तलाश में वह भटक रहा था वह आनन्द स्त्रोत तो उसके अन्दर ही बह रहा है----

"आनन्द स्त्रोत बह रहा तू क्यों उदास है।
अचरज है जल में रह के भी मछली को प्यास है।।"

वह दूसरों को भी बताता है-

कस्तूरी कुंडलि बसे मृग ढूंढे वन मांहि।
ऐसे घटि घटि राम हैं दुनिया जाने नांहि।।

यह जिज्ञासु की तीसरी स्थिति है, इस आत्मज्ञान को पाकर वह उसी में एकाकार हो जाता है। संसार के सब सुखों व दुखों से मुक्त हो कर वह ब्रह्मानन्द का अनुभव करता है। भगवान में अनन्य प्रेम भाव रखकर उन्हें भजने वाला वह भक्त ज्ञानी कहलाता है वही भगवान को सबसे प्यारा है। गीता (17-18)

ध्रुव गोयल Dhruv Goel
९ साल 9 YRS

ज्ञानी श्रेष्ठ है या भक्त

एक छात्र ने उत्सुक हो कर कहा--- "आचार्यजी! कभी तो भगवान कहते हैं कि मुझे भक्त प्यारा है कभी कहते कि ज्ञानी प्यारा है वे इन दोनों में किसे प्यार करते हैं? इन दोनों में क्या अन्तर है बताने की कृपा करें।" आचार्य जी ने हंसते हुए कहा- "देखो बेटे! जब भगवान ज्ञानी को प्यार करने की बात कहते हैं तो उनका मतलब उस आत्म ज्ञानी से है जो काम क्रोध लोभ मोह और अंहकार से रहित हो।

उसमें और भक्त में अन्तर नहीं होता। पर फिर भी अपने प्रश्न का उत्तर जानने के लिए तुम ज्ञान, कर्म और भक्ति का अन्तर समझ लो। ज्ञान शब्द का अर्थ है जानना, यदि कोई जानकारी किसी अज्ञानी से या गलत तरीके से मिले तो वह अज्ञान कहलाती है, विशेष जानकारी विज्ञान है, और सद्गुरु, सन्तों और अच्छी पुस्तकों से मिले ज्ञान को सद्ज्ञान या प्रज्ञा कहते हैं।"

गीता में ज्ञान व कर्म के तीन भेद बताए हैं-- ((18।19) सात्विक ज्ञान या सद्ज्ञान वह है जिसमें मनुष्य सब प्राणियों में उस अविनाशी को देख कर सब के कल्याण की कामना करता है। (18।20) राजस ज्ञान वह है जिस में मनुष्य सब जीवों को अलग अलग रूप में देखता है (18।21) तामसिक ज्ञान वह है जिसमें मनुष्य केवल अपनी शारीरिक सुविधाओं में आसक्त रहता है। (18।22)

एक जिज्ञासु ने कहा--- "आचार्यजी! आप इस बात को सरल तरीके से समझाइये।" आचार्यजी ने हंसते हुए कहा-- "अच्छा तो कहानी के माध्यम से समझो-" एक था चोर। एक बार उसके पड़ोस में किसी ने कथा कराई। पंडितजी

ने कथा में कहा ---राम का नाम जपने से सब पाप कट जाते हैं। रत्नाकर डाकु था। उसने राम का नाम जपा तो महर्षि वाल्मीकि बन गया। चोर ने सोचा कि यह तो बहुत आसान तरीका मिल गया पापों से मुक्ति पाने का। रात को चोरी करता और दिन भर माला जपता मैं राम का जप करुं, मैं राम का जप करू। एक सन्त आए। पूछा--भैया, ये क्या कर रहे हो? उसने कहा--पंडित जी ने बताया है कि माला जपने से पाप कट जाते हैं। सन्त ने समझाया केवल माला जपने से ही पाप नहीं कट सकते। बुरे काम छोड़कर भगवान का नाम जपो तब पाप कटेंगे-

माला तो कर में फिरे जीभ फिरे मुख मांहि।
मनवा तो चहुं दिसि फिरे यह तो सुमिरन नांहि।।

पहले मन को वश में करो तब माला जपने से लाभ होगा। क्योंकि इस बात को सत्य समझ लो कि--

माला फेरत जग मुआ मिटा न मन का फेरि।
कर का मनका छोड़ि कर मन का मनका फेरि।।

सच तो यह है कि इस अज्ञान ने समाज को बहुत हानि पहुंचाई है। चाहे सोने की चोरी करो, चाहे कितने भी पाप कर्म करो थोड़ा सा दान करके या केवल गंगा नहाने से, कथा कराने से, हवन कराने से मुक्ति मिल जाएगी यह सोच कर मनुष्य को पाप कर्म करने की छूट मिल जाती है इसलिए सद्ज्ञान की आवश्यकता है। इस ज्ञान को जानने के लिए केवल बुद्धि की नहीं हृदय में भाव संवेदना जगाना आवश्यक है सद्बुद्धि और भावसंवेदना के मिलने से ही मनुष्य शुभ कर्म कर सकता है इस के अभाव में कर्म भी दुष्कर्म हो जाते हैं।

तीन प्रकार के कर्म

"आचार्यजी! इन दोनों का मिलन कैसे हो सकता है? हमारे काम शुभ हैं या अशुभ इसका पता कैसे चले?" एक छात्र ने पूछा। आचार्यजी ने कहा--- "इसका पता इस बात से चलता है कि जिस काम को करके हम खुशी का अनुभव करते हैं वे शुभ कर्म हैं जिन्हें करके मन उदास हो वे कर्म अशुभ हैं। गीता में बताया है कि कर्म भी तीन तरह के हैं-"

(1) सात्विक : जो कर्म रागद्वेष और अंहकार से रहित हों, जिसमे फल की इच्छा न हो वे कर्म सात्विक हैं। (18।23)

(2) जो काम अहंकार के द्वारा दिखावे के लिए या फल प्राप्ति की इच्छा से किए जाते हैं वे राजस कर्म हैं (18।24)

(3) जो काम हानि, हिंसा परिणाम का विचार किए बिना अज्ञान के कारण किए जाते हैं वे तामस हैं (18।25) आचार्यजी! इन तीन तरह के कर्मों के विषय में फिर से बताने की कृपा करें। एक जिज्ञासु ने कहा। आचार्यजी ने कहा--- देखो बेटे! हमने तुम्हें कर्मयोग में भी बताया था कि जब काम करने में मन की भाव संवेदना जुड़ती है तो फल की इच्छा नहीं रह जाती वही कर्म शुभ हैं। काम तो सभी करते हैं एक का नाम है नौकरी। पैसे लो और काम करो। इस का चलन इस समय बहुत है।

पढ़ाई इसीलिए की जाती है कि अच्छी नौकरी मिल जाए। चाहे कोई अफसर हो या चपरासी, इस में यह भाव भी रहता है कि काम कम से कम करो

और पैसे अधिक से अधिक मिल जाएं। बस मालिक की आंखों में धूल झोंक दो। इस तरह की खबरें भी सुनने और पढ़ने को मिलती हैं कि नौकर ने मालिक को मार डाला और तिजौरी खाली कर दी। एक आदमी ने एक नौकर रखा।

नौकर ने कहा--- "मैं काम भूल जाता हूं इसलिए काम की लिस्ट बना कर दे दो।" लिस्ट बना कर दे दी। एक दिन मालिक ठोकर खाकर गिर पड़ा। नौकर साथ में था पर उसने उसे नहीं उठाया। दूसरे लोगों ने उठाकर नौकर से कहा--- तुम्हारा मालिक गिर गया तुमने उसे उठाया क्यों नही? नौकर ने कहा कि यह काम मेरी लिस्ट में नहीं लिखा है, यह तामसिक कर्म है।

राजसी कर्म वह है कि काम स्वार्थ के लिए कर रहे हैं वे अपने काम से मतलब रखते हैं। किसी की भलाई करने मेंं कोई रुचि नही। कुछ करते भी हैं तो नाम यश या मुक्ति पाने की इच्छा से। एक धनवान व्यक्ति ने भागवत पुराण की महिमा सुनकर एक पंडितजी से दस बार भागवत कथा सुनी पर तब भी मुक्ति नही मिली। उसने एक सन्त के पास जाकर पूछा कि परीक्षित एक बार कथा सुन कर मुक्त हो गए मुझे वह लाभ क्यों नही मिला?

सन्त ने शंका समाधान करते हुए कहा परीक्षित तन्मय होकर कथा सुन रहे थे और शुकदेवजी निर्लोभ हो कर कथा सुना रहे थे। तुमने पुण्य पाने की इच्छा से कथा सुनी और पंडित जी ने दक्षिणा के लालच में कथा सुनाई इसलिए दोनों ही लाभ से वंचित रहे। केवल कर्मकांड से सिद्धि नहीं मिलती आंतरिक भावनाओं से सफलता मिलती है।

कोई काम करते समय किसी फल की इच्छा न हो, बदले में कुछ पाने की

भावना न हो, स्वामी के प्रति श्रद्धा व पूजा का भाव हो तो वह कर्म सात्त्विक है। ऐसे व्यक्ति कर्मयोगी कहलाते हैं। उनके लिए कर्म ही पूजा है। माता पिता गुरु तथा सन्तों के प्रति पूज्य भाव रखकर उन की सेवा में जो आनन्द आता है उसके सामने वे स्वर्गीय सुखों को भी तुच्छ समझते हैं भक्तजन संसार के हर प्राणी में उस परम प्रभु के दर्शन कर दीन दुखियों के लिए, दूसरों के लिए अपना तन मन धन सब कुछ लुटा देते हैं। इसलिए भगवान उन्हें सब से अधिक प्यार करते हैं।

एक छात्र ने पूछा---"आचार्यजी! सब कुछ दूसरों के लिए ही करते रहें, क्या अपने लिए कुछ भी न करें? ऐसा कैसे हो सकता है?" हंसते हुए आचार्यजी ने कहा-- "बेटे! सन्तों व भक्तों का स्वभाव ही ऐसा हो जाता है कि उन्हें दूसरों की सेवा में आनन्द आता है। वैसे भी उन्हें सब अपने लगते हैं। वे सब के सुख में सुखी और दुख में दुखी होते हैं इस लिए वे सब का दुख दूर करने की कोशिश करते हैं। अच्छा, तुम एक बात बताओ! अगर तुम्हारे घर में मम्मी पापा भाई बहन या जिसे तुम प्यार करते हो कोई बीमार हो तो क्या तुम्हें खाना पीना पिक्चर देखना या गाना सुनना अच्छा लगेगा?"

यह सुनकर सब चुप हो गए। थोड़ी देर बाद एक छात्र ने कहा-"आचार्यजी घर में कोई बीमार या दुखी हो तो ये सब बातें कैसे अच्छी लगेंगी? उस समय तो खाना पीना भी अच्छा नहीं लगता। मुझे याद है कि एक बार मेरी मम्मी बीमार हुईं तो मैंने दो दिन तक खाना भी नहीं खाया था और मैं रात भर रोता रहा था।" आचार्यजी ने कहा-- "तुमने ऐसा क्यों किया बेटे! इसीलिए ना कि मां के लिए तुम्हारे मन में प्यार और सम्मान था। भक्त के मन में जब भगवत्प्रेम की भावना जगती है तो उसके मन में भगवान ही विराजते हैं वह देवताओं के समान पूजा जाता है। दूसरों को दुख देने वाले राक्षस कहलाते हैं दुख दूर करने वाले

देवता। बताओ तुम क्या बनना पसन्द करोगे?"

एक छात्र ने विनम्रता पूर्वक कहा—"आचार्यजी! देवता तो स्वर्ग में रहते हैं। उन्हें तो कुछ भी नहीं करना पड़ता। हम तो पिक्चर में देखते हैं कि देवता हमेशा नाच रंग में ही मस्त रहते हैं। हम देवता कैसे बन सकते हैं।" आचार्यजी ने कहा— "स्वर्ग और नरक तो इस धरती पर ही हैं। तुम अपने अन्दर दिव्य गुणों को धारण करके धरती को ही स्वर्ग बना सकते हो। तुम अपने आस पास देखते हो कि कुछ लोग गरीबी व परेशानियों में भी खुश रहते हैं कुछ लोगों के पास सब कुछ होते हुए भी रोते रहते हैं। असल में मनुष्य अपनी सद्भावनाओं से, प्रेम पूर्ण व्यवहार से स्वर्गीय सुखों का अनुभव करता है और ईर्ष्या द्वेष कलह क्रोध व अविवेक से घर को नरक बना देता है। मनुष्य के हृदय में ही देवता व राक्षस निवास करते है।"

दैवासुर सम्पदा

"आचार्यजी! मन में देवता व राक्षस कैसे रहते हैं? बताने की कृपा करें।" एक जिज्ञासु ने पूछा। आचार्य जी ने कहा—"यह विषय बहुत महत्त्वपूर्ण है इसे ध्यान से सुनो। गीता में भगवान ने मनुष्य के गुणों व दुर्गुणों का वर्णन किया है जिसे उन्होंने दैवासुर सम्पदा कहा है। इस के आधार पर ही मानव को देवता व राक्षस कहा जाता है। देवताओं में 26 गुणों का वर्णन है जिनमें निर्भीकता, स्वच्छता, ज्ञान, दान, यज्ञ, स्वाध्याय, तप, सरलता, सत्य, अक्रोध, त्याग तेज, क्षमा, धैर्य, अपरिग्रह, आदि मुख्य हैं। ये संयमी, कर्तव्यपरायण, परोपकारी होते हैं। वे दूसरों के लिए प्राण भी दे देते हैं राजा रन्तिदेव, हरिश्चन्द्र, दानवीर कर्ण, महर्षि दधीचि इसी श्रेणी में आते हैं।

ये स्वर्ग की भी इच्छा नहीं करते। (16।1-3) गीता

इसके विपरीत असुरों को न कर्त्तव्य ज्ञान होता है न सत्यनिष्ठा। वे पाखंडी, अहंकारी, क्रोधी, अज्ञानी, व कठोर हृदय होते हैं। वे पशुओं की तरह खाने पीने, सोने व परिवार पालन में ही अमूल्य मानव जन्म को खो देते हैं। ऐसे क्रूर कर्मी, दुष्टात्मा संसार को केवल पीड़ा ही देते हैं। करोड़पति बनने की कामना उन्हें कभी चैन से नहीं बैठने देती। वे ईर्ष्या द्वेष की आग में जलकर हिंसा, चोरी डकैती करने में भी नहीं चूकते। (16।4-20) गीता। रावण, कंस, दुर्योधन आदि दुष्ट इसी श्रेणी में आते हैं। आज इसे मार डाला कल उसे भी मार दूंगा, सारी पृथ्वी का मालिक बन जाऊं, ये इच्छाएं उन्हें विनाश की ओर ले जाती हैं। (16।15-20) गीता। एक सन्त अपने एक लालची शिष्य के मन में वैराग्य पैदा करने के उद्देश्य से शमशान लेकर गये- वहां जाकर उस शिष्य ने देखा कि लकड़ियां गीली होने के कारण चिता ठीक से नहीं जल रही है। जब सन्त ने पूछा कि तुम्हें कैसा लग रहा है तो उसने कह मैं सोच रहा हूं कि यहां लकड़ियों का व्यापार बहुत अच्छा चल सकता है। गुरु जी सुनकर दंग रह गये। ऐसे अज्ञानी माया के चक्र में पड़कर चौरासी लाख योनियों में भटकते हैं।" (7।13, 15) (14।15-18) (15।5-6) गीता

मोह व माया का त्याग

"आचार्यजी! यह मोह माया का 7।15। (गीता) का चक्कर क्या है? इसमें लोग क्यों फंस जाते हैं?" एक साधक ने पूछा। आचार्यजी ने कहा--- "बेटे! यह माया ही मनुष्य को भटकाती है। सन्त कबीर ने भी कहा है--- माया महा ठगिनी हम जानी।

यदि पानी से भी मोह हो जाए तो भी मनुष्य जाल में फंस जाता है। मछली पानी से प्यार करती है तो उस के बिना मर जाती है। एक आदमी को एक सन्त ने गीता पढ़ने को दी। उसे चूहे ने काट दिया। चूहों से बचाने के लिए बिल्ली पाली। बिल्ली को दूध चाहिये तो गाय की तलाश की। एक मित्र ने कहा---मेरी बहन से शादी करलो पिताजी दहेज में गाय भी देंगे। शादी करली। गीता पढ़ना तो भूल गए, गृहस्थी के चक्कर में फंस गए। एक वर्ष बाद एक बेटा हो गया। दुबारा सन्त मिले तो उन्होंने पूछा ---तुमने गीता पढ़ी? तो बोले--अभी तो गीता के केवल चार अध्याय पढ़े हैं। एक बिल्ली, एक गाय, एक पत्नी व एक बेटा गीता को चूहे ने काट दिया था उसके चक्कर में बिल्ली पालनी पड़ी, बिल्ली को दूध की जरूरत थी इसलिए गाय रखनी पड़ी और गाय कीवजह से शादी करनी पड़ी। भगवान ने भी कहा है कि आसुर भाव का आश्रय लेने वाले माया से मोहित मूढ़ मनुष्य मेरी शरण में नहीं आते। (7 । 15, 25, 26) मेरी इस माया से छुटकारा पाना बहुत कठिन हो जाते हैं। जो जन मुझे भजते हैं वे ही इससे छुटकारा पाते हैं।"

एक जिज्ञासु ने कहा--- "इस माया से हम कैसे बच सकते है?" आचार्यजी ने कहा- "बेटे! भगवान की कृपा से उन के भक्त ही इस माया से बच सकते हैं। यह उन्होंने स्वयं ही कहा है।" (7 । 14) गीता

पर मुश्किल यह है कि सच्चे मन से पूजा करने वाले बहुत कम हैं और स्वार्थी व ढोंग करने वालों की संख्या अधिक है। भगवान सब के मनकी बात समझते हैं। वे पहले मांगते हुए आते हैं। वामन रूप धारण बलि के पास पहुंच गए, तीन पग भूमि दे दो और तीन पग में धरती, आकाश व पाताल को नाप लिया।

कृष्ण विदुर के घर जा पहुंचे भूख लगी है कुछ खाने को दो। भक्त ध्रुव को, प्रह्लाद को कितनी मुसीबतें उठानी पड़ीं। हरिश्चन्द्र, बुद्ध, भरत सब राज्य छोड़कर ही महान बने। उनकी माया से बचने के लिए त्याग तपस्या की आवश्यकता है। उन्हें प्रेम से ही वश में किया जा सकता है। उसके लिए मन में उनके प्रति विश्वास व श्रद्धा की आवश्यकता है। उन्होंने कहा है---

पत्रं पुष्पं फलं तोयं यो मे भक्त्या प्रयच्छति।
तदहं भक्त्युपहृतमश्नामि प्रयतात्मनः।।

(गीता 9। 26)

जो मुझे श्रद्धा से पत्र पुष्प, जल, व फल अर्पित करता है मैं उसे प्रीति सहित खाता हूं। उन्होंने दुर्योधन के छप्पन भोग छोड़कर विदुर के घर पत्तों का साग खाया। सत्यभामा ने उन्हें अपने बहुमूल्य आभूषणों से तोल कर वश में करना चाहा पर असफल रही रुक्मणि के एक तुलसी के पत्ते से ही वे उसके वश में हो गये। गज को जब ग्राह ने पकड़ लिया तो उसने तालाब से एक कमल पुष्प अर्पित कर उन्हें पुकारा तो नंगे पैर आकर उसका उद्धार किया। भीलनी के जूठे बेर को प्रेम से भोग लगाया। प्रेम से अश्रुजल समर्पित करने पर वे मीरा को आनन्द फल प्रदान करते है---

अश्रु जल सींचि सींचि प्रेम बेलि बोई।
अब ते बेलि फैलि गई आनन्द फल होई।।

ऐसे भक्तवत्सल सारे संसार का पालन करने वाले भगवान को कोई अज्ञानी केवल कर्मकाण्ड से प्रसन्न करना चाहे तो वे कैसे खुश हो सकते हैं वे तो बस प्रेम व श्रद्धा भाव के भूखे हैं।

श्रद्धा व समर्पण भक्त के लक्षण, ढोंगी का पतन

सब श्रोता भावविभोर हो कर सुन रहे थे। एक ने संकोच के साथ कहा---- "आचार्यजी! हम उन्हें अपनी श्रद्धा कैसे समर्पित कर सकते हैं?" आचार्यजी ने कहा--- "देखो बेटे! श्रद्धा का मतलब है अपने इष्ट देव के प्रति समर्पण व पूर्ण विश्वास। पूर्व जन्म के संस्कार मन की भावना व परिस्थितियां ही मानव मन में श्रद्धा का रूप निर्धारित करती हैं। जिस के मन में जैसी भावना होती है वह भगवान को उसी रूप में देखता है। कहा भी है---

जाकी रही भावना जैसी प्रभु सूरत देखी तिन तैसी।

भावनाओं के अनुसार श्रद्धा भी तीन तरह की होती है-- (17। 2-3) गीता। सात्त्विकी, राजसी, व तामसी।

इसलिए श्रद्धा विश्वास रखने में भी बहुत सावधानी रखने की आवश्यकता है। क्योंकि जिस के लिए हमारे मन में श्रद्धा है वह कौन है, उसका आचरण कैसा है? कहीं ढोंगी व लालची तो नही है इन सब बातों को जाने बिना श्रद्धा अन्धविश्वास बन जाती है और पतन का कारण बन जाती है।

इस समय गुरुडम की प्रथा जोरों पर है। लालची व ढोंगी जंत्र मंत्र, तंत्र विद्या का दुरुपयोग कर रहे हैं। एक बार चार लोगों ने सोचा कि कुछ धन कमाना चाहिए उन्होंने गेरुए कपड़े रंगवाए और नकली ढाड़ी मूछें खरीद लीं। एक गांव में कीर्त्तन करते हुए निकले तो वहां के लोगों ने मन्दिर में ठहरा कर कथा करने को कहा। कथा के बीच में उनमें से एक आदमी झूमने लगता कि देवीजी सिर पर आग ईं हैं। किसी से कहते मुर्गा चढ़ाओ, किसी से कहते बकरा चढ़ाओ, किसी से सोना, किसी से चांदी। रात को शराब पीकर खूब जशन मनाते।

एक रात को एक आदमी ने देख लिया, उसने गांव के एक विद्वान से बताया। वह विद्वान रात को कथा में पहुंच गया और जब कथा शुरु हुई तो उसने झूमना शुरु कर दिया और कहा कि आज तो देवीजी मेरे सिर पर आईं हैं। वह उन चारों के पास पहुंच कर उनकी ढाड़ी पकड़ कर कहने लगा आज तो इन चारों की बलि मुझे चाहिए। इससे सारे गांव के संकट दूर हो जांऐगे। यह सुन कर वे चारों भागे तो उनकी ढाड़ी उसके हाथ में आगई और फिर सब ने उन्हें मार कर भगाया। ऐसे ढोंगी इस समय भोले भाले लोगों को ठग रहे हैं उनसे बचना चाहिए।"

एक छात्र ने पूछा ---"आचार्यजी! श्रद्धा विश्वास में सावधानी कैसे रखें? तीन तरह की श्रद्धा के विषय में समझाने की कृपा करें। " आचार्यजी ने कहा-- "बेटे! सात्त्विक स्वभाव के लोग देवताओं की, राजसी प्रवृत्ति के लोग धन व शक्ति पाने के लिए यक्ष और राक्षसों की और तामस मनुष्य भूत प्रेतों की पूजा करते हैं। (17। 4) गीता। अभी मैंने जो तुम्हें यह घटना सुनाई है इस तरह की बातें रोज सुनने पढ़ने व देखने को मिलती हैं।

अन्धविश्वास, आसक्ति, और अहंकार के कारण कामनाओं को पूरा करने के लिए आदमी विवेक खो देता है और बुरे कर्म कर बैठता है। इसे तामसी श्रद्धा कहते हैं। ऐसे अज्ञानी व्यक्ति आसुर स्वभाव वाले होते हैं। (17। 5, 6) ये नीच योनि पा कर नरक मे जाते हैं। (14। 15, 18) गीता। ऐसे ढोंगी अपने साथ दूसरों को भी ले डूबते हैं। इसीलिए सन्त कबीर ने कहा है --

जाका गुरु भी अंधला चेला खरा निरंध।
अंधा अंधे ठेलिया दोनों कैप पडंत।।

तुम जरा सोचो कि तुम यदि रास्ता भूल गए हो और किसी ऐसे आदमी से रास्ता पूछो जिसे रास्ता पता ही नहीं है तो वह तुम्हें क्या बताएगा। अगर वह गलत बता देगा तो तुम भटक जाओगे। इसलिए लालची व मिथ्याचारियों से दूर रहना चाहिए। सांसारिक सुखों की प्राप्ति के लिए कर्म काण्ड, जप, तप, पूजा पाठ करते हैं वह श्रद्धा राजसी कहलाती है।

तुमने पूछा है कि श्रद्धा विश्वास में सावधानी कैसे रखें, इसके लिए सद्गुरु के सात्त्विक आहार विहार व उसके आचरण को देखना चाहिए। सच्चा गुरु धन का लोभी नहीं होता। वह दक्षिणा में धन नहीं मांगता वह तो शिष्य की बुराईयों को मांगता है। उसे तपाकर सोना बनाना चाहता है। उसका शिष्य आत्मकल्याण के लिए विश्वकल्याण में तत्पर हो यही उसकी गुरु दक्षिणा है।

स्वामी विरजानन्द ने यही दक्षिणा मांगकर मूलशंकर को महर्षि दयानन्द बनाकर अमर कर दिया। परमहंस ने नरेन्द्र को स्वामी विवेकानन्द बना कर विश्वविख्यात कर दिया। समर्थगुरु रामदास ने एक साधारण बालक को छत्रपति शिवाजी व आदर्श गुरु चाणक्य ने एक दासीपुत्र को सम्राट चन्द्रगुप्त बना दिया। सद्गुरु की प्राप्ति मानव जीवन का सब से बड़ा सौभाग्य है। इसके लिए शिष्य की भी पूर्ण निष्ठा व समर्पण होना चाहिए।"

"समर्पित शिष्य कैसे होते हैं, आचार्यजी!" एक शिष्य ने पूछा। आचार्यजी ने कहा—"बेटे! समर्पण का मतलब है अपने आप को पूरी तरह भगवान के हाथों में सौंप देना केवल भगवान को अपना स्वामी मानकर, काम, क्रोध, लोभ, मोह, स्वार्थ व अभिमान को छोड़ कर सुख दुख, मान-अपमान, शत्रु मित्र को

एक समान समझने वाला, श्रद्धा भक्ति व प्रेम से निरन्तर भगवान का चिन्तन करने वाला समर्पित शिष्य कहलाने का अधिकारी है। (14। 24, 25, 26) गीता

जब आत्म चेतना की भावनाओं का प्रत्येक अंश, मन की सारी सोच, शरीर की प्रत्येक हरकत, विश्व उद्यान को सुखद व सुन्दर बनाने के लिए मचल उठे तब समझना चाहिए कि समर्पण की क्रिया प्रारंभ हुई। समर्पित शिष्य की श्रद्धा सात्त्विक होती है। वे सोचते हैं मेरा कुछ भी नहीं है, मेरा किसी से कोई सम्बन्ध नहीं, मुझे कुछ नहीं चाहिए, केवल भगवान ही मेरे हैं, उनके होते कोई भी मेरा कुछ नहीं बिगाड़ सकता। ऐसे भक्त ही भगवान को प्यारे होते हैं।

ये हर हाल में खुश रहते हैं। एक मन्दिर में तीन भक्त इकट्ठे हुए। एकनाथजी, तुकारामजी व श्री नरसी मेहता। एक ने कहा-भगवान जी! आपकी मुझ पर कृपा है। आपने मुझे ऐसी पत्नी दी है कि मैं घर की चिन्ताओं से मुक्त होकर आपकी सेवा करता हूं। दूसरे ने कहा----आपने मुझ पर दया करके ऐसी कर्कशा पत्नी दी है कि मेरा घर पर मन ही नहीं लगता मैं आपकी शरण में आजाता हूं। तीसरे ने कहा--- मेरी पत्नी को तो आपने पहले ही अपने पास बुला लिया अब मैं निश्चिन्त हो कर आपकी सेवा करता हूं। कहने का मतलब यह है कि समर्पित शिष्य भगवान की दी हुई हर परिस्थिति में मस्त रहते हैं। बस उन परम प्रभु को सब कुछ सौंप दो और निश्चिन्त हो कर्म पथ पर चल पड़ो।"

सगुण व निर्गुण भक्ति

आचार्यजी की वाणी सबको सम्मोहित कर रही थी। एक जिज्ञासु ने पूछा---"आचार्यजी! एक शंका और है हमारे देश में भगवान की पूजा दो तरह से की जाती है - निराकार रूप में तथा साकार रूप में हम उन्हें अपनी श्रद्धा किस रूप

में समर्पित करें?" आचार्यजी ने हंसते हुए कहा---"ये ही प्रश्न अर्जुन ने भगवान कृष्ण से गीता के बारहवें अध्याय में पूछा है (12। 1) इसका उत्तर देते हुए भगवान कहते हैंकि हे पार्थ! जो भक्त श्रद्वायुक्त हो कर मुझे भजते हैं मैं उन सभी को अपनाता हूं।"

ये यथा मां प्रपद्यन्ते तांस्तथैव भजाम्यहम्।
मम वर्त्मानुवर्तन्ते मनुष्याः पार्थ सर्वशः।।

(गीता 4.11)

पर निर्गुण की उपासना में विशेष परिश्रम करना पड़ता है। सब के लिए यह कठिन होती है इसलिए जो भक्त सगुण रूप की पूजा करते हैं उन्हें मैं सरलता से मिल जाता हूं। (11। 55) (12। 2 से 8 तक) गीता

इसे तुम इस तरह समझो कि यदि कोई मां से पूछे कि तुम अपने बेटों मे किसे अधिक प्यार करती हो तो वह क्या कहे? बस एक बात है कि एक बच्चा समझदार है बड़ा है वह मां से दूर रहकर भी काम कर सकता है दूसरा छोटा है वह तो मां से अलग रह ही नहीं सकता। वह तो रो रो कर सब को परेशान कर देगा। सगुणोपासक भगवान का छोटा बच्चा है और निर्गुण की पूजा करने वाला बड़ा व समझदार बच्चा है। जैसे राम भरत और लक्ष्मण दोनों को ही प्यार करते थे पर लक्ष्मण ने अयोध्या में रहने से साफ इन्कार कर दिया तुम कितना भी कहो मैं तुम्हारे बिना नहीं रह सकता।

भरत बड़े थे। उन्हें समझाकर वापिस लौटा दिया। इसी तरह निराकार की पूजा करने वाला भगवान का बड़ा बच्चा है और साकार रूप का पुजारी छोटा है। जैसे मां को छोटे बालक का अधिक ध्यान रखना पड़ता है वैसे ही भगवान भी उसकी सारी जिद पूरी करते हैं। भक्तिकाल का सारा साहित्य इन सगुण भक्तों की व भगवान की लीलाओं की अमर गाथाओं से भरा पड़ा है। नरसी मेहता का

भात, धन्ना जाट का भोग --रैदास का गंगास्नान, मन चंगा तो कठौती में गंगा। नामदेव, एकनाथ, आदि सन्तों की मनमोहक कथाएं भक्तों का मन मोहती रहती हैं।

भक्तिरस में डूब कर श्रोतागण आनन्दविभोर हो रहे थे। एक छात्र ने संकोच के साथ कहा--- "आचार्यजी! हम समर्पित भक्त कैसे बन सकते हैं?" आचार्यजी ने कहा--- "हां बेटे! मैं भी यही सोच कर उदास हो रहा हूं कि तुम समर्पित भक्त कैसे बन सकोगे? क्योंकि जब तुम्हारे खाने पीने पर, मनोरंजन के साधनों पर बंधन लग जाएगा तो जीवन तो नीरस हो जाएगा। जब किसी काम में आनन्द ही नहीं आएगा, जीना ही बेकार होगा तो भक्त कैसे बनोगे?"

यह सुनकर सभी की आंखों में आंसू आ गए। मन में पश्चाताप की अग्नि जल रही थी। सब सोच रहे थे हाय! हम ने यह क्यों कहा कि हम सुखों को छोड़ कर जीकर ही क्या करेंगे? सब ने एक स्वर से कहा--- "आचार्यजी! हमें क्षमा कर दीजिए। हमने ऐसा क्यों कहा? हम सब शर्मिन्दा है। आपकी कृपा से हमारा अज्ञान नष्ट हो गया है। हम संशय रहित हो गए हैं। अब हम आपकी आज्ञा का पालन करेंगे। आप हमारा मार्गदर्शन करें।"

करिष्येवचनं तव

वातावरण गंभीर हो गया था। आचार्यजी का कोमल मन भी द्रवित हो गया था। उन्होंने स्नेहपूर्ण स्वर में कहा- "मेरे प्यारे बच्चों! तुम सब को पाकर मैं धन्य हो गया हूं। मेरा परिश्रम सफल हुआ। देखो, मन में जब पश्चाताप की अग्नि जलती है और आंखों में आंसू आते हैं तो समझो कि उन करुणासिन्धु के मिलन

का समय आगया। इन आंसुओं से कामना व वासना की गन्दगी धुल जाती है। ज्ञान व प्रेम के प्रकाश से हृदयाकाश आलोकित हो उठता है, सद्विचारों की शीतल, मन्द सुगन्धित वायु बहने लगती है, वे दयामय किसी की आंखों में आंसू नहीं देख सकते। उन्हें प्रेम जल की वर्षा से वश में कर लो।" सन्त कवि कबीर ने भी कहा है----

पोथी पढ़ि पढ़ि जग मुआ पंडित भया न कोय।
ढाई आखर प्रेम का पढ़े सो पंडित होय।।

गीत
प्रेम भक्ति भावना

उस शरद चन्द्रिका की शोभा उन चकित चकोरों से पूछो।
इस घन गर्जन में क्या सुख है यह वन के मोरों से पूछो।। 1

क्यों प्राण नाद पर देता है यह जा मृग शावक से पूछो।
इस स्वाति बूंद में क्या रस है यह प्यासे चातक से पूछो।। 2

क्यों बने राम की दुल्हनिया यह दास कबीरा से पूछो।
विष कैसे अमृत बन जाता मतवाली मीरा से पूछो।। 3

क्यों बने सारथि वे भगवन ये अर्जुन से जाकर पूछो।
क्यों बेर भीलनी के खाए यह जा करुणाकर से पूछो।। 3

जब भक्ति भावना जगती है मन वृन्दावन बन जाता है।
वह छैल छबीला सांवरिया तब अद्भुत छबि दिखलाता है।। 4

छछिया भरी छाछ पै नाच नाच कर मुरली मधुर बजाता है।
जब श्रद्धा निष्ठा जगती है मन विष्णुधाम बन जाता है।। 5

जब भक्त पुकारते हैं उस को वह नंगे पैरों आता है।
दो मुट्ठी चावल के बदले वह तीन लोक दे जाता है।। 6

है यही कामना भक्तों की यह हृदय तुम्हारा धाम रहे।
हो जाए राम मय रोम रोम और रोम रोम में राम रहें।। 7

यह प्रेम सृष्टि के कण कण में व्याप्त है-जड़ चेतन सब इस प्रेम की डोर से बंधे हैं। शरद चन्द्रिका की सुन्दरता को देखना है तो प्रेम रस में डूबे चकोरों से जाकर पूछो। आकाश में काले काले बादलों की ध्वनि सुनकर मोर क्यों नाच उठते हैं, उसमें उन्हें क्या सुख मिलता है यह मोर ही बता सकते हैं। समुद्र के, नदियों के जल को छोड़कर चातक स्वाति नक्षत्र का जल ही क्यों पीता है उसमें क्या रस है यह प्यासे चातक से पूछो। मृग शावक वीणा की आवाज सुनकर मोहित हो कर शिकारी के जाल में क्यों फंस जाता है क्या इसे कोई बता सकता है? कृष्ण के प्रेम में दीवानी मतवाली मीरा से जाकर पूछो कि विष का प्याला अमृत कैसे बन जाता है, सांप की पिटारी का सांप फूलों की माला कैसे बन गई। भगवान कृष्ण अर्जुन के सारथि क्यों बन गए यह सब प्रेम की ही महिमा है जब भक्त के मन में श्रद्धा भावना जन्म लेती है तो मन वृन्दावन बन जाता है, कृष्ण की बांसुरी बजती है, नारद की वीणा झंकृत होती है और मन विष्णुधाम बन जाता है।

प्रेम का वर्णन करते करते आचार्यजी आनन्द रस में डूब गए। छात्रों को भी आनन्द आ रहा था, पर उन्हें आश्चर्य हो रहा था कि आज आचार्यजी को क्या हो गया है जो प्रेम की महिमा गा रहे हैं। एक छात्र ने संकोच के साथ कहा--- "आचार्यजी! सब लोग तो कहते हैं कि प्रेम अन्धा होता है मेरे दोस्त के भाई ने लव मैरिज की तो उनके पिता ने उन्हें घर से निकाल दिया। आप प्रेम की बात कर रहे है।" आचार्यजी ने मुस्कराते हुए कहा--- "मेरे प्यारे बच्चों! तुम जिस प्रेम की बात कर रहे हो वह प्रेम नहीं वासना व कामना है जिसमें बुद्धि नष्ट हो जाती है और मानव मन भटक जाता है।

जब तक प्रेम में स्वार्थ और कुछ पाने की इच्छा रहती है तब तक यह मोह पाश कहलाता है। यह बन्धन में बांधता है पर जब यह प्रेम प्रभु चरणों में समर्पित होता है तो गंगा की पवित्र धारा के समान मन को शीतल व निर्मल कर देता है। तब यह परमेश्वर का रूप बन जाता है। भगवान की भक्ति भक्त को तृप्त कर देती है। उसे सारी सृष्टि के कण कण में उसी प्रभु का रूप दिखाई देता है। वसुधैव कुटुम्बकम् की भावना मन में समा जाती है। वह उस अखंड आनन्द का अनुभव करता है जिसे ब्रह्मानन्द कहते हैं, जहां दुख का प्रवेश नहीं।"

अर्जुन, मीरा व मुरली का समर्पण

भक्ति समर्पण का नाम है। उसमें अंहकार, छल कपट को स्थान नहीं है। समर्पण किया था हनुमान ने उनकी पूजा राम से पहले की जाती है। **"राम दुवारे तुम रखवारे होत न आज्ञा बिनु पैसारे"** सुना है ना। समर्पण किया था अर्जुन ने, स्वयं भगवान उनके सारथि बन गए। एक हाथ में चाबुक, एक हाथ में घोड़ों की लगाम भक्त को ऊपर बिठा कर स्वयं नीचे खड़े हो गए। मीरा ने समर्पण किया

तो विष का प्याला अमृत हो गया, सांप पिटारी फूलों की माला बन गई

सांप पिटरिया लाई मलनिया हो गई फूलों की माला।
जहर का प्याला राना जी ने भेजा हो गया अमृत का प्याला।।

मुरली ने समर्पण किया तो बांस की बांसुरी ने कृष्ण के होठों का रस पान किया जिसे देखकर गोपियों को भी ईर्ष्या होती थी। वे उसे उलाहना देते हुए कहती है, हे सखी! यद्यपि यह मुरली गोपाल तरह तरह के नाच नचाती है और उनके सुकुमार होठों की शैया बनाकर उन के कमल जैसे कोमल हाथों से अपने पैर दबवाती है फिर भी यह उन्हें बहुत प्यारी है।

मुरली का समर्पण

मुरली तऊ गोपालहि भावहिं।
सुन री सखी जदपि नन्दनन्दन भांति भांति नचावहिं।
आपुन पौढ़ि अधर शैया पर कर पंकज सन पद पलुटावति।

मुरली ने भी गोपिकाओं को समर्पण का महत्त्व समझाते हुए कहा--

"ग्वारिन, तुम कत उरहन देहु।"

"हे गोपियों! तुम मुझे उलाहना क्यों देती हो? तुम मुझसे ईर्ष्या क्यों करती हो? मैंने उन्हें पाने के लिए जो कष्ट सहन किए हैं उन्हें सुनो पहले मैं बांस बन कर जंगल में एक पैर पर खड़ी रही, सर्दी गर्मी बरसात को सहन किया फिर मुझे मेरे साथियों से अलग करके काट कर धूप में सुखाया गया, फिर लोहे की शलाका से अन्दर से खोखला बना दिया, इतना ही नहीं फिर मेरे शरीर में छेद किए गए, जब इतने कष्टों को मैंने चुपचाप सहन किया तब मुझे भगवान कृष्ण

के अधर रस पान करने का सौभाग्य मिला है, तो तुम भी ऐसा ही करो। कहने का मतलब यह है कि समर्पण का यह तरीका केवल गोपियों के लिए ही नहीं बल्कि प्रत्येक के लिए है। बस अपने को भगवान के हाथ में सौंप दो और बांसुरी की तरह खोखले हो जाओ। भगवान ने अर्जुन को अपना प्रिय भक्त समझकर गीता का उपदेश दिया था मैं तुम्हें अपना प्रिय आत्मीय समझकर तुम से पूछता हूं कि तुम क्या करना चाहते हो? बोलो मनोरंजन में, खाने पीने मौज मस्ती में जीवन बिताओगे या हरि चरणों में जीवन समर्पित कर जीवन को धन्य बनाओगे?"

आचार्यजी ने सब को सम्बोधित करते हुए कहा--- "नवयुग के सृजन सैनिको! जाओ, धूम मचा दो। भारतीय संस्कृति की सीता खो गई है हनुमान बनकर उसे तलाश करो। ज्ञान, कर्म व भक्ति की त्रिवेणी में स्नान कर देश विदेश में प्यार का अमृत बरसाओ कि सूखी धरती का आंचल हरियाली से लहरा उठे। अर्जुन बन कर अत्याचार व अधर्म को जड़ से मिटा दो। शान्ति को विश्व व्यापी बना दो। संसार में ईश्वर के दर्शन करो। जाओ, भारत माता के आंसू पोंछो। प्रेम का ऐसा मन्दिर निर्माण करो कि उसमें सारा विश्व समा जाए।"

प्रेरणा गीत
मन्दिर गिरे न मस्जिद टूटे ऐसा नव निर्माण करो।
भारत मां के वीर सपूतो! सब जग का कल्याण करो।। 1

हिन्दू मुस्लिम सिख ईसाई उसके बेटे हैं प्यारे।
सब पर प्यार लुटाती है सब उसकी आंखों के तारे।
आज उसकी आंखों में आंसू, तुम उसका दुख त्राण हरो।। 2

जिसके सैनिक समर भूमि में गाया करते थे गीता।
जहां खेत में हल के नीचे खेला करती थीं सीता।
आज वही धरती जलती है तुम शीतल जलधार बनो।। 3

जहां ज्ञान का गंगाजल ले बहती संस्कृति की धारा।
मिलकर रहना सीखो फिर से मन्दिर मस्जिद गुरुद्वारा।
मानवीय संस्कृति का फिर से सब जग में गुणगान करो।। 4

हर शरीर मन्दिर सा पावन, हर मानव उपकारी हो।
क्षुद्र असुरता को ठुकरा दे प्रभु का आज्ञाकारी हो।
शंख बजादो नई सदी का आओ युग निर्माण करो।। 5

सभी का मन भक्तिभाव से हर्षित हो रहा था। मन में उत्साह भर रहा था। अपनी भूल पर पश्चाताप हो रहा था। सब ने एक स्वर से कहा--- "हम अपनी भूल को समझ गए हैं आप जो कहेंगे वही करेंगे।"

नष्टो मोहः स्मृतिर्लब्धा त्वत्प्रसादान्मयाच्युत।
स्थितोऽस्मि गतसन्देहः करिष्ये वचनं तव।

(गीता 18.73)

हम अपना तन मन धन सब कुछ देश के लिए न्यौछावर कर देंगे। —आओ, हम सब भी उन के साथ गाते हुए चलें----

संकल्प गीत

घर घर अलख जगायेंगे हम बदलेंगे जमाना।
निश्चय हमारा ध्रुव सा अटल है।
काया की रग रग में निष्ठा का बल है।।

जागृति शंख बजायेंगे हम बदलेंगे जमाना
बदलीं हैं हमने अपनी दिशाएं।
मंजिल नई तय करके दिखाएं।।
धरती को स्वर्ग बनाएंगे हम बदलेंगे जमाना।।
श्रम से बनाएंगे माटी को सोना।
जीवन बनेगा उपवन सलोना।।
मंगल सुमन खिलाएंगे हम बदलेंगे जमाना।।
पीड़ा पतन की तोड़ेंगे कारा।
ममता की निर्मल बहाएंगे धारा।।
समता का दीप जलाएंगे हम बदलेंगे जमाना।।

प्रश्न
भक्तियोग

(1) छात्रों का मन क्यों उदास था?

(1) छात्रों का मन इसलिए उदास था कि एक तो घर जाने का समय पास आ गया था और वे सोच रहे थे कि वे आत्मसंयम का पालन नहीं कर पायेंगे।

(2) आनन्द व सुख में क्या अन्तर है?

(2) इन्द्रियों के भोग के द्वारा जो खुशी मिलती है उसे सुख कहते हैं। वह थोड़ी ही देर में दुख में बदल जाती है। जैसे दावत में स्वादिष्ट भोजन किया थोड़ी देर में पेट में दर्द हुआ और खुशी दुख में बदल गई। स्वयं भूखे रह कर भी दूसरों को भोजन करा के जो खुशी मिलती है उसे आनन्द कहते हैं। सन्त इसी आनन्द का अनुभव करते हैं।

(3) भगवान को भजने वाले चार प्रकार के भक्तों के नाम बताओ?

(3) चार प्रकार के भक्त भगवान को भजते हैं। आर्त, धन के इच्छुक, जिज्ञासु व ज्ञानी।

(4) आर्त भक्त से क्या मतलब है? दो आर्त भक्तों के नाम बताओ?

(4) कष्ट में पड़कर पुकारने वाले भक्त को आर्त कहते हैं। जैसे द्रोपदी व गज।

(5) अर्थार्थी भक्त किसे कहते हैं?

(5) धन की इच्छा रखने वाले को अर्थार्थी कहते हैं। जैसे सुदामा।

(6) ढोंगी भक्त से भगवान खुश क्यों नहीं होते?

(6) भगवान श्रद्धा व प्रेम के भूखे हैं। भगवान को ध्रुव व प्रह्लाद की तरह सरल चित्त भक्त प्रिय होते हैं। ढोंगी नहीं।

(7) जिज्ञासु का क्या अर्थ है? जिज्ञासा शान्त करने के लिए क्या करें?

(7) भगवान के विषय में जानने की इच्छा रखने वाले को जिज्ञासु कहते हैं। जिज्ञासा शान्त करने के लिए सद्गुरु के पास जाना चाहिए।

(8) भारतीय संस्कृति में गुरु का क्या महत्त्व है?

(8) भारतीय संस्कृति में भगवान से भी अधिक गुरू को महत्त्व दिया गया है।

(9)भगवान को ज्ञानी प्यारा है या भक्त?दोनों में क्या अन्तर है?

(9) भगवान को ज्ञानी से अधिक भक्त प्यारा है। ज्ञानी को अहंकार हो सकता है किन्तु अहंकारी भक्त हो ही नहीं सकता। दुर्वासा व अम्बरीष की कहानी याद करो।

(10) भगवान से क्या मांगे?

(10) भगवान से हमें सद्बुद्धि मांगनी चाहिए।

(11) सन्त हर हालत में खुश रहते हैं तीन सन्तों की कथा सुनाओ।

(11) सन्त हर हालत में खुश रहते हैं, इस को समझने के लिए तीन सन्तों की कहानी याद करो।

(12) ज्ञान, कर्म व भक्ति में कौन सा मार्ग सरल व श्रेष्ठ है?

(12) ज्ञान कर्म व भक्ति में भक्ति मार्ग सरल व श्रेष्ठ है।

(13) समर्पण का क्या मतलब है? किस किस ने सर्मपण किया है? उसे क्या मिला?

(13) समर्पण का मतलब है अपने आप को भगवानके हाथों में सौंप देना। समर्पण बहुत से भक्तों ने किया है। अर्जुन, मीरा, मुरली व हनुमान के नाम प्रसिद्ध हैं। अर्जुन के भगवान सारथि बन गये। मीरा का विष का प्याला अमृत बन गया। निष्प्राण मुरली का भगवान ने होठें से लगा कर उसमें मधुर संगीत भर दिया। हनुमान की पूजा राम से भी पहले की जाती है।

(14) आचार्य जी ने क्या संदेश दिया?

(14) आचार्य जी ने छात्रों को संदेश दिया कि प्रेम का संदेश देकर सारी पृथ्वी को एक कुटुम्ब बना दो।

(15) छात्रों ने क्या संकल्प लिया?

(15) छात्रों ने संकल्प लिया - करिष्ये वचनं तव - हम आपकी आज्ञा का पालन करेंगे।

(16) गीता के दो श्लोक याद करो।

(16) गीता के दो श्लोक याद करो।

उपसंहार

आज सत्र का अन्तिम दिन था। जिज्ञासु छात्र बहुत उत्साहित थे, पर मन में जाने की पीड़ा भी थी। सब ने गीता का पाठ नियमित रूप से शुरु कर दिया था पर अभी तो शिशु की भांति कुछ भी समझ में नहीं आया था और जाने का समय निकट आ गया था। उन्होंने निश्चय किया था कि समय समय पर आकर गुरुदेव से मार्गदर्शन प्राप्त करते रहेंगे। आज के अवसर का लाभ उठाकर अपनी शंकाओं का समाधान करने के लिए वे समय से पहले ही प्रवचन हाल में पहुंच गए।

निर्धारित समय पर आचार्य जी पधारे। सब ने खड़े हो कर उन्हें प्रणाम किया। आचार्यजी ने उन्हें बैठने का आदेश दिया फिर पुजारीजी ने एक भक्ति गीत गाया। उसके बाद छात्रों ने गुरु वन्दना की।

गीत

ज्योति से ज्योति जगा दो सद्गुरु।
अंतर तिमिर मिटा दो सदगुरु।।
पथ दर्शक तुम हे ज्ञानेश्वर।
ज्योति पुरुष तुम ,हे सर्वेश्वर।
अवगुण दूर भगाओ सद्गुरु।। ज्योति से.....
हम बालक हैं शरण में आए।
श्रद्धा पूरित आस लगाए।।
दिव्य दरश दिखलाओ सद्गुरु।।
सोयी महाशक्ति है अन्दर।

युग युग भटके, खोजा बाहर।।
सोयी शक्ति जगाओ सद्गुरु।। ज्योति से ....

उसके बाद आचार्यजी ने सबके साथ गायत्री मंत्र का उच्चारण किया और सब को सम्बोधित करते हुए कहा---"मेरे प्यारे बच्चो! आज सत्र का अन्तिम दिन है। मैं आशा करता हूं कि तुम गीता के महत्त्व को समझ कर उस का अध्ययन करोगे। आज तुम जो जानना चाहते हो पूछ लो।" यह सुनकर एक छात्र ने अवरुद्ध कंठ से कहा---"आचार्यजी! आपकी प्रेरणा पाकर हमने गीता पढ़ना व गायत्री जप भी शुरु कर दिया है पर अभी हमारी समझ में कुछ भी नहीं आ रहा है। जाने का समय भी आ गया है। आप हमें आश्वासन दें कि आप समय समय पर हमारी समस्याओं का समाधान करते रहेंगे। अभी हमने गीता का पहला अध्याय पढ़ा है लेकिन कुछ भी समझ में नहीं आया। आपने भी कहा है कि गीता की शुरूआत दूसरे अध्याय से हुई है तो क्या पहले अध्याय का कोई महत्त्व नहीं है?"

प्रथम अध्याय का महत्व

आचार्यजी ने कहा---"बेटे! मेरी बात ध्यान से सुनो। यह ठीक है कि विद्वानों के मतानुसार गीता का प्रारंभ दूसरे अध्याय के ग्यारहवे श्लोक से हुआ है जहां से भगवान कृष्ण ने अर्जुन का मार्गदर्शन किया है, पर इस का यह मतलब नहीं कि पहला अध्याय महत्त्वहीन है। शिष्य को उपदेश देने से पहले उसकी मानसिक स्थिति बनानी पड़ती है। **शिष्यस्तेऽहं शाधि मां त्वां प्रपन्नम्।** (गीता 2.7) गुरु के प्रति श्रद्धा उत्पन्न करनी पड़ती है।

जैसे तुम लोगों को गीता का संदेश देने से पहले हमने तुम्हें मथुरा व हस्तिनापुर ले जा कर कृष्ण व पांडवों के विषय में बताया है। उसी तरह गीता का संदेश देने से पहले श्रीव्यासजी ने प्रथम अध्याय में गीता की भूमिका तैयार की है। इस अध्याय में अर्जुन की जिस विषादपूर्ण मानसिक स्थिति का वर्णन है वह इस समय प्रत्येक मानव मन की स्थिति है। इस समय मनुष्य अपने कर्त्तव्य से विमुख हो कर असमंजस में है। इसलिए गीता का संदेश देने से पहले अर्जुन की तरह मनुष्य की मानसिक स्थिति को बनाना पड़ेगा तभी गीता का संदेश समझ में आ सकेगा।

पहले अध्याय को समझने के लिए मेरी बात ध्यान से सुनो--इस अध्याय में पांच पात्र हैं धृतराष्ट्र, संजय, कृष्ण, दुर्योधन व अर्जुन। धृतराष्ट्र दुर्योधन का पिता है। पांडव उसके छोटे भाई के बेटे हैं। पांडु की मृत्यु के बाद उनके पालन पोषण की जिम्मेदारी उसी पर है तो भी उसने कभी पाण्डवों के साथ अच्छा व्यवहार नहीं किया।

वह जन्म से नेत्रहीन तो था ही पर पुत्रमोह व राज सत्ता के लोभ में भी अन्धा हो रहा था। उसने कभी भी दुर्योधन को पांडवों के साथ बुरा व्यवहार करने से नहीं रोका। दुर्योधन ने भीम को खीर में जहर मिला कर खिलाया, पांडवों को लाक्षागृह में जलाकर मारने का प्रयत्न किया, अनीति पूर्वक जुए में हराया, बारह वर्ष के बनवास व एक वर्ष के अज्ञातवास में भेजा पर धृतराष्ट्र ने उसे अनदेखा कर दिया।

प्रथम श्लोक में **मामका:** (1.1) शब्द से ही यह स्पष्ट हो जाता है। वह पहले अपने पुत्रों के विषय में पूछता है बाद में पाडंवों के विषय में। इस समय औसत

आदमी की भी यही स्थिति है। पुत्र मोह, यश, पद, प्रतिष्ठा के लालच में अधिकांश व्यक्ति विवेकहीन हो रहे हैं। इसी का परिणाम यह है कि घर घर में महाभारत हो रहे हैं। भाई-भाई, भाई बहन, पिता पुत्र सभी रिश्ते नाते समाप्त हो रहे है। इससे यही शिक्षा मिलतीहै कि बचपन से ही बच्चों को अच्छे संस्कार देने चाहिये जिससे फिर कोई महाभारत न हो, किसी द्रोपदी का चीर हरण न हो

इसका दूसरा पात्र दुर्योधन है वह अंहकार में चूर है और ईर्ष्या द्वेष में जलता रहता है। अनैतिक आचरण के कारण वह स्वयं तो मरता ही है अपने साथ औरों को भी ले डूबता है।

गीता में भगवान ने कहा है-विषयों के चिन्तन से बुद्धि नष्ट हो जाती है और बुद्धि के भ्रष्ट होने से मनुष्य विनाश को प्राप्त होता है (2। 62, 63) गीता

संजय धृतराष्ट्र को युद्ध का आंखों देखा हाल सुना रहे हैं। उन्हें व्यासजी की कृपा से दिव्य दृष्टि मिली है। निष्पक्ष भाव से वे अपना मत प्रकट कर देते हैं कि जहां योगेश्वर कृष्ण हैं और धर्नुधारी अर्जुन हैं, वहीं विजयलक्ष्मी, धर्म और नीति है वहीं जीत निश्चित है। (18। 78) गीता। परन्तु लोभ व मोह में अन्धे धृतराष्ट्र की समझ में यह बात नहीं आती। इसी तरह इस समय बहुत से सद्गुरु व सन्त भटके मानव का मार्गदर्शन कर रहे हैं पर लोभ व मोह में अन्धे होने के कारण दुर्बुद्धि ग्रस्त मनुष्य की समझ में यह बात नहीं आती।

अर्जुन इस का मुख्य पात्र है। वह शूरवीर है उस समय का सर्वश्रेष्ट धनुर्धारी है, विराट की गऊओं की रक्षा के समय उसने भीष्म पितामह और द्रोणाचार्य के छक्के छुड़ा दिये थे। पर इस समय वह असमंजस की स्थिति में है।

उसके मन में भ्रम है, वह व्याकुल हताश, निराश व व्याकुल है। कारण यह है कि वह भगवान के असली रूप से अनजान है। वह उन्हें मित्र, भाई व सारथि समझ कर आदेश देता है कि मेरा रथ दोनों सेनाओं के बीच में ले चलो। कृष्ण इस अध्याय में सारथि के रूप में सामने आते हैं और अर्जुन का आदेश मानकर उसके रथ को दोनों सेनाओं के बीच में भीष्म व द्रोणाचार्य के सामने खड़ा करके केवल एक ही बात कहते हैं कि हे पार्थ! युद्ध के लिए जुटे हुए इन कौरवों को देख? (1। 24, 25) गीता। लेकिन वे भगवान भक्त वत्सल हैं कोई माने या न माने, कोई पहचाने या न पहचाने वे अपने भक्तों का हमेशा ध्यान रखते हैं। जानते हो उन्होंने अर्जुन का रथ कहां खड़ा किया था? तुमने पहला अध्याय पढ़ा है ना।"

"जी हां, उन्होंने रथ दोनों सेनाओं के बीच में खड़ा किया था।" एक छात्र ने कहा। आचार्यजी ने हंसते हुए कहा—"हां, दोनों सेनाओं के सामने तो खड़ा किया पर दुर्योधन के सामने नहीं, रथ खड़ा किया भीष्म पितामह और गुरु द्रोण के सामने जानते हो उन्होंने ऐसा क्यों किया?" हमें नहीं मालूम आप ही बतायें। छात्रों ने विनम्रता पूर्वक उत्तर दिया।

आचार्यजी उत्तर दिया— "तो सुनो, मैं ही बताता हूं। वे अर्जुन को युद्ध के लिए तैयार करना चाहते थे। यदि वे रथ को दुर्योधन के सामने खड़ा कर देते तो अर्जुन उसे देखते ही क्रोधावेश में आ जाता और शायद शंख ध्वनि से पहले ही धनुष उठा लेता। उन्होंने रथ खड़ा किया पितामह और आचार्य के सामने, जिन्हें देखते ही उसे अपना बचपन याद आ गया। पितामह ने उसे गोद में खिलाया था अंगुली पकड़ कर चलना सिखाया था।

द्रोणाचार्य ने उसे अपने पुत्र से भी अधिक प्यार कर के विश्व का श्रेष्ठ धनुर्धर बनाया था। उन्हें सामने देखकर वह व्याकुल हो गया और कहने लगा--- "हे केशव! इन्हें सामने देखकर मेरा मुख सूख रहा है, मैं खड़ा होने में भी असमर्थ हो रहा हूं। मेरे हाथ से गांडीव छूट रहा है।" इस तरह की बातें कह कर उसने प्रलाप शुरु कर दिया (1। 26से 46तक) स्वयं ही प्रश्न कर रहा है और स्वयं ही उत्तर देता है ऐसे राज्य को लेकर मैं क्या करूंगा? प्रियजनों को मारकर जीकर भी क्या करूंगा? ऐसे जीने से तो भीख मांगना भी अच्छा है। वह कृष्ण को बोलने का अवसर भी नहीं देता। स्वयं ही तर्क वितर्क कर रहा है और कृष्ण हैं कि खड़े मुस्करा रहे हैं।"

एक व्यक्ति ने आश्चर्य से पूछा -- "भगवान उस की बातें सुनकर मुस्करा रहे थे उन्हें गुस्सा नहीं आया?"

अर्जुन का समर्पण

आचार्यजी ने कहा -- "नहीं बेटे! वे उसके घमंड को दूर करके उसके मन में समर्पण व शिष्यत्व का भाव जगाना चाहते थे। जब शिष्य पर गुरु की कृपा होती है तो वे उस के मन में दीनता हीनता की भावना जगाते हैं,उसमें शिष्यत्व का भाव जगाना चाहते हैं, उसे अपने रूप से परिचित कराना चाहते हैं। अर्जुन भगवान के वास्तविक रूप से अनजान है वह उन्हें मित्र, सखा, भाई, उनकी बहन सुभद्रा का पति होने के कारण साला समझता है, पर इस समय वह दुविधा की स्थिति में होने के कारण सब रिश्ते नाते भूल कर कहता है--

शिष्यस्तेऽहं शाधि मां त्वां प्रपन्नम् (2।7 गीता)

मैं तुम्हारा शिष्य हूं, तुम्हारी शरण हूं, मेरा मार्गदर्शन करो।

इस समय साधारण मानव की भी यही स्थिति है। जब व्यक्ति चरम विषाद की सीमा में पहुंचता है तो उसे सद्गुरु की आवश्यकता अनुभव होती है। और जब उसका सौभाग्य उदित होता है तो सद्गुरु उस के हृदय में विराजते हैं। वह घड़ी उसके सौभाग्य की घड़ी होती है। सद्गुरु के रूप में भगवान उसके सारथि बन कर उसके जीवन की बागडोर अपने हाथ में ले लेते हैं। उसे सब समस्याओं से मुक्त करते हुए कहते हैं — इस समय तुझ में यह दुर्बलता कहां से आ गई? इस कायरता को छोड़कर अपना कर्त्तव्य पालन कर। तू न सोचने योग्य बातें कर रहा है, और अपने को पंडित समझ रहा है। (2। 2, 3, 11) गीता तू फल की चिन्ता छोड़ कर कर्म कर।

सच तो यही है कि जिसे जीवन में सद्गुरु की प्राप्ति नहीं होती वह मनुष्य बहुत अभागा है। वह जीवन भर पढ़ता पढ़ाता है पर भगवान के पास रहकर भी उनसे दूर रहता है। दुर्योधन कृष्ण को ग्वाला ही समझता रहा। युधिष्ठिर धर्मराज थे, पर वे उपदेशक ही बने रहे। भीम शारीरिक बल पर अभिमान करते रहे, नकुल व सहदेव भावनाशील व सरल थे, पर अर्जुन सब से अलग थे। उन्होंने भगवान के प्रति पूर्ण समर्पण कर दिया। भगवान उनके सारथि बन गये। गीता का पहला अध्याय सिखाता है कि जब शिष्य समर्पित होता है तब गुरु के रूप में भगवान उसे अपनाते हैं।"

सभी श्रोता तन्मय होकर सुन रहे थे। एक जिज्ञासु ने पूछा--- "आचार्यजी! गुरु के प्रति शिष्य का भाव कैसे जगायें?" आचार्यजी ने कहा-- "इष्टदेव के प्रति पूर्ण विश्वास और श्रद्धा होनी चाहिए। यह समझो और यह मानो कि वह हमारा सबसे बड़ा हितैषी, समर्थ और विवेकवान है। उसके हाथ में अपने को

सौंपकर हमारा कभी कोई अनिष्ट नहीं हो सकता। महाभारत युद्ध से पहले दुर्योधन व अर्जुन दोनों ही सहायता मांगने गए पर दुर्योधन ने मांगी उनकी सेना और अर्जुन ने मांगा भगवान को। बस भगवान ने भी अर्जुन को चुन लिया। वे उसके सारथि बन गए। तुम्हें सुनकर आश्चर्य होगा कि महाभारत के जिस युद्ध में खून की नदियां बहीं वहां अर्जुन के साथ उसके चारों भाई सुरक्षित रहे, यहां तक कि उसके रथ का भी कुछ नहीं बिगड़ा।

अब तुम यही समझ लो कि गीता के अन्त में भगवान ने कहा है कि सब धर्मों को छोड़ कर तू मेरी शरण में आ, मैं तुझे सब पापों से मुक्त करूंगा (18। 65, 66) गीता। इस की शुरुआत गीता के इस पहले अध्याय से ही होती है जब अर्जुन उनकी शरण में आता है तो वे उसकी जीवन नैया की पतवार अपने हाथों में ले लेते हैं पहले अध्याय का महत्व तुम्हारी समझ में आगया है ना। अब तुम्हें और जो कुछ पूछना है पूछ लो।"

शंख का महत्व

एक छात्र ने विनीत स्वर में कहा-- "आचार्यजी! यह बात तो समझ में आगई, एक बात और पूछनी है कि पहले अध्याय में युद्व के समय सब ने अपने अपने शंख बजाए हैं। शंख तो मन्दिर में बजाए जाते हैं, युद्व के समय शंख बजाने का क्या मतलब है?"

आचार्यजी ने समझाते हुए कहा---"बेटे! शंख जागरण का संदेश देता है। प्रात: काल मन्दिर में शंख बजाकर सबको सूर्योदय के होने व अपने अपने काम में लगने की प्रेरणा दी जाती है।

जैसे इस समय लड़ाई के समय नगाड़े बजाए जाते हैं उस समय युद्ध में सैनिकों को सावधान होने और युद्ध की घोषणा करने के लिए शंख बजाए जाते थे। असल में शंख का मतलब है ऊंची आवाज में अपना संदेश देना। पांजजन्य, देवदत्त, अनन्तविजय उस समय शंखों के नाम थे इस समय भी सभी देश ऊंची आवाज में अपना अपना प्रचार प्रसार करना चाहते हैं।

ट्रांजिस्टर, रेडियो, टी.वी.लाउडस्पीकर, ब्राडकास्टिंग स्टेशन आधुनिक शंख ही हैं। जो जितनी ऊंची आवाज में संदेश देगा वही ज्यादा लोगों तक पंहुच सकेगा। तुमने इस बात पर ध्यान नहीं दिया कि युद्ध के समय सब ने अपने अपने शंख बजाए पर कृष्ण व अर्जुन की शंखध्वनि ने सबके हृदय विदीर्ण कर दिए। (1। 12से 19 गीता)

इस समय चीन भारत पाकिस्तान, जापान, अमेरिका, बर्तानिया, कनाडा सब अपने अपने प्रचार में लगे हैं। शंख के बिना भगवान कृष्ण का काम भी नहीं चलता। तुमने उनके चित्र देखे हैं ना।" एक छात्र ने जिज्ञासा प्रकट करते हुए कहा—"जी हां! उनके चित्र में उनके चार हाथों में शंख, गदा, चक्र व कमल होता है आचार्यजी! इसका क्या मतलब है?"

आचार्यजी ने कहा -"शंख के द्वारा हर युग में वे सावधान होकर कर्म करने की प्रेरणा देते हैं। जागरण का संदेश देते हैं। चक्र से मतलब है गतिशील रहो-चलते रहने का नाम ही जीवन है, रुक जाना ही मृत्यु है-यह जीवन एक यात्रा है शव से शिव तक की लम्बी यात्रा। जब तक मंजिल न मिले तब तक चलते रहो। चरेवैति चरेवैति। और मंजिल है उस विष्णुपद की प्राप्ति। अपने घर पंहुच

जाओ रास्ता समाप्त।"

विष्णु पद की प्राप्ति
आध्यात्म और विज्ञान का मिलन

"आचार्यजी! हम विष्णुपद को कैसे पा सकते हैं?" एक छात्र ने पूछा। आचार्यजी ने कहा-- "वही मैं तुम्हें बता रहा हूं। तुम उनके शंख व चक्र का अर्थ समझ गये। उनके तीसरे हाथ में गदा है इसका अर्थ है अत्याचारी को दण्ड दो चाहे वह अपना भाई ही क्यों न हो, और कमल से मतलब है कि संसार में रहते हुए भी कमल की तरह वासनाओं व कामनाओं की कींचड़ से अलग रहो। जैसे कमल पानी में रह कर भी कींचड़ से अलग रहता है वैसे ही अपने कर्म ब्रह्म को अर्पित कर दो तो पापों से बच जाओगे। (5। 10) गीता।

भक्तजन कहते हैं कि वे भक्तवत्सल भगवान कमल का फूल हाथ में लेकर भक्तों का सम्मान बढ़ाते हैं इसलिए भगवान विष्णु का परम पद पाने के लिए शंखनाद करते हुए निरन्तर चलते रहो, अत्याचारी को दण्ड दो, और संसार में रहकर भी कमल की तरह रहो तब तुम विष्न्णु पद को पा सकोगे।

तुम अच्छी तरह समझ लो कि भगवान की प्राप्ति का रास्ता त्याग का है सुख सुविधाओं और भोग का नहीं। एक रास्ते में भोग विलास की सब सामग्री है पर आगे खाई है उसे प्रेय मार्ग कहते हैं दूसरा रास्ता ऊबड़ खाबड़ है कांटों से भरा है पर आगे नन्दन वन व परम धाम है उसे श्रेय मार्ग कहते हैं-तो तुम कौन सा रास्ता अपनाओगे? तुम बताओ कि तुम वासना की कींचड़ में रहना पसन्द करोगे या विष्णु के परम धाम में जहां आनन्द की वर्षा होती है। गीता में भगवान

तुम्हें ज्ञानयोग, कर्मयोग व भक्तियोग का रास्ता बता कर अपने परम धाम ले जाना चाहते हैं।" श्रोतागण भावविभोर हो रहे थे। सब ने एक स्वर से कहा-- "आचार्य जी! हम तन मन धन से देश सेवा करेंगे।"

आप हमें बताये कि इस समय हमें क्या करना चाहिए। आचार्यजी ने भाव भरे स्वर में कहा--"मेरे देश के नोनिहालो! यह युग विज्ञान का युग है। मनुष्य मंगल ग्रह तथा चन्द्रलोक तक पंहुच गया है पर दुख की बात यह है कि मानव का चिन्तन बिगड़ गया है। वह केवल भौतिक सुख व स्वार्थ को बात सोचता है। सब एक दूसरे को नष्ट करना चाहते हैं। काश! विज्ञान के ये आविष्कार मानव हित के लिए होते। इस समय ये विज्ञान भस्मासुर की तरह स्वयं मानव के विनाश का कारण बन रहा है। इस समय विज्ञान व अध्यात्मवाद को मिलाने की आवश्यकता है। विष्णुपद पाने की विधि है।"

विज्ञान सारथिर्यस्तु मनः प्रग्रहवान्नरः।
सोऽध्वना पारमाप्नोतितद् विष्णोःपरं पदम्।।

जिसने विज्ञान को सारथि बना लिया, जिसका मन ज्ञानी है वह मनुष्य बहुत शीघ विष्णुपद पा लेता है। गीता में प्रग्रवान्नरः को ही आत्मज्ञानी व स्थितप्रज्ञ कहा गया है। (न रम्यते इति नरः) जो इन्द्रियों में रमण नहीं करता उसे ही नर कहा जा सकता है जो संयमी है, जिसे कोठी, कार, स्वादिष्ट भोजन, हीटर, कुलर, फ्रिज भोग विलास की चीजें नहीं चाहिए केवल विश्वकल्याण की भावना को लेकर जो कर्म करता है वह विष्णुपद पाता है।

जिस दिन होगा मिलन विश्व में धर्म और विज्ञान का।
सही रूप उभरेगा उस दिन मानव के कल्याण का।।

जैसे एक पक्षी दो पंखों से उड़ता है वैसे ही मानव के पास भी दो पंख हैं। एक भौतिक विज्ञान व दूसरा आध्यात्मिक ज्ञान जिसके बिना धन बल शारीरिक बल सब व्यर्थ है। भगवान कृष्ण अध्यात्म है. और अर्जुन भौतिक विज्ञान का प्रतीक है इसलिए गीता में कहा है कि जहां योगेश्वर कृष्ण हैं और जहां अर्जुन है वहीं पर धर्म नीति व विजय लक्ष्मी का निवास होगा। भारत माता के वीर सपूतो! तुम विज्ञान के विद्यार्थी हो। इन दोनों के मिलन से सारी घरती को स्वर्ग बना दो। तुम उठो! जागो! सारे विश्व को जगाओ! भारतीय संस्कृति और गीता के इस दिव्य संदेश को विश्व व्यापी बना दो!

भारतीय संस्कृति को विश्वव्यापी बनाओ

सब के मन में नवीन उत्साह का संचार हो रहा था। एक स्वर से सब ने कहा- "आचार्यजी! हम इसे विश्वव्यापी कैसे बना सकते हैं?" आचार्यजी ने गंभीर स्वर में कहा-- "नवयुग के सृजन सैनिको! छात्र ही देश के भविष्य निर्माता हैं। इस समय तो आवागमन के साधन सुलभ होने से यह कार्य बहुत आसान हो गया है। प्राचीन काल में हमारे पूर्वज महर्षियों, आचार्यो व सन्तों और उनके पुरुषार्थी शिष्यों ने इसे विश्वव्यापी बनाया था।

वे अपने शिष्यों को अलग अलग देशों की भाषा, खान पान रहन सहन के विषय में प्रशिक्षण दे कर भेजते थे। वे समर्पित शिष्य अपनी समस्त सुख सुविधाओं को छोड़कर उस समय नदी, नाले, पहाड़ समुद्री तूफान, झंझावात तथा समुद्र की अनेक कठिनाइयों का सामना करते हुए वहां जाते थे अपना तन मन धन समर्पित कर विश्व का कल्याण करते थे।

प्रोफेसर टेलर ने अपनी पुस्तक ओरिजन आफ आर्यन्स व ऋग्वैदिक इन्डिया मे इसकी पुष्टि की है। आचार्य श्रीराम शर्मा जी की विश्व को भारत के अजस्त्र अनुदान नामक पुस्तक को तुम पढ़ना। सूरीनाम, मारीशस, मैक्सिको, में मैसूर जैसे मन्दिर हैं। अर्जुन ने पाताल लोक की नागकन्या से विवाह किया था यह कथा महाभारत में मिलती है। पाताल लोक अमेरिका को ही कहते हैं। सम्राट अशोक ने बौद्ध धर्म के प्रचार के लिए अपने पुत्र महेन्द्र व पुत्री संघमित्रा को लंका, चीन व जापान भेजा था आज भी उनका नाम इतिहास के स्वर्णाक्षरो में अंकित है

अभी कुछ ही वर्ष पहले भारत के महान सन्त स्वामी विवेकानन्द ने अनेक कष्ट उठाकर भी शिकागो जा कर भाषण द्वारा भारतीय सस्कृति की ध्वजा फहरा कर भारत माता का मस्तक ऊंचा किया था। तुम उनकी जीवनी पढ़ना तब तुम्हें पता चलेगा कि अपनी संस्कृति के प्रचार के लिए उन्होंने कितनी मुसीबतें उठाईं थीं। इस समय तो आवागमन के साधन सुलभ होने से सारा विश्व कुटुम्ब हो रहा है। तुम कहीं भी सरलता से जा सकते हो।

इस समय जागृति का शंख बज चुका है। अमेरिका, कनाडा, अफ्रीका, आस्ट्रेलिया, योरप, एशिया, विश्व के सभी द्वीप महाद्वीपों में, संसार के कोने कोने में भारत माता के सपूत इस शुभ कार्य में लगे हैं। तुम उनके सहयोगी बनो। विश्व के हर देश में आर्यसमाज, गुरुद्वारे, गायत्री शक्तिपीठ व मन्दिर बन रहे हैं किन्तु उनकी सुरक्षा का भार तुम पर हैं तुम्हारे लिए कर्म का मार्ग खुला है अब तुम अपनी कायरता को छोड़ कर, अपने भोग विलासमय जीवन की बात छोड़ कर इस कल्याणकारी मार्ग पर चलो। इस शुभ कार्य के लिए तुम आज इस धर्मक्षेत्र कुरुक्षेत्र की पुण्य भूमि पर भारत माता को शत शत नमन करते हुए

इस महान कार्य को करने का संकल्प लो और कमर कस कर निकल पड़ो।

इस समय केवल भारत ही नहीं सारा विश्व तुम्हारी तरफ आशा भरी दृष्टि से देख रहा है। तुम में से प्रत्येक का भविष्य उज्ज्वल है। विश्वास रखो, तुम विश्वके महत्त्व पूर्ण व्यक्ति हो। मैं तुम सब में ब्रह्म का अंश देख रहा हूं। तुम्हारे अन्दर महान शक्ति सोई है उसे जगाओ।

भारतीय संस्कृति के उपासको! तुम महान बनना चाहते तो महान बनो। अपने मन के द्वार खोल दो। ईर्ष्या द्वेष छोड़कर प्रेम की भाषा बोलो। यह ठीक है कि इस समय हमारा पतन हुआ है। पर सोचो, वृक्ष पर एक फल लगता है वह पक कर नीचे गिर जाता है, सड़ता है पर उसी फल के असंख्य बीजों से जो अंकुर उगते हैं वे अनेक पौधों को जन्म देते हैं। इस लिए अवनति के जिस दौर से हम गुजर रहे हैं वे सभी आवश्यक हैं। इस अवनति से भारत का भविष्य अंकुरित होगा। उसमें नए पल्लव निकल रहे हैं। अब उस शक्तिशाली विशाल काय ऊर्ध्वमूल वृक्ष का निकलना शुरु हो गया है जिसे अब कोई नहीं रोक सकता। वे नये अंकुर, नवीन पल्लव तुम हो। तुम आने वाली नई पीढ़ी के भविष्य निर्माता हो तुम अपने स्वरुप को पहचानो। इस समय एक ओर भारत की अधिकांश जनता दुर्भिक्ष, महामारी, भूख-प्यास, दीनता, दरिद्रता, रोग शोक से जर्जरित है दूसरी ओर शोषक वर्ग ऐश्वर्य मोह में उन्मत्त है। इस समय भूखे प्यासे, जीर्ण शीर्ण फटे वस्त्र पहने मुख पर आंसुओं की धारा बहाते हुए अगणित नर नारी दम तोड़ रहे हैं। तुम उनकी चीत्कार सुनो जिनमें न कार्य क्षमता है, न निष्ठा, न नैतिक बल। तुम उनके कर्णधार बनो। इस कर्मक्षेत्र में ज्ञान की मशाल लेकर कूद पड़ो। सारे जग को ज्ञान के आलोक से प्रकाशित कर दो। सदियों से प्यासी धरती माता पर प्रेमामृत की वर्षा कर दो। यह कार्य गीता के ज्ञान कर्म

भक्ति के संगम से होगा। कर्मयोगी बनने से होगा। जाओ, फिर इस भारत को जगतगुरु की उपाधि से विभूषित कर दो। त्रेता युग में राम बनकर रीछ भालुओं को अपना सहयोगी बनाने वाले, द्वापर में कृष्ण बनकर गोपग्वालों को माखन खिलाने वाले भक्त वत्सल प्रभु इस उद्देश्य में सहायक हो।"

उद्बोधन

"नवयुग के सृजन सैनिको! जाओ, सारे विश्व को प्रेम की डोर में पिरो दो। सारे विश्व में वसुधैव कुटुम्बकम् का महामंत्र गूंज उठे। हिन्दू मुस्लिम सिख ईसाई आपस में सब भाई भाईका नारा लगाओ। एकता सब से बड़ी वस्तु है। देवता मिलकर रहते हैं। राक्षस लड़ते रहते हैं तुम देवता बनो राक्षस नहीं। सारे विश्व में केवल एक ही धर्म हो मानवता। गीता का यही संदेश है।

मुस्लिम भाइयों से भाईचारा एकता सीखो। वे धर्म के नाम पर एक हो जाते हैं। हिन्दू भाइयों से उदारता सीखो। हिन्दू चींटी को भी आटा खिलाता है गाय व कुत्ते को रोटी। चिड़ियों को दाना, मछली को चारा डालता है। शेर को दुर्गा माता का, चूहे को गणेश जी का, नन्दी को शिव का, हाथी को इन्द्र का, गरुड़ को विष्णु भगवान का वाहन मानकर सब की पूजा करता है।

गौ माता, गंगा माता, गीता माता, धरती माता, दुर्गा, लक्ष्मी, गायत्री सरस्वती, भगवती माता भारत माता सब को माता मानकर सब की पूजा करता है। ईसाई व सिख भाइयों से श्रद्धा व निष्ठा का पाठ सीखो। इस तरह मुस्लिम भाइयों से एकता रूपी ईंट, हिन्दू भाइयों से उदारता रूपी जल व सिख व ईसाई भाइयों से श्रद्धा रूपी सीमेंट ले कर एकता का एक ऐसा मन्दिर निर्माण करो जहां बैठ कर

सब राष्ट्रमाता को नमन करें और उसके गौरव की रक्षा का संकल्प लें।"

आचार्यजी के संदेश से श्रोताओं को नई दृष्टि मिली थी। जो छात्र केवल मनोरंजन के लिए आए थे उनके मन में भी नव चेतना जाग उठी थी, नवनिर्माण करने की उमंग मन में उठ रही थी। कुछ कहना चाहते थे पर कह नहीं पा रहे थे, तब ही आचार्यजी ने गंभीर स्वर में कहा--- "मेरे प्रिय परिजनो! मैंने तुम्हें गीता का संदेश संक्षेप में समझाने की कोशिश की है। गीता का उपदेश देकर भगवान कृष्ण ने अर्जुन से पूछा था कि गीता शास्त्र को सुनकर तेरा मोह नष्ट हुआ या नही?"

कच्चिदेतच्छ्रुतं पार्थ त्वयैकाग्रेण चेतसा।
कच्चिद्ज्ञानसम्मोहः प्रनष्टस्ते धनंजय।।

(गीता 18 । 72)

वही मैं तुमसे पूछता हूं कि मेरी बात तुम्हारी समझ में आई या नहीं? तुम अब कौन सा रास्ता अपनाओगे-श्रेय पथ या प्रेय पथ। फूल बनोगे या पत्थर।

गीत

आवाहन

तुम किशोर तुम तरुण तुम्हारी अगवानी में।
खुरच रहे हम राजपथों की काई फिसलन।
पग डंडियां निकाल रहे हैं आओ।
आगे बढ़कर अपना कार्य संभालो, खुश होंगी मां।
अपने सपनों को पूरा करने की खातिर,
तुम्हें नहीं तो और किसे देखें हम बोलो
निविड़ अविद्या से मूर्च्छित मन, भूख प्यास से जर्जर है तन,
व्यक्ति व्यक्ति दुख दैन्य ग्रस्त है, दुविधा में समुदाय पस्त है,

लो मशाल अब घर घर को आलोकित कर दो,
बनो प्रज्ञा के सेतु, शांति को सर्वमंगला हो जाने दो, खुश होंगी मां,
अपने सपनों को पूरा करने की खातिर,
तुम्हें नहीं तो और किसे देखें हम, बोलो। बोलो, जबाब दो।

स्थितोऽस्मि गतसन्देह:

आचार्यजी की वाणी सुनकर सब एक साथ बोल उठे --- आचार्यजी! आपकी कृपा से हमारा भ्रम दूर हो गया है हम अपनी भूल पर शर्मिन्दा हैं हम अज्ञानी हैं आपको हमारी गलतियों को क्षमा करते हुए हमें रास्ता बताना पड़ेगा। हम वही करेंगे जो आप कहेंगे।

नष्टो मोह: स्मृतिर्लब्धा त्वत्प्रदान्मयाच्युत।
स्थितोऽस्मि गतसन्देह: करिष्ये वचनं तव।। (गीता 18। 73)

आचार्यजी भावुक हो गए। उन्होंने अवरुद्ध कण्ठ से कहा-- "मेरे देश के सृजन सैनिको! योग्य शिष्य को पाकर गुरु की विद्या सफल हो जाती है। आज तुम सब को पाकर मैं अपने को भाग्यशाली समझ रहा हूं।

आज सत्र का अन्तिम दिन है। बिदाई का अवसर, भारतीय परम्परा में अन्तिम दिन दीक्षा दी जाती है। दीक्षा में तुम को अब तक गीता का जो संदेश बताया हे वही फिर बता रहा हूं। सत्य व धर्म का आचरण करो जिसे गीता में स्वधर्म कहा गया है। इस के अतिरिक्त भारतीय संस्कृति का मूल मंत्र है--
मातृदेवो भव। पितृदेवो भव। आचार्य देवो भव। अतिथि देवो भव और राष्ट्रदेवो भव। अर्थात् माता पिता, गुरु, अतिथि अपनी मातृभूमि को देवता समझकर पूजा

करो। हम सब राष्ट्र के जागृत पुरोहित हैं। देश की संस्कृति की रक्षा करना हमारा परम धर्म है। आज तुम्हें यही सकंल्प लेना है।

अन्तिम दिन गुरु दक्षिणा देने का भी नियम है। मैं तुमसे दक्षिणा मांगता हूं। रुपया पैसा नहीं, धन दौलत नहीं, वस्त्राभूषण नहीं बस यही मेरी गुरु दक्षिणा है कि **तुम गीता के ज्ञान, कर्म व भक्ति की त्रिवेणी में स्नान करो, कर्मयोगी बनकर इस संदेश का अपने जीवन में अनुकरण करो और फिर इसे विश्व के कोने कोने में पंहुचा दो।** तुम विज्ञान के विद्यार्थी हो, देश विदेश से आए हो तुम्हारे लिए यह काम बहुत सरल है विज्ञान व धर्म के मिलन से ही विश्व का कल्याण होगा, यह निश्चित है। जाओ, सारे विश्व को आलोकित कर दो युग चेतना के प्रकाश से। मातृभूमि को सस्ंकृति की दिव्य चेतना से अनुप्राणित कर दो। तुम में से ही चन्द्रगुप्त, शिवाजी, विवेकानन्द व दयानन्द निकलेंगे। तुम वह महान कार्य करोगे जिसकी तुमने कल्पना भी नहीं की होगी।

यह नवयुग का सुप्रभात है इस समय महाकाल की आवाज सुनकर जो उसके साथ चलेगा वह रीछ वानर, गोप ग्वालों की तरह धन्य हो जाएगा। अब युग परिवर्तन का समय निकट है। वह समय दूर नहीं जब एक धर्म होगा और मानवता विजयी होगी। जब तुम जैसे मेधावी छात्र दृढ़ संकल्प हो कर युग निर्माण को निकलेंगे तो वही वृद्ध भारत फिर जगद्गुरु के पद पर आसीन होगा। महापुरुषों की वाणी असत्य नही हो सकती।

दुनिया देखे विस्फोट हुआ फिर तो वह दिन भी आएगा।
वही वृद्ध भारत फिर से जगत गुरु कहलाएगा।

भारत माता के वीर सुपुत्रो! तुम सब मिलकर युग निर्माण का संकल्प लो। जाओ, मेरे प्यारे बच्चो! जाओ, जीवन समाज के लिए है। जीवन यज्ञ में अपनी इच्छाओं की आहुति देते हुए प्रगति पथ पर निरन्तर बढ़ते रहो। चलते रहने का नाम ही जीवन है। यदि एक स्थान पर रुक गए तो गड्ढे में रुके हुए पानी के समान सूखकर नष्ट हो जाओगे। यदि गंगा की धारा की तरह सब की प्यास बुझाते हुए, खेतों को सींचते हुए, सब को शीतलता व सरसता देते हुए चलते रहोगे तो गंगा की भांति पूजे जाओगे।

तुम्हारे किनारे पर दीप जलेंगे, गीत गूजेंगे, खेत लहरायेंगे, फूल मुस्करायेंगे संसार तुम्हारी पूजा करेगा। जाओ, भगवान के चरणों में जीवन रूपी पुष्प समर्पित कर दो। आने वाली पीढ़ियां तुम पर गर्व करेंगी। स्वर्ग के देवताओं का, हमारे पूर्वजों का, महर्षि मनीषियों का, सिद्ध सन्तों का, महापुरुषों का आशीर्वाद तुम्हारे साथ है। मार्ग तुम्हारा मंगलमय हो।"

गीत
भारत के वीर सपूतो!
है अधीर मानवता उसको धैर्य बंधाना है।
स्वार्थ भरी आपाधापी से जग को आज बचाना है।
सुनो, देव संस्कृति हेतु, दिग्विजय ने शंख बजाया है।
सृजन सैनिको! आगे आओ, युद्ध निमंत्रण आया है।
मातृभूमि की ध्वजा उठाकर चलो सृजन सैनानी
भारत मां के गौरव की फिर लिख दो नई कहानी।
देव संस्कृति को घर घर में स्थापित करना है
लगे प्राण की बाजी फिर भी हमें नहीं डरना है।

हे भारत के वीर सपूतो! अब तुम आगे आओ।
संस्कृति की दिग्विजय हेतु तुम जौहर फिर दिखलाओ।
संस्कृति के महासमर के बन जाओ बलिदानी। भारत मां.
लाल मशाल हाथ में लेकर जागृति शंख बजाओ।
भारत मां का सोया गौरव फिर से वापस लाओ।
अत्याचार, अनीति, पाप का कर दो पूर्ण सफाया।
बढ़ो निडर, कह दो दुनिया से, देवदूत है आया।
बिना रुके पंहुचो मंजिल तक, सच्चे युग निर्माणी। भारत मां.
महाकाल का है आवाहन, पीछे मत हट जाना।
समय चूक जाने पर तो होगा पीछे पछताना।
उठो! पार्थ, फिर याद करो वो गीता वाली वाणी।
भारत मां के गौरव की फिर लिख दो नई कहानी।

छात्रों के हृदय आनन्दविभोर हो रहे थे। सब ने एक साथ कहा--"आचार्यजी! हम सब आपके सामने शपथ लेते हैं कि - **हम घर घर अलख जगायेंगे और जमाने को बदलेंगे।** आप समय समय पर हमारा मार्गदर्शन करते रहिये कि हम भटक न जाएं। हमें आशीर्वाद दें कि हम अपने संकल्प को पूरा कर सकें।" यह कहकर छात्र आचार्यजी के चरण स्पर्श करके गाते हुए चल दिए। आइये हम भी उनके साथ गाते हुए युग निर्माण का संकल्प लें।

गीत

युग निर्माण का संकल्प

नवयुग की गंगोत्री से बही ज्ञान भक्ति की धारा है।
हम युग का निर्माण करेंगे यह सकंल्प हमारा है।। 1

नया ज्ञान का सूर्य उगेगा तिमिर नहीं रह पायेगा।
मानव में देवत्व जगेगा, स्वर्ग धरा पर आयेगा।। 2

अंधकार कितना भी हो पर सूरज कभी न हारा है।
हम युग का निर्माण करेंगे यह संकल्प हमारा है।। 3

प्रश्न

उपसंहार

(1) गीता के पहले अध्याय का क्या महत्त्व है?

(1) गीता के प्रथम अध्याय में व्यास जी ने उसकी भूमिका तैयार की है। शिष्य को उपदेश देने से पहले उस की मानसिक स्थिति बनानी आवश्यक है।

(2) पहले अध्याय में कौन कौन से पात्र हैं?

(2) पहले अध्याय में पांच पात्र हैं। धृतराष्ट्र, संजय, कृष्ण, अर्जुन व दुर्योधन।

(3) अर्जुन ने कृष्ण से क्या कहा?

(3) अर्जुन ने कृष्ण से कहा –भीष्म पितामह व द्रोणाचार्य जैसे गुरुजनों को मारकर विजय पाने के स्थान पर भीख मांग कर जीना भी अच्छा है।

(4) भगवान कृष्ण ने उसे कैसे समझाया?

(4) कृष्ण ने अर्जुन को क्षत्रिय धर्म का बोध कराया।
अधिकार खोकर बैठ रहना यह महा दुष्कर्म है।
न्यायार्थ अपने बंधु को भी दण्ड देना धर्म है।।

(5) शिष्य के मन में श्रद्धा का भाव जगाने के लिए गुरु क्या करते हैं?

(5) शिष्य के मन में श्रद्धा का भाव जगाने के लिए गुरु उस में दीनता हीनता व शिप्यत्व का भाव जगाते हैं।

(6) अर्जुन ने अन्त में क्या किया?

(6) अर्जुन ने अन्त में समर्पण कर दिया। मैं आपका शिष्य हूं, मुझे मेरा कर्तव्य बताइये।

(7)) भगवान विष्णु की चार भुजाओं में क्या क्या चीजें हैं? इन चारों का क्या महत्त्व है?

(7) भगवान विष्णु की चार भुजाओं में शंख, गदा, चक्र व पद्म हैं। शंख जागरण का संदेश देता है। मन्दिर में प्रातःकाल शंख बजाने का यही अर्थ है कि सुबह हो गई है, अब जागो। गदा से अत्याचारियों को दण्ड देने का संकेत मिलता है। चक्र गतिशीलता का संदेश देता है। हमेशा चलते रहो। रुको मत। पद्म का तात्पर्य है कि कींचड़ में कमल की तरह रहो।

(8) अर्जुन के शंख का क्या नाम था? आधुनिक युग के शंख कौन कौन से है?

(8) अर्जुन के शंख का नाम देवदत्त था। उस समय युद्ध की घोषणा करने के लिए शंख बजाये जाते थे। इस समय अपनी बात सब तक पहुंचाने के लिए टान्जिस्टर, रेडियो, टी.वी., लाउडस्पीकर, ब्राडकास्टिंग स्टेशन का प्रयोग किया जाता है।

(9) आचार्यजी ने जीवन के दो पंख कौन कौन से बताए हैं?

(9) इस समय मानव जीवन के दो पंख धर्म व विज्ञान हैं।

जिस दिन होगा मिलन विश्व में धर्म और विज्ञान का।
सही रूप उभरेगा उस दिन मानव के कल्याण का।। याद करो।

(10) दीक्षा समरोह में आचार्य जी ने क्या संदेश दिया?

(10) दीक्षा समारोह में आचार्यजी ने संदेश दिया कि सारे विश्व को प्रेम की डोर में पिरो दो।

(11)विश्व एकता का पाठ पढ़ने के लिए हिन्दू, मुस्लिम, सिख व ईसाई भाईयों से क्या सीखें?

(11) उन्होंने कहा—विश्व एकता केलिए हिन्दुओं से उदारता, मुस्लिम भाइयो से भाईचारा, सिख, ईसाई भाइयों से श्रद्धा व निष्ठा का पाठ सीखो। मुस्लिम भाइयों से एकता रूपी ईंट, हिन्दू भाइयों से उदारता रूपी जल, सिख व ईसाई भाइयों से श्रद्धाव निष्ठा रूपी सीमेंट ले कर एकता का ऐसा मन्दिर निर्माण करो जहां बैठकर सब भारत माता को नमन करें और उसके गौरव की रक्षा का संकल्प लें।

(12) गुरु दक्षिणा में उन्होंने क्या मांगा?

(12) आचार्यजी ने गुरु दक्षिणा में यह मांगा कि तुम गीता की ज्ञान, कर्म व भक्ति की त्रिवेणी में स्नान कर के गीता के संदेश को विश्व के कोने कोने में फैला दो।

(13) दीक्षा समारोह के बाद आचार्यजी ने क्या आशीर्वाद दिया?

(13) आचार्यजी ने आशीर्वाद दिया कि सारे विश्व को दिव्य चेतना से आलोकित कर दो। तुम वह महान कार्य करोगे जिस की तुमने कल्पना भी नहीं की थी।

(14)छात्रों ने क्या संकल्प लिया?

(14) छात्रों ने युग निर्माण का संकल्प लिया। समूह गान को याद करके सब एक साथ गाओ।

www.ingramcontent.com/pod-product-compliance
Lightning Source LLC
Chambersburg PA
CBHW081106080526
44587CB00021B/3464